河北经贸大学学术著作出版基金资助

水行政法专论

丁 渠 ◎ 著

SHUI XINGZHENGFA ZHUANLUN

河海大学出版社
·南京·

图书在版编目(CIP)数据

水行政法专论 / 丁渠著. -- 南京：河海大学出版社, 2024.10. -- ISBN 978-7-5630-9312-0

Ⅰ. D922.664

中国国家版本馆 CIP 数据核字第 2024Y03T78 号

书　　名	水行政法专论
书　　号	ISBN 978-7-5630-9312-0
责任编辑	龚　俊
特约编辑	梁顺弟
特约校对	丁寿萍
封面设计	徐娟娟
出版发行	河海大学出版社
地　　址	南京市西康路 1 号(邮编:210098)
电　　话	(025)83737852(总编室)　(025)83722833(营销部) (025)83787600(编辑室)
排　　版	南京布克文化发展有限公司
印　　刷	广东虎彩云印刷有限公司
开　　本	787 毫米×960 毫米　1/16
印　　张	17
字　　数	219 千字
版　　次	2024 年 10 月第 1 版
印　　次	2024 年 10 月第 1 次印刷
定　　价	98.00 元

序

Preface

　　写一本水行政法的专著是笔者多年的夙愿。因长期从事水行政法实务工作，笔者对行政立法、行政执法、行政复议、行政诉讼等诸多方面，积累了大量的感性认识和实践体悟。后来，出于对校园生活的向往，从行政机关调入高校从事法学的教学研究工作，继而辞职脱产在中国社会科学院攻读宪法学与行政法学博士学位，追随我国著名行政法学家、中国社会科学院法学研究所周汉华教授研习行政法。当前行政法研究偏重于行政法总论，对行政法分论或部门行政法的研究整体薄弱，而对于作为部门行政法一部分的水行政法的研究几乎长期无人问津，以致目前国内还没有一部全面系统研究水行政法的专著。由此，笔者萌生了对水行政法问题进行深入探究的想法。

　　本书框架采用的是行政法学界公认的"四板块理论"，即把行政法理论体系分成行政法本论、行政主体论、行政行为论、行政救济论四部分。具体来讲，全书分为四章：水行政法本论、水行政主体论、水行政行为论、水行政救济论。

　　本书试图使用行政法的理论框架、概念体系来透视和分析水行政法的运行过程，检验一般行政法理在水行政法领域的实现状况，梳理法律规定的实施成效。此外，本书还尝试发掘阐释水行政法独有的诸多命题。

  本书采用的主要研究方法是规范分析法。经过几十年的蓬勃发展,行政法已渐成显学,研究方法也逐步多样化、精细化。研究方法应当服务于研究目的,对于实现本书的研究意图而言,采用规范分析法可能是一种合适的选择。规范分析的第一步是对现有法律规范进行全面收集梳理,第二步是进行法理分析。我国学界历来有"爬梳"之说,也就是对理论观点进行分门别类的梳理。规范分析法其实是"法条爬梳",也就是对我国现行的水行政法规范进行全面梳理,然后对发现的法律现象进行分析解读。

  "法条爬梳"是一项工作量很大的功课。本书对现行涉水的法律、行政法规、地方性法规、部门规章、地方政府规章进行了全面梳理,检索查阅的法规超过700个。这里面占比最大的是地方性法规和地方政府规章,除对全国31个省(区、市)中省本级制定的涉水地方性法规和地方政府规章逐一进行检索查阅外,对部分设区市级的涉水地方性法规和地方政府规章也进行了检索查阅。

  从法条出发,而不是从法理出发,也让笔者有所发现、有所收获。第一,在水资源管理体制上,"九龙治水"并没有结束。第二,在水法规中,"流域管理机构"是作为广义概念使用的,不仅流域管理机构本身具有行政处罚权,而且其下属单位,包括二级、三级甚至四级下属机构也具有行政处罚权。第三,一些依法需要政府审批的水行政许可,实际上是由水行政主管部门承担实质的审查职能。第四,设定行政强制措施的水法规少,水法规中设定的行政强制措施种类也少。第五,涉水的行政法规、地方性法规、地方政府规章违反行政强制法设定行政机关强制执行的情形比较多见。第六,有的部门规章违反行政处罚法设定行政处罚,有的部门规章违反行政复议法授予行政复议管辖权。

本书也依据法理对发现的这些法律现象进行了解读和评判。

  由于学术能力和认识水平的局限,书中难免有错误之处,敬请读者诸君批评指正。这次的学术尝试仅是一个有益的开端,笔者愿以自己的绵薄之力,自觉推动我国水行政法研究的不断深入和完备。

丁　渠
2024 年 3 月 22 日于石家庄

目录

Contents

第一章　水行政法本论 ································· 001
　第一节　水行政法概述 ································· 001
　　一、水行政法的概念 ································· 001
　　二、水行政法的定位 ································· 002
　　三、水行政法的特征 ································· 004
　第二节　水行政法的渊源 ······························· 006
　　一、宪法 ··· 006
　　二、水法律 ··· 006
　　三、水行政法规 ····································· 011
　　四、水地方性法规 ··································· 015
　　五、水规章 ··· 021
　　六、水司法解释 ····································· 034
　第三节　水行政法的基本原则 ··························· 034
　　一、水行政法基本原则的含义 ························· 034
　　二、水行政法基本原则的体系 ························· 035
　　三、水行政法基本原则的内容 ························· 036
　第四节　我国历代水行政法 ····························· 042
　　一、先秦时期的水行政法 ····························· 043

二、秦汉、魏晋和南北朝时期的水行政法 …………………… 043
　　三、隋唐、五代时期的水行政法 ………………………………… 044
　　四、宋、金、元时期的水行政法 ………………………………… 045
　　五、明清时期的水行政法 ………………………………………… 046
　　六、民国时期的水行政法 ………………………………………… 048
　第五节　域外水行政法 ……………………………………………… 049
　　一、世界水行政法简介 …………………………………………… 049
　　二、主要国家和地区的水行政法概览 …………………………… 050

第二章　水行政主体论 …………………………………………… 055
　第一节　水行政主体概述 …………………………………………… 055
　　一、水行政主体的概念 …………………………………………… 055
　　二、水行政主体的分类 …………………………………………… 056
　第二节　水行政主体的种类划分 …………………………………… 058
　　一、水行政主体的划分标准 ……………………………………… 058
　　二、水行政主体的种类 …………………………………………… 058
　　三、评析："九龙治水"结束了吗？ ……………………………… 078
　第三节　水务统一管理改革评析 …………………………………… 080
　　一、水务统一管理的概念界定 …………………………………… 080
　　二、水务统一管理改革的法律定位 ……………………………… 081
　　三、水务统一管理改革的模式选择 ……………………………… 081
　　四、水务统一管理改革的法律困境 ……………………………… 085
　　五、水务统一管理改革的完善路径 ……………………………… 086
　第四节　河长制的法律分析 ………………………………………… 087
　　一、河长制的概念界定 …………………………………………… 087
　　二、河长制的历史渊源 …………………………………………… 088
　　三、河长制的立法进展 …………………………………………… 089

四、河长制的法律定位 …………………………………… 093

　　五、河长制的法治限度 …………………………………… 095

第五节　我国历代水行政管理机构 …………………………… 096

　　一、先秦时期的水利职官 ………………………………… 096

　　二、秦汉、魏晋和南北朝时期的水利职官 ……………… 097

　　三、隋唐、五代时期的水利职官 ………………………… 097

　　四、宋、金、元时期的水利职官 ………………………… 098

　　五、明清时期的水利职官 ………………………………… 098

　　六、民国时期的水利管理机构 …………………………… 099

第三章　水行政行为论 …………………………………………… 101

第一节　水行政行为概述 ……………………………………… 101

　　一、水行政行为的概念 …………………………………… 101

　　二、水行政行为的分类 …………………………………… 101

　　三、水行政行为种类的考量 ……………………………… 103

第二节　水行政处罚 …………………………………………… 104

　　一、水行政处罚的概念 …………………………………… 104

　　二、水行政处罚的种类 …………………………………… 104

　　三、水行政处罚的主体 …………………………………… 121

　　四、水行政处罚的管辖 …………………………………… 128

　　五、水行政处罚的程序 …………………………………… 131

　　六、三项制度 ……………………………………………… 136

　　七、水行政处罚的办案期限 ……………………………… 138

　　八、水行政综合执法 ……………………………………… 138

第三节　水行政许可 …………………………………………… 145

　　一、水行政许可的概念 …………………………………… 145

　　二、水行政许可的原则 …………………………………… 145

三、水行政许可的种类 …………………………… 147
四、水行政许可的实施机关 ……………………… 154
五、水行政许可的听证 …………………………… 157

第四节 水行政强制 …………………………………… 159
一、水行政强制措施 ……………………………… 159
二、水行政主体强制执行 ………………………… 167
三、申请法院强制执行 …………………………… 192

第五节 水行政征收与征用 …………………………… 195
一、水行政征收 …………………………………… 195
二、水行政收费 …………………………………… 196
三、水资源税改革 ………………………………… 199
四、水行政征用 …………………………………… 202

第六节 水行政给付 …………………………………… 204
一、水行政给付的概念、特征 …………………… 204
二、水行政给付的种类 …………………………… 205

第七节 水行政确认 …………………………………… 209
一、水行政确认的概念、特征 …………………… 209
二、水行政确认的种类 …………………………… 210

第八节 水行政奖励 …………………………………… 214
一、水行政奖励的概念、特征 …………………… 214
二、水行政奖励的种类 …………………………… 215

第九节 水行政检查 …………………………………… 218
一、水行政检查的概念、特征 …………………… 218
二、水行政检查的种类 …………………………… 219

第十节 水行政裁决与调解 …………………………… 229
一、水行政裁决 …………………………………… 229
二、水行政调解 …………………………………… 230

三、水行政调解与水行政裁决的区别 ……………………… 230

　　四、水行政调解兴盛的原因 …………………………………… 231

　　五、古今水事纠纷解决方式的比较 ………………………… 234

第四章　水行政救济论 …………………………………………… 239

　第一节　水行政复议 …………………………………………… 239

　　一、水行政复议的概念 ………………………………………… 239

　　二、水行政复议的受案范围 …………………………………… 239

　　三、水行政复议的管辖 ………………………………………… 240

　　四、水行政复议前置 …………………………………………… 241

　　五、水行政复议的申请人 ……………………………………… 242

　　六、水行政复议的申请期限 …………………………………… 243

　　七、水行政复议的审理 ………………………………………… 243

　第二节　水行政诉讼 …………………………………………… 245

　　一、水行政诉讼的概念 ………………………………………… 245

　　二、水行政诉讼的受案范围 …………………………………… 245

　　三、水行政主体负责人出庭应诉 ……………………………… 247

　　四、水行政行为的可诉性 ……………………………………… 249

　　五、水规章授权组织的被告资格 ……………………………… 252

　　六、水行政公益诉讼 …………………………………………… 253

后　记 ………………………………………………………………… 257

第一章

水行政法本论

研究水行政法,需要从基础理论谈起。对于水行政法的研究历来薄弱,关于水行政法的基本理论问题亟待厘清。这些最基础的理论问题主要包括:什么是水行政法?水行政法的定位是什么?水行政法的渊源是什么?水行政法的基本原则包括哪些?中国古代水行政法的主要内容是什么?国外水行政法的概况是什么样的?

第一节 水行政法概述

一、水行政法的概念

(一)水行政法的定义

水行政法的上位概念是行政法,界定水行政法需从行政法的概念谈起。所谓行政法就是有关行政的法,是有关行政的主体及职权、行为及程序、违法及责任和救济关系等的法律规范的总称。[①]

[①] 《行政法与行政诉讼法学》编写组主编《行政法与行政诉讼法学》,高等教育出版社,2018,第8页。

水行政法就是有关水行政的法。具体来讲,水行政法是指有关水行政的主体及职权、行为及程序、违法及责任和救济关系等的法律规范的总称。

(二) 相关概念辨析

1. 水行政与水行政管理

水行政是国家行政的一种。水行政是指国家依法对水和水事关系所进行的行政管理活动。它包括国家与地方水法的制定与实施监督,国家与地方水行政机构的设置,水利方针、政策、法令、法规的制定与实施,水事纠纷的调解与裁决、水工程建设的管理等。[①]

与水行政相关联的另一个概念是水行政管理,水行政管理与水行政是同义语,两者的内涵与外延是一致的。

2. 水政与水政监察

水政的含义有广义、狭义之分。广义的水政就是水行政、水行政管理,狭义的水政又可称为水政监察或水行政执法。《水政监察工作章程》第二条规定:水政监察是指水行政执法机关依据水法规的规定对公民、法人或者其他组织遵守、执行水法规的情况进行监督检查,对违反水法规的行为依法实施行政处罚、采取其他行政措施等行政执法活动。

二、水行政法的定位

水行政法在行政法理论谱系中的定位是:水行政法属于行政法分论或者部门行政法。

行政法分为总论和分论。有学者指出,"行政法总论是以整体的行政作用和法规范作为研究对象,旨在形塑行政所要遵循的法治国原

---

① 江伟钰、陈方林主编《资源环境法词典》,中国法制出版社,2005,第458页。

理的基本内涵,在中国已有的行政法教科书中,基本上仅包括行政法总论的内容"[1]。一般来讲,行政法总论包括行政法本论、行政主体论、行政行为论、行政救济论四部分。

行政法分论又称部门行政法,是指规范各个领域行政管理活动的法律。"部门行政法是我国行政法体系中最为庞大的板块,它涉及数十个领域和无数行政法典则,我国社会生活的方方面面几乎都是通过部门行政法来设定关系、分配角色、确定相关行为模式的。部门行政法在我国行政法体系中比重较大,占有绝对量,如果说行政法是一个总的体系的话,那么部门行政法是这个体系的主流,部门行政法典则在这个体系中至少占到90%以上"[2]。

关于划分部门行政法的标准,行政法学界历来有争论。其中,按照行政管理部门或行政管理领域来划分部门行政法是最简洁的做法。据此,有多少个行政管理部门、行政管理领域就有多少个部门行政法。目前,除国务院办公厅外,国务院共设置26个组成部门。[3] 与之对应就有26个部门行政法:外交行政法、国防行政法、发改行政法、教育行政法、科技行政法、工信行政法、民族行政法、公安行政法、国安行政法、民政行政法、司法行政法、财政行政法、人社行政法、自然资源行政法、生态环境行政法、住建行政法、交通行政法、水行政法、农业行政法、商务行政法、文旅行政法、卫健行政法、退役军人事务行政法、应急行政法、银行行政法、审计行政法。

除此之外,国务院的组织机构体系还包括直属特设机构、直属机构、办事机构、直属事业单位、部委管理的国家局,其中绝大多数机构具有行政管理职能,因此与之对应如下部门行政法:国资行政法、海关

---

[1] 宋华琳:《部门行政法与行政法总论的改革——以药品行政领域为例证》,《当代法学》2010年第2期。
[2] 关保英:《部门行政法在新时代的变迁研究》,《社会科学战线》2019年第4期。
[3] 国务院组成部门,https://www.gov.cn/gwyzzjg/zuzhi/,2023年7月12日访问。

行政法、税务行政法、市场监管行政法、金融监管行政法、证券监管行政法、广电行政法、体育行政法、统计行政法、知识产权行政法、医保行政法、网信行政法、粮食和物资储备行政法、能源行政法、数据行政法、国防科工行政法、烟草专卖行政法、移民管理行政法、林草行政法、铁路行政法、民航行政法、邮政行政法、文物行政法、中医药行政法、疾病预防控制行政法、矿山安全监察行政法、消防救援行政法、外汇管理行政法、药品监管行政法、公务员行政法、档案行政法、保密行政法、密码管理行政法。[1]

水利行政法又可以称为水行政法，属于部门行政法的一种。

三、水行政法的特征

（一）水行政法的实质是控制与规范水行政权

行政法的本质功能就是控制和规范行政权，并且主要有三个实现途径：一是通过行政组织法，控制行政法的来源；二是通过行政行为法，规范行政权行使的手段与方式；三是通过行政救济法，制约行政权的滥用。[2] 水行政权是国家行政权的一种，其行使必须受到控制和规范，而这恰是水行政法的实质。

（二）水行政法以水行政主管部门的存在为基础

部门行政法以行政部门的存在为前提。自古以来，治水管水都是国家的核心职能，由此催生出治水管水的行政机构，而治水管水的行政机构履职要有行为规范与准则，是为水行政法的滥觞。

---

[1] 国务院组织体系的构成，https://www.gov.cn/gwyzzjg/zuzhi/，2023 年月 7 日 12 日访问。

[2] 姜明安主编《行政法与行政诉讼法》（第八版），北京大学出版社，高等教育出版社，2024，第 25-27 页。

（三）水行政法形式多元

在表现形式上，行政法具有多元性，水行政法自然也承袭这一特性。具体来讲，水行政法是由宪法、法律、行政法规、地方性法规、规章、司法解释等组成的庞大体系。如果说整个部门行政法是一个集合的话，那么水行政法就是其中一个独立的子集。

（四）编撰水行政法典具有现实可行性

一般认为，由于行政法的调整对象过于广泛多样，部分行政关系稳定性低、变动性大，行政法产生较晚尚未完全成熟，行政法难于制定统一的法典。[1] 但是，随着法治的推进和研究的深入，应当制定一部统一的行政法典或行政法典总则，已经成为学界的共识。事实上，不仅行政基本法典已经纳入了国家立法视野，教育法、环境法等部门行政法成典也有了一定的趋势。[2] 就法典化的价值而言，部门行政法成典有利于提炼部门行政法的理念价值，便于部门行政法的适用活动。

目前，编撰水行政法典既有迫切的现实需求，也有法学研究的积累和法治实践的支撑，因而具有现实可行性。由于行政法的法源形式不同于民法、刑法，具有多层级性、多样性的特点，水行政法典可以采用中央水行政法典与地方水行政法典并存的模式，或者说"1+31"模式。"1"就是中央水行政法典，是对有关水的法律进行编撰。"31"就是地方水行政法典，是由各省（区、市）对有关水的地方性法规进行编撰。

---

[1] 姜明安主编《行政法与行政诉讼法》（第八版），北京大学出版社，高等教育出版版，2024，第28页。

[2] 关保英：《论行政法典总则与部门行政法及其成典的关系》，《中州学刊》2022年第1期。

第二节　水行政法的渊源

法的渊源是指法的表现形式，也就是法以何种形式存在。水行政法的渊源是指水行政法的表现形式，也就是水行政法的存在形式。我国水行政法的渊源又可称为水法规体系，主要包括宪法、水法律、水行政法规、水地方性法规、水规章、水司法解释等。

一、宪法

宪法是国家的根本法，具有最高的法律效力。宪法中大多数规定都属于水行政法的渊源，其中有关行政机关的性质、定位、组成、领导体制、职权的规定则是水行政法最重要的渊源。

另外，宪法中有关水资源权属与开发利用、环境保护的条款则是水行政法的直接渊源。《宪法》[①]第九条规定：矿藏、水流、森林、山岭、草原、荒地、滩涂等自然资源，都属于国家所有，即全民所有；由法律规定属于集体所有的森林和山岭、草原、荒地、滩涂除外。国家保障自然资源的合理利用，保护珍贵的动物和植物。禁止任何组织或者个人用任何手段侵占或者破坏自然资源。第二十六条规定：国家保护和改善生活环境和生态环境，防治污染和其他公害。国家组织和鼓励植树造林，保护林木。

二、水法律

（一）《水法》

《水法》于1988年1月21日第六届全国人民代表大会常务委员

---

① 为表述方便，本书中宪法、法律、行政法规一律采用简称。

会第二十四次会议通过,2002年8月29日第九届全国人民代表大会常务委员会第二十九次会议修订,根据2009年8月27日第十一届全国人民代表大会常务委员会第十次会议《关于修改部分法律的决定》第一次修正,根据2016年7月2日第十二届全国人民代表大会常务委员会第二十一次会议《关于修改〈中华人民共和国节约能源法〉等六部法律的决定》第二次修正。

《水法》是旨在调整、开发、利用、节约和保护水资源,防治水害,实现水资源的可持续利用的水法律,在水行政法体系中处于核心地位,属于水事基本法、母法。

(二)《水土保持法》

《水土保持法》于1991年6月29日第七届全国人民代表大会常务委员会第二十次会议通过,根据2009年8月27日第十一届全国人民代表大会常务委员会第十次会议《关于修改部分法律的决定》修正,2010年12月25日第十一届全国人民代表大会常务委员会第十八次会议修订。

《水土保持法》是旨在预防和治理水土流失,保护和合理利用水土资源,减轻水、旱、风沙灾害,改善生态环境,保障经济社会可持续发展的水法律。

(三)《防洪法》

《防洪法》于1997年8月29日第八届全国人民代表大会常务委员会第二十七次会议通过,根据2009年8月27日第十一届全国人民代表大会常务委员会第十次会议《关于修改部分法律的决定》第一次修正,根据2015年4月24日第十二届全国人民代表大会常务委员会第十四次会议《关于修改〈中华人民共和国港口法〉等七部法律的决定》第二次修正,根据2016年7月2日第十二届全国人民代表大会常务委员会第二十一次会议《关于修改〈中华人民共和国节约能源法〉等六部法律的决定》第三次修正。

《防洪法》是旨在防治洪水，防御、减轻洪涝灾害，维护人民的生命和财产安全的水法律。

(四)《长江保护法》

《长江保护法》于 2020 年 12 月 26 日第十三届全国人民代表大会常务委员会第二十四次会议通过。

《长江保护法》属于水行政法，还是属于生态环境行政法？

首先，从立法目的进行分析。《长江保护法》第一条规定：为了加强长江流域生态环境保护和修复，促进资源合理高效利用，保障生态安全，实现人与自然和谐共生、中华民族永续发展，制定本法。由此看出，"加强长江流域生态环境保护和修复"和"促进资源合理高效利用"，是立法的首要目的。从这一点判断，《长江保护法》既是生态环境行政法，又是水行政法。

其次，从立法内容进行分析。《长江保护法》共 9 章 96 条，主要对长江流域的资源保护、水污染防治、生态环境修复、绿色发展等作出法律规定，并专章规定了生态环境修复，而其他章节规定也均围绕长江生态环境修复展开，整部法律以生态环境修复为核心。因此，从立法内容判断，《长江保护法》的生态环境行政法色彩更浓。

最后，从部门职责进行分析。《长江保护法》规定行政职权、行政职责最多的部门是生态环境部门。同时，《长江保护法》也规定了水行政主管部门在水资源管理保护上的职责，但是条款远少于生态环境部门。此外，该法还规定了农业、自然资源、林业、交通等众多部门的行政职权，其中在第三章"资源保护"中，除规定水资源保护之外还规定了自然保护地、天然林保护、草原资源保护、生物多样性保护、水生野生动植物保护等内容。① 因此,可以说,《长江保护法》具有生态环境行政法、水行政法、农业行政法、自然资源行政法、林草行政法、交通行政法等多重部门行政法的属性。但是,从整体上看,就部门职责而言,《长江保护法》的生态环境行政法色彩更浓。

基于以上分析,可以说《长江保护法》首先是生态环境行政法,其次是水行政法。

(五)《黄河保护法》

《黄河保护法》于 2022 年 10 月 30 日第十三届全国人民代表大会常务委员会第三十七次会议通过。

《黄河保护法》属于水行政法,还是属于生态环境行政法?

首先,从立法目的进行分析。《黄河保护法》第一条规定:为了加强黄河流域生态环境保护,保障黄河安澜,推进水资源节约集约利用,推动高质量发展,保护传承弘扬黄河文化,实现人与自然和谐共生、中华民族永续发展,制定本法。由此看出,"加强黄河流域生态环境保护""保障黄河安澜""推进水资源节约集约利用"是主要的立法目的。因此,从立法目的判断,《黄河保护法》既是生态环境行政法,又是水行政法。

其次,从立法内容进行分析。《黄河保护法》包括总则、规划与管控、生态保护与修复、水资源节约集约利用、水沙调控与防洪安全、污染防治、促进高质量发展、黄河文化保护传承弘扬、保障与监督、法律责任和附则,共 11 章、122 条。其中,主要由水行政主管部门负责实施的为"水资源节约集约利用""水沙调控与防洪安全"两章,主要由生态环境部门负责实施的为"生态保护与修复""污染防治"两章。"水资源节约集约利用"和"水沙调控与防洪安全"两章没有规定生态环境部门

---

① 具体参见《长江保护法》第三十九条、第四十条、第四十一条、第四十二条。

的职责。而在"生态保护与修复"中有7个条款规定了水行政主管部门的职责,"污染防治"一章中有3个条款规定了水行政主管部门的职责。因此,从立法内容分析,《黄河保护法》既属于水行政法又属于生态环境行政法。

最后,从部门职责进行分析。与《长江保护法》类似,《黄河保护法》并没有在总则部分明确谁是主责部门,只在第五条规定:国务院有关部门按照职责分工,负责黄河流域生态保护和高质量发展相关工作。在具体职责的配置上,明确规定水行政主管部门职责的条款有44条,明确规定环保部门职责的条款有21条。因此,从部门职责分析,《黄河保护法》首先是水行政法,其次是生态环境行政法。

基于以上三点分析,大体上可以得出结论:与《长江保护法》略有不同,《黄河保护法》首先属于水行政法,其次属于生态环境行政法。这其中的主要原因是长江与黄河的主要治理任务不同。水资源的短缺和水沙调控是黄河治理首要的难题,而这两项工作的主管部门恰恰是水行政主管部门。此外,"生态保护与修复"的核心任务是防治水土流失,这也属于水行政主管部门的职责范围。

(六)《水污染防治法》

《水污染防治法》于1984年5月11日第六届全国人民代表大会常务委员会第五次会议通过,根据1996年5月15日第八届全国人民代表大会常务委员会第十九次会议《关于修改〈中华人民共和国水污染防治法〉的决定》第一次修正,2008年2月28日第十届全国人民代表大会常务委员会第三十二次会议修订,根据2017年6月27日第十二届全国人民代表大会常务委员会第二十八次会议《关于修改〈中华人民共和国水污染防治法〉的决定》第二次修正。

《水污染防治法》属于水行政法,还是属于生态环境行政法?

《水法》第二条规定:在中华人民共和国领域内开发、利用、节约、保护、管理水资源,防治水害,适用本法。同时,第八十一条规定:水污染防治,依照水污染防治法的规定执行。这两个条款构成一般法与特别法的关系。因此,《水法》虽处于水事基本法地位,但是对于水污染防治没有规范调整功能。同时,《水污染防治法》中明确规定水行政主管部门职责的条款只有8个,并且这些职责大都是配合性、被动性职责。由此可见,《水污染防治法》基本上属于生态环境行政法,不属于水行政法。

根据 2018 年国务院机构改革方案,将环境保护部的职责,国家发展和改革委员会的应对气候变化和减排职责,国土资源部的监督防止地下水污染职责,水利部的编制水功能区划、排污口设置管理、流域水环境保护职责,农业部的监督指导农业面源污染治理职责,国家海洋局的海洋环境保护职责,国务院南水北调工程建设委员会办公室的南水北调工程项目区环境保护职责整合,组建生态环境部,作为国务院组成部门。[①] 这就进一步佐证《水污染防治法》的生态环境行政法属性。与之相对应的是,有关水污染防治的行政法规、地方性法规、规章也都属于生态环境行政法,不属于水行政法。

本书出于尊重水行政法管理的惯例[②],仍然把《水污染防治法》归类为水法律,但仅具有形式意义。

三、水行政法规

(一)水行政法规目录

1.《河道管理条例》

《河道管理条例》于 1988 年 6 月 10 日由中华人民共和国国务院

---

① 国务院机构改革方案,http://www.gov.cn/xinwen/2018-03/17/content_5275116.htm,2023 年 7 月 14 日访问。

② 在水利部网站和各地水利部门网站上,仍习惯把《水污染防治法》列为水法律法规。

令第 3 号发布,根据 2011 年 1 月 8 日《国务院关于废止和修改部分行政法规的决定》第一次修订,根据 2017 年 3 月 1 日《国务院关于修改和废止部分行政法规的决定》第二次修订,根据 2017 年 10 月 7 日《国务院关于修改部分行政法规的决定》第三次修订,根据 2018 年 3 月 19 日《国务院关于修改和废止部分行政法规的决定》第四次修订。

2.《城市节约用水管理规定》

《城市节约用水管理规定》于 1988 年 11 月 30 日由国务院批准,1988 年 12 月 20 日中华人民共和国建设部令第 1 号发布,根据 2023 年 10 月 27 日《国务院关于取消和调整一批罚款事项的决定》修正。

3.《水库大坝安全管理条例》

《水库大坝安全管理条例》于 1991 年 3 月 22 日由中华人民共和国国务院令第 77 号发布,根据 2011 年 1 月 8 日《国务院关于废止和修改部分行政法规的决定》第一次修订,根据 2018 年 3 月 19 日《国务院关于修改和废止部分行政法规的决定》第二次修订。

4.《防汛条例》

《防汛条例》于 1991 年 7 月 2 日由中华人民共和国国务院令第 86 号公布,根据 2005 年 7 月 15 日《国务院关于修改〈中华人民共和国防汛条例〉的决定》第一次修订,根据 2011 年 1 月 8 日《国务院关于废止和修改部分行政法规的决定》第二次修订。

5.《城市供水条例》

《城市供水条例》于 1994 年 7 月 19 日由中华人民共和国国务院令第 158 号发布,根据 2018 年 3 月 19 日《国务院关于修改和废止部分行政法规的决定》第一次修订,根据 2020 年 3 月 27 日《国务院关于修改和废止部分行政法规的决定》第二次修订。

6.《淮河流域水污染防治暂行条例》

《淮河流域水污染防治暂行条例》于 1995 年 8 月 8 日由中华人民

共和国国务院令第 183 号发布,根据 2011 年 1 月 8 日《国务院关于废止和修改部分行政法规的决定》修订。

7.《蓄滞洪区运用补偿暂行办法》

《蓄滞洪区运用补偿暂行办法》于 2000 年 5 月 27 日由中华人民共和国国务院令第 286 号发布。

8.《长江三峡工程建设移民条例》

《长江三峡工程建设移民条例》于 2001 年 2 月 21 日由中华人民共和国国务院令第 299 号公布,根据 2011 年 1 月 8 日《国务院关于废止和修改部分行政法规的决定》修订。

9.《长江河道采砂管理条例》

《长江河道采砂管理条例》于 2001 年 10 月 25 日由中华人民共和国国务院令第 320 号公布,根据 2023 年 7 月 20 日《国务院关于修改和废止部分行政法规的决定》修订。

10.《取水许可和水资源费征收管理条例》

《取水许可和水资源费征收管理条例》于 2006 年 2 月 21 日由中华人民共和国国务院令第 460 号公布,根据 2017 年 3 月 1 日《国务院关于修改和废止部分行政法规的决定》修订。

11.《大中型水利水电工程建设征地补偿和移民安置条例》

《大中型水利水电工程建设征地补偿和移民安置条例》于 2006 年 7 月 7 日由中华人民共和国国务院令第 471 号公布,根据 2013 年 7 月 18 日《国务院关于废止和修改部分行政法规的决定》第一次修订,根据 2013 年 12 月 7 日《国务院关于修改部分行政法规的决定》第二次修订,根据 2017 年 4 月 14 日《国务院关于修改〈大中型水利水电工程建设征地补偿和移民安置条例〉的决定》第三次修订。

12.《黄河水量调度条例》

《黄河水量调度条例》于 2006 年 7 月 24 日由中华人民共和国国

务院令第 472 号公布。

13.《水文条例》

《水文条例》于 2007 年 4 月 25 日由中华人民共和国国务院令第 496 号公布,根据 2013 年 7 月 18 日《国务院关于废止和修改部分行政法规的决定》第一次修订,根据 2016 年 2 月 6 日《国务院关于修改部分行政法规的决定》第二次修订,根据 2017 年 3 月 1 日《国务院关于修改和废止部分行政法规的决定》第三次修订。

14.《抗旱条例》

《抗旱条例》于 2009 年 2 月 26 日由中华人民共和国国务院令第 552 号公布。

15.《太湖流域管理条例》

《太湖流域管理条例》于 2011 年 9 月 7 日由中华人民共和国国务院令第 604 号公布。

16.《长江三峡水利枢纽安全保卫条例》

《长江三峡水利枢纽安全保卫条例》于 2013 年 9 月 9 日由中华人民共和国国务院令第 640 号发布。

17.《南水北调工程供用水管理条例》

《南水北调工程供用水管理条例》于 2014 年 2 月 16 日由中华人民共和国国务院令第 647 号发布。

18.《农田水利条例》

《农田水利条例》于 2016 年 5 月 17 日由中华人民共和国国务院令第 669 号公布。

19.《地下水管理条例》

《地下水管理条例》于 2021 年 10 月 21 日由中华人民共和国国务院令第 748 号公布。

20.《节约用水条例》

《节约用水条例》于2024年3月9日由中华人民共和国国务院令第776号公布。

此外,有两部水行政法规已经被废止。一是《开发建设晋陕蒙接壤地区水土保持规定》。《开发建设晋陕蒙接壤地区水土保持规定》于1988年9月1日由中华人民共和国国务院批准,1988年10月1日国家计划委员会、水利部令第1号发布,根据2011年1月8日《国务院关于废止和修改部分行政法规的决定》修订,根据2020年3月27日《国务院关于修改和废止部分行政法规的决定》废止。二是《水土保持法实施条例》。《水土保持法实施条例》于1993年8月1日由中华人民共和国国务院令第120号发布,根据2011年1月8日《国务院关于废止和修改部分行政法规的决定》修订,根据2024年3月10日《国务院关于修改和废止部分行政法规的决定》废止。

(二) 经国务院批准的部门规章的效力

需要注意的是,《城市节约用水管理规定》虽然属于建设部制定的部门规章,但是因得到了国务院批准,因此应被视为行政法规。虽然1982年宪法规定国务院有权制定行政法规,但是关于制定行政法规的程序要求直到2000年颁布的《立法法》才有明确规定,其中一个重要程序要求是,行政法规由总理签署国务院令公布。而在《立法法》出台之前,行政法规既包括由国务院制定颁布的规范性文件,也包括由国务院部门制定并经过国务院批准的规范性文件。当然,现在制定行政法规就必须严格遵守《立法法》和《行政法规制定程序条例》的规定。

四、水地方性法规

根据《立法法》的规定,目前有权制定地方性法规的主体包括31个省级人大及其常委会,300个左右的设区市人大及其常委会,30个左右的自治州人大及其常委会。那么，到底全国共制定了多少部水地方性法规，目前还没有确切的统计数据。为了描述全国水地方性法规的概况，下面以河北省为例来说明问题，以期达到管中窥豹的目的。

（一）河北省省本级的水地方性法规

1. 河北省省本级水地方性法规目录

截止到2024年9月，河北省省本级制定的现行有效的水地方性法规共10部，占整个省本级地方性法规总数的1.3%。具体目录如下：

（1）《河北省水利工程管理条例》

《河北省水利工程管理条例》于1990年11月10日河北省第七届人民代表大会常务委员会第十七次会议通过，根据1998年12月26日河北省第九届人民代表大会常务委员会第六次会议《关于修改〈河北省水利工程管理条例〉的决定》修正，根据2011年11月26日河北省第十一届人民代表大会常务委员会第二十七次会议《关于修改部分法规的决定》第二次修正，根据2021年9月29日河北省第十三届人民代表大会常务委员会第二十五次会议《关于修改〈河北省技术市场条例〉等十四部法规的决定》第三次修正，根据2024年5月28日河北省第十四届人民代表大会常务委员会第九次会议《关于修改〈河北省水利工程管理条例〉等三部法规的决定》第四次修正。

（2）《河北省实施〈中华人民共和国水土保持法〉办法》

《河北省实施〈中华人民共和国水土保持法〉办法》于1993年2月27日河北省第七届人民代表大会常务委员会第三十二次会议通过，根据2014年5月30日河北省第十二届人民代表大会常务委员会第八次会议修订，根据2018年5月31日河北省第十三届人民代表大会常务委员会第三次会议《关于修改部分法规的决定》修正。

（3）《河北省实施〈中华人民共和国防洪法〉办法》

《河北省实施〈中华人民共和国防洪法〉办法》于2000年9月

27日河北省第九届人民代表大会常务委员会第十七次会议通过,根据2010年7月30日河北省第十一届人民代表大会常务委员会第十七次会议《关于修改部分法规的决定》修正,根据2017年9月28日河北省第十二届人民代表大会常务委员会第三十二次会议《关于修改部分法规的决定》第二次修正。

(4)《河北省水文管理条例》

《河北省水文管理条例》于2002年11月25日河北省第九届人民代表大会常务委员会第三十次会议通过,根据2013年9月27日河北省第十二届人民代表大会常务委员会第四次会议《关于修改部分法规的决定》第一次修正,根据2015年7月24日河北省第十二届人民代表大会常务委员会第十六次会议《关于修改〈河北省食盐加碘消除碘缺乏危害监督管理条例〉等8部法规的决定》第二次修正,根据2016年9月22日河北省第十二届人民代表大会常务委员会第二十三次会议《关于修改〈河北省实施《中华人民共和国水法》办法〉等10部法规的决定》第三次修正,根据2023年11月30日河北省第十四届人民代表大会常务委员会第六次会议《关于修改〈河北省体育设施管理条例〉等九部法规的决定》第四次修正。

(5)《河北省实施〈中华人民共和国水法〉办法》

《河北省实施〈中华人民共和国水法〉办法》于2010年9月29日河北省第十一届人民代表大会常务委员会第十九次会议通过,根据2016年9月22日河北省第十二届人民代表大会常务委员会第二十三次会议《关于修改〈河北省实施《中华人民共和国水法》办法〉等十部法规的决定》第一次修正,根据2023年5月30日河北省第十四届人民代表大会常务委员会第三次会议《关于修改〈河北省地震安全性评价管理条例〉等七部法规的决定》第二次修正。

(6)《河北省地下水管理条例》

《河北省地下水管理条例》于2014年11月28日河北省第十二届

人民代表大会常务委员会第十一次会议通过,根据 2018 年 9 月 20 日河北省第十三届人民代表大会常务委员会第五次会议修订。

(7)《河北省河湖保护和治理条例》

《河北省河湖保护和治理条例》于 2020 年 1 月 11 日河北省第十三届人民代表大会第三次会议通过。

(8)《河北省人民代表大会常务委员会关于加强滦河流域水资源保护和管理的决定》

《河北省人民代表大会常务委员会关于加强滦河流域水资源保护和管理的决定》于 2020 年 9 月 24 日河北省第十三届人民代表大会常务委员会第十九次会议通过。

(9)《河北省节约用水条例》

《河北省节约用水条例》于 2021 年 5 月 28 日河北省第十三届人民代表大会常务委员会第二十三次会议通过,根据 2021 年 7 月 29 日河北省第十三届人民代表大会常务委员会第二十四次会议《河北省人民代表大会常务委员会关于修改〈河北省发展循环经济条例〉等五部法规的决定》修正。

(10)《河北省防汛避险人员转移条例》

《河北省防汛避险人员转移条例》于 2024 年 1 月 14 日河北省第十四届人民代表大会常务委员会第七次会议通过。

2. 条例、办法与决议、决定的区别

在河北省省本级的水地方性法规中,名称为"条例""办法"的共 9 部,名称为"决定"的有 1 部。① 虽然地方性法规可以称为条例、办

---

① 此外,河北省人大常委会还曾制定过两部名称为"决议"的水地方性法规:《河北省人民代表大会常务委员会关于加强山区水土保持工作的决议》(1995 年 11 月 15 日河北省第八届人民代表大会常务委员会第十七次会议通过)和《河北省人民代表大会常务委员会关于加快发展节水和旱作农业的决议》(2000 年 11 月 27 日河北省第九届人民代表大会常务委员会第十八次会议通过)。2024 年 1 月 14 日,河北省第十四届人民代表大会常务委员会第七次会议决定废止这两部地方性法规。

法、决议、决定等,但是同为地方性法规,决议、决定与条例、办法相比,具有许多不同之处。

一是表述方式不同。条例、办法都是条款式的表述,决议、决定一般是公文式表述,和常见的公文表述方式无异,《河北省人民代表大会常务委员会关于加强滦河流域水资源保护和管理的决定》采用的就是这种写法。当然,近年来,一些决议、决定也采用了条款式的表述,比如,《河北省人民代表大会常务委员会关于促进农作物秸秆综合利用和禁止露天焚烧的决定》采用的就是这种表述,全文共27条。

二是内容不同。条例、办法重在写"实",决议、决定重在写"虚"。条例、办法需要将法规内容规定得具体明确,公民、法人和其他组织的权利与义务要规定明确,国家机关的权力与责任也要规定明确,尤其是涉及各个行政机关职责交叉重叠的领域也要尽可能说清楚。正因为条例、办法对于各方主体行为模式规定得比较具体明确,与之对应的法律责任也必须具体明确。而决议、决定的内容一般说得比较笼统、模糊,规定的权利、义务往往不是特别具体明确,与之对应的法律责任也往往不特别具体明确。

三是法律责任设定不同。条例、办法重在写"硬",决议、决定重在写"软"。条例、办法规定的行为模式、管理手段和法律责任往往是刚性的,决议、决定规定的行为模式、管理手段和法律责任往往是柔性的、号召性的、倡导性的。

四是法律属性不同。在法律属性上,条例、办法属于"硬法",决议、决定属于"软法"。"'硬法'是指那些需要依赖国家强制力保障实施的法律规范,而'软法'则指那些效力结构未必完整、无需依靠国家强制保障实施、但能产生社会实效的法律规范。"[①]正因为在内容上

---

① 罗豪才、宋功德:《认真对待软法——公域软法的一般理论及其中国实践》,《中国法学》2006年第2期。

条例、办法重在写"实",决议、决定重在写"虚",在法律责任设定上,条例、办法重在写"硬",决议、决定重在写"软",所以将条例、办法归为硬法,将决议、决定归为软法是妥当的。一般而言,软法能够有效填补硬法调整社会生活的空白,有利于促进法制的完善和法治的加强,有利于健全我国民主法治的整体机制。① 进一步讲,正如有学者所说,"现代社会的公共治理,应该硬软法结合,硬软法相互协调、相互补充、相互促进,在继续重视硬法和发挥硬法作用的同时,充分重视软法和发挥软法机制的作用"②。

决议、决定作为软法的一种,具有独特的法治价值和用武之地,那就是在部门职责交叉领域、需要多部门齐抓共管的领域,出台决议、决定比制定条例、办法效果更好。以制定《河北省人民代表大会常务委员会关于加强滦河流域水资源保护和管理的决定》为例,如果制定《河北省滦河流域水资源保护和管理条例》,远达不到出台决定的效果。因为,一旦要制定条例,就必须把水利和生态环境两个部门在水资源保护上的职责分清。事实上,经过30多年的机构改革和立法完善,在水资源保护上,水利和生态环境两个部门的职责并没有完全划分清楚,还有一些职责交叉重叠的地方。那样的话,条例要么制定不出来,要么许多问题会被回避掉。

(二)河北省各设区市的水地方性法规

河北省共有11个设区市,这11市的人大及其常委会都有权制定地方性法规。其中,石家庄作为省会城市,唐山、邯郸作为国务院批准的较大的市,较早拥有立法权,而其他8个设区市则是在2015年《立法法》修正后逐步获得了立法权。2015年7月24日,河北省第十二届

---

① 姜明安:《软法的兴起与软法之治》,《中国法学》2006年第2期。
② 姜明安:《完善软法机制,推进社会公共治理创新》,《中国法学》2010年第5期。

人民代表大会常务委员会第十六次会议决定:廊坊市、保定市、邢台市、秦皇岛市人民代表大会及其常务委员会自 2015 年 8 月 1 日起,可以依法对城乡建设与管理、环境保护、历史文化保护等方面的事项制定地方性法规。2016 年 3 月 29 日,河北省第十二届人民代表大会常务委员会第二十次会议决定:张家口市、承德市、沧州市、衡水市人民代表大会及其常务委员会开始行使地方立法权,可以依法对城乡建设与管理、环境保护、历史文化保护等方面的事项制定地方性法规。目前,河北省各设区市制定的水地方性法规共计 16 部。

五、水规章

(一) 水部门规章

水部门规章主要是指水利部规章。

1. 水利部规章目录

(1)《饮用水水源保护区污染防治管理规定》

《饮用水水源保护区污染防治管理规定》于 1989 年 7 月 10 日由国家环保局、卫生部、建设部、水利部、地矿部(89)环管字第 201 号发布,根据 2010 年 12 月 22 日《环境保护部关于废止、修改部分环保部门规章和规范性文件的决定》修正。

(2)《河道采砂收费管理办法》

《河道采砂收费管理办法》于 1990 年 6 月 20 日由水利部、财政部、国家物价局水财〔1990〕16 号发布。

(3)《黄河下游浮桥建设管理办法》

《黄河下游浮桥建设管理办法》于 1990 年 8 月 31 日由水利部水政〔1990〕17 号发布,根据 1997 年 12 月 25 日《水利部关于修改并重新发布〈黄河下游浮桥建设管理办法〉的通知》修订,根据 2017 年 12 月 22 日《水利部关于废止和修改部分规章的决定》修正。

(4)《河道管理范围内建设项目管理的有关规定》

《河道管理范围内建设项目管理的有关规定》于1992年4月3日由水利部、国家计委水政〔1992〕7号发布,根据2017年12月22日《水利部关于废止和修改部分规章的决定》修正。

(5)《水文专业有偿服务收费管理试行办法》

《水文专业有偿服务收费管理试行办法》于1994年6月27日由水利部水财〔1994〕292号发布。

(6)《水利工程建设项目管理规定(试行)》

《水利工程建设项目管理规定(试行)》于1995年4月21日由水利部水建〔1995〕128号发布,根据2014年8月19日《水利部关于废止和修改部分规章的决定》第一次修正,根据2016年8月1日《水利部关于废止和修改部分规章的决定》第二次修正。

(7)《占用农业灌溉水源、灌排工程设施补偿办法》

《占用农业灌溉水源、灌排工程设施补偿办法》于1995年11月13日由水利部、财政部、国家计委水政资〔1995〕457号发布,根据2014年8月19日《水利部关于废止和修改部分规章的决定》修正。

(8)《水库大坝注册登记办法》

《水库大坝注册登记办法》于1995年12月28日由水利部水管〔1995〕290号发布,根据1997年12月25日《水利部关于修改并重新发布〈水库大坝注册登记办法〉的通知》修订。

(9)《水利工程质量监督管理规定》

《水利工程质量监督管理规定》于1997年8月25日由水利部水建〔1997〕339号发布。

(10)《水利工程建设程序管理暂行规定》

《水利工程建设程序管理暂行规定》于1998年1月7日由水利部水建〔1998〕16号发布,根据2014年8月19日《水利部关于废止和修改部分规章的决定》第一次修正,根据2016年8月1日《水利部关于废止和修改部分规章的决定》第二次修正,根据 2017 年 12 月 22 日《水利部关于废止和修改部分规章的决定》第三次修正,根据 2019 年 5 月 10 日《水利部关于修改部分规章的决定》第四次修正。

(11)《水利工程质量事故处理暂行规定》

《水利工程质量事故处理暂行规定》于 1999 年 3 月 4 日由水利部令第 9 号发布。

(12)《水利水电建设工程蓄水安全鉴定暂行办法》

《水利水电建设工程蓄水安全鉴定暂行办法》于 1999 年 4 月 16 日由水利部水建管〔1999〕177 号发布,根据 2017 年 12 月 22 日《水利部关于废止和修改部分规章的决定》修正。

(13)《珠江河口管理办法》

《珠江河口管理办法》于 1999 年 9 月 24 日由水利部令第 10 号发布,根据 2017 年 12 月 22 日《水利部关于废止和修改部分规章的决定》修正。

(14)《水利部行政复议工作暂行规定》

《水利部行政复议工作暂行规定》于 1999 年 10 月 18 日由水利部水政法〔1999〕552 号发布,根据 2017 年 12 月 22 日《水利部关于废止和修改部分规章的决定》修正。

(15)《水利基本建设项目稽察暂行办法》

《水利基本建设项目稽察暂行办法》于 1999 年 12 月 7 日由水利部令第 11 号发布。

(16)《水土保持生态环境监测网络管理办法》

《水土保持生态环境监测网络管理办法》于 2000 年 1 月 31 日由水利部令第 12 号发布,根据 2014 年 8 月 19 日《水利部关于废止和修改部分规章的决定》修正。

(17)《水政监察工作章程》

《水政监察工作章程》于 2000 年 5 月 15 日由水利部令第 13 号发

布,根据 2004 年 10 月 21 日《水利部关于修改〈水政监察工作章程〉的决定》修正。

(18)《评标委员会和评标方法暂行规定》

《评标委员会和评标方法暂行规定》于 2001 年 7 月 5 日由国家计委、国家经贸委、建设部、铁道部、交通部、信息产业部、水利部令第 12 号发布,根据 2013 年 3 月 11 日国家发展改革委、工业和信息化部、财政部、住房城乡建设部、交通运输部、铁道部、水利部、广电总局、民航局《关于废止和修改部分招标投标规章和规范性文件的决定》修正。

(19)《水利工程建设项目招标投标管理规定》

《水利工程建设项目招标投标管理规定》于 2001 年 10 月 29 日由水利部令第 14 号发布。

(20)《建设项目水资源论证管理办法》

《建设项目水资源论证管理办法》于 2002 年 3 月 24 日由水利部、国家计委第 15 号令发布,根据 2015 年 12 月 16 日《水利部关于废止和修改部分规章的决定》第一次修正,根据 2017 年 12 月 22 日《水利部关于废止和修改部分规章的决定》第二次修正。

(21)《工程建设项目施工招标投标办法》

《工程建设项目施工招标投标办法》于 2003 年 3 月 8 日由国家计委、建设部、铁道部、交通部、信息产业部、水利部、民航总局令第 30 号发布,根据 2013 年 3 月 11 日国家发展改革委、工业和信息化部、财政部、住房城乡建设部、交通运输部、铁道部、水利部、广电总局、民航局《关于废止和修改部分招标投标规章和规范性文件的决定》修正。

(22)《水库降等与报废管理办法(试行)》

《水库降等与报废管理办法(试行)》于 2003 年 5 月 26 日由水利部令第 18 号发布。

(23)《长江河道采砂管理条例实施办法》

《长江河道采砂管理条例实施办法》于 2003 年 6 月 2 日由水利部

令第 19 号发布,根据 2010 年 3 月 12 日《水利部关于修改〈长江河道采砂管理条例实施办法〉的决定》第一次修正,根据 2010 年 12 月 28 日《水利部关于废止宣布失效修改部分规章和规范性文件的决定》第二次修正,根据 2016 年 8 月 1 日《水利部关于废止和修改部分规章的决定》第三次修正。

(24)《工程建设项目勘察设计招标投标办法》

《工程建设项目勘察设计招标投标办法》于 2003 年 6 月 12 日由国家发展改革委、建设部、铁道部、交通部、信息产业部、水利部、民航总局、广电总局令第 2 号发布,根据 2013 年 3 月 11 日国家发展改革委、工业和信息化部、财政部、住房城乡建设部、交通运输部、铁道部、水利部、广电总局、民航局《关于废止和修改部分招标投标规章和规范性文件的决定》修正。

(25)《工程建设项目招标投标活动投诉处理办法》

《工程建设项目招标投标活动投诉处理办法》于 2004 年 6 月 21 日由国家发展改革委、建设部、铁道部、交通部、信息产业部、水利部、民航总局令第 11 号发布,根据 2013 年 3 月 11 日国家发展改革委、工业和信息化部、财政部、住房城乡建设部、交通运输部、铁道部、水利部、广电总局、民航局《关于废止和修改部分招标投标规章和规范性文件的决定》修正。

(26)《黄河河口管理办法》

《黄河河口管理办法》于 2004 年 11 月 30 日由水利部令第 21 号发布。

(27)《入河排污口监督管理办法》

《入河排污口监督管理办法》于 2004 年 11 月 30 日由水利部令第 22 号发布,根据 2015 年 12 月 16 日《水利部关于废止和修改部分规章的决定》修正。

(28)《工程建设项目货物招标投标办法》

《工程建设项目货物招标投标办法》于 2005 年 1 月 18 日由国家

发展改革委、建设部、铁道部、交通部、信息产业部、水利部、民航总局令第27号发布,根据2013年3月11日国家发展改革委、工业和信息化部、财政部、住房城乡建设部、交通运输部、铁道部、水利部、广电总局、民航局《关于废止和修改部分招标投标规章和规范性文件的决定》修正。

(29)《水行政许可实施办法》

《水行政许可实施办法》于2005年7月8日由水利部令第23号发布。

(30)《水利工程建设安全生产管理规定》

《水利工程建设安全生产管理规定》于2005年7月22日由水利部令第26号发布,根据2014年8月19日《水利部关于废止和修改部分规章的决定》第一次修正,根据2017年12月22日《水利部关于废止和修改部分规章的决定》第二次修正,根据2019年5月10日《水利部关于修改部分规章的决定》第三次修正。

(31)《水行政许可听证规定》

《水行政许可听证规定》于2006年5月24日由水利部令第27号公布。

(32)《水利工程建设监理规定》

《水利工程建设监理规定》于2006年12月18日由水利部令第28号发布,根据2017年12月22日《水利部关于废止和修改部分规章的决定》修正。

(33)《水利工程建设监理单位资质管理办法》

《水利工程建设监理单位资质管理办法》于2006年12月18日由水利部令第29号发布,根据2010年5月14日《水利部关于修改〈水利工程建设监理单位资质管理办法〉的决定》第一次修正,根据2015年12月16日《水利部关于废止和修改部分规章的决定》第二次修正,根据2017年12月22日《水利部关于废止和修改部分规章的决定》第三次修正,根据 2019 年 5 月 10 日《水利部关于修改部分规章的决定》第四次修正。

(34)《水利工程建设项目验收管理规定》

《水利工程建设项目验收管理规定》于 2006 年 12 月 18 日由水利部令第 30 号发布,根据 2014 年 8 月 19 日《水利部关于废止和修改部分规章的决定》第一次修正,根据 2016 年 8 月 1 日《水利部关于废止和修改部分规章的决定》第二次修正,根据 2017 年 12 月 22 日《水利部关于废止和修改部分规章的决定》第三次修正。

(35)《〈标准施工招标资格预审文件〉和〈标准施工招标文件〉暂行规定》

《〈标准施工招标资格预审文件〉和〈标准施工招标文件〉暂行规定》于 2007 年 11 月 1 日由国家发展改革委、财政部、建设部、铁道部、交通部、信息产业部、水利部、民航总局、广电总局令第 56 号公布,根据 2013 年 3 月 11 日国家发展改革委、工业和信息化部、财政部、住房城乡建设部、交通运输部、铁道部、水利部、广电总局、民航局令第 23 号修订。

(36)《水工程建设规划同意书制度管理办法(试行)》

《水工程建设规划同意书制度管理办法(试行)》于 2007 年 11 月 29 日由水利部令第 31 号发布,根据 2015 年 12 月 16 日《水利部关于废止和修改部分规章的决定》第一次修正,根据 2017 年 12 月 22 日《水利部关于废止和修改部分规章的决定》第二次修正。

(37)《水量分配暂行办法》

《水量分配暂行办法》于 2007 年 12 月 5 日由水利部令第 32 号发布。

(38)《取水许可管理办法》

《取水许可管理办法》于 2008 年 4 月 9 日由水利部令第 34 号发布,根据 2015 年 12 月 16 日《水利部关于废止和修改部分规章的决定》第一次修正,根据2017年12月22日《水利部关于废止和修改部分规章的决定》第二次修正。

(39)《三峡水库调度和库区水资源与河道管理办法》

《三峡水库调度和库区水资源与河道管理办法》于2008年11月3日由水利部令第35号发布,根据2017年12月22日《水利部关于废止和修改部分规章的决定》修正。

(40)《水利工程质量检测管理规定》

《水利工程质量检测管理规定》于2008年11月3日由水利部令第36号发布,根据2017年12月22日《水利部关于废止和修改部分规章的决定》修正,根据2019年5月10日《水利部关于修改部分规章的决定》第二次修正。

(41)《海河独流减河永定新河河口管理办法》

《海河独流减河永定新河河口管理办法》于2009年5月13日由水利部令第37号发布。

(42)《黑河干流水量调度管理办法》

《黑河干流水量调度管理办法》于2009年5月13日由水利部令第38号发布。

(43)《水文监测环境和设施保护办法》

《水文监测环境和设施保护办法》于2011年2月18日由水利部令第43号发布,根据2015年12月16日《水利部关于废止和修改部分规章的决定》修正。

(44)《水文站网管理办法》

《水文站网管理办法》于2011年12月2日由水利部令第44号发布。

(45)《电子招标投标办法》

《电子招标投标办法》于2013年2月4日由国家发展改革委、工业和信息化部、监察部、住房城乡建设部、交通运输部、铁道部、水利部、商务部令第20号发布。

(46)《公共资源交易平台管理暂行办法》

《公共资源交易平台管理暂行办法》于 2016 年 6 月 24 日由国家发展改革委、工业和信息化部、财政部、国土资源部、环境保护部、住房城乡建设部、交通运输部、水利部、商务部、卫生计生委、国资委、税务总局、林业局、国管局令第 39 号发布。

(47)《全国投资项目在线审批监管平台运行管理暂行办法》

《全国投资项目在线审批监管平台运行管理暂行办法》于 2017 年 5 月 25 日由国家发展改革委、工业和信息化部、国土资源部、环境保护部、住房城乡建设部、交通运输部、水利部、卫生计生委、安全监管总局、统计局、地震局、气象局、国防科工局、烟草局、海洋局、民航局、文物局、能源局令第 3 号发布，根据 2023 年 3 月 23 日国家发展改革委令第 1 号修订。

(48)《水效标识管理办法》

《水效标识管理办法》于 2017 年 9 月 13 日由国家发展改革委、水利部、国家质检总局令第 6 号发布。

(49)《高速铁路安全防护管理办法》

《高速铁路安全防护管理办法》于 2020 年 5 月 6 日由交通运输部、公安部、自然资源部、生态环境部、住房城乡建设部、水利部、应急管理部令第 8 号发布。

(50)《水文监测资料汇交管理办法》

《水文监测资料汇交管理办法》于 2020 年 10 月 22 日由水利部令第 51 号发布。

(51)《水利工程质量管理规定》

《水利工程质量管理规定》于 2023 年 1 月 12 日由水利部令第 52 号发布。

(52)《生产建设项目水土保持方案管理办法》

《生产建设项目水土保持方案管理办法》于 2023 年 1 月 17 日由

水利部令第53号发布。

(53)《长江流域控制性水工程联合调度管理办法(试行)》

《长江流域控制性水工程联合调度管理办法(试行)》于2023年1月19日由水利部令第54号发布。

(54)《水行政处罚实施办法》

《水行政处罚实施办法》于2023年3月10日由水利部令第55号发布。

(55)《基础设施和公用事业特许经营管理办法》

《基础设施和公用事业特许经营管理办法》于2024年3月28日由国家发展改革委、财政部、住房城乡建设部、交通运输部、水利部、中国人民银行令第17号发布。

2. 水利部规章中的特殊情形

水利部规章中存在两种特殊情形。一是以水利部文件形式而不是以部令形式发布的规章。水利部早期出台的一些规章是以文件形式颁布的,没有使用部令的形式。其原因是,虽然1982年《宪法》第九十条规定"各部、各委员会根据法律和国务院的行政法规、决定、命令,在本部门的权限内,发布命令、指示和规章",但是,规章的颁布程序和形式要求并没有明确规定。直到2000年《立法法》才有明确要求,"部门规章由部门首长签署命令予以公布"。因此,这属于特定时期的立法现象。这些以水利部文件形式而不是以部令形式发布的规章,是规章的一种特殊形态,其法律地位、法律效力与以部令形式发布的规章相同。当然,现在制定部门规章就必须满足《立法法》和《规章制定程序条例》的要求。

二是水利部与其他部委联合制定的规章。水利部现行的规章中有一些属于水利部与其他部委联合制定的规章,主要包括《饮用水水源保护区污染防治管理规定》《电子招标投标办法》《评标委员会和评标方法暂行规定》《工程建设项目施工招标投标办法》《工程建设项目勘察设计招标投标办法》《工程建设项目招标投标活动投诉处理办法》

《工程建设项目货物招标投标办法》《〈标准施工招标资格预审文件〉和〈标准施工招标文件〉暂行规定》《基础设施和公用事业特许经营管理办法》《公共资源交易平台管理暂行办法》《全国投资项目在线审批监管平台运行管理暂行办法》《水效标识管理办法》《高速铁路安全防护管理办法》等。《立法法》第九十二条规定,涉及两个以上国务院部门职权范围的事项,应当提请国务院制定行政法规或者由国务院有关部门联合制定规章。《规章制定程序条例》第三十条规定,部门联合规章由联合制定的部门首长共同署名公布,使用主办机关的命令序号。因此,多部门联合制定的规章也是规章的一种特殊形态。在法律属性上,联合规章属于参与制定的各个部门的规章,其法律地位、法律效力与各个部门单独制定的规章相同。

(二) 水地方政府规章

目前有权制定地方政府规章的主体包括 31 个省级政府,300 个左右的设区市政府,30 个左右的自治州政府。全国共制定了多少部水地方政府规章,目前还没有确切的统计数据。下面还是以河北省为例来描述全国水地方政府规章的概况。

1. 河北省省本级水地方政府规章目录

截至 2024 年 9 月,河北省人民政府共制定现行有效的水地方政府规章 12 部,占全部省本级地方政府规章总数的 5.9%。[①] 具体目录如下:

(1)《河北省河道工程修建维护管理费征收管理规定》

《河北省河道工程修建维护管理费征收管理规定》于 1994 年 6 月

---

① 此外,河北省人民政府还废止了一部水地方政府规章:《河北省水能资源开发利用管理规定》。《河北省水能资源开发利用管理规定》于 2011 年 11 月 21 日由河北省人民政府令〔2011〕第 13 号公布,根据 2014 年 1 月 16 日河北省人民政府令〔2014〕第 2 号第一次修正,根据 2020 年 10 月 31 日河北省人民政府令〔2020〕第 2 号第二次修正,根据 2023 年 1 月 20 日《河北省人民政府关于废止和修改部分省政府规章的决定》废止。

13日由河北省人民政府令第103号公布。

(2)《河北省水利建设基金筹集和使用管理办法》

《河北省水利建设基金筹集和使用管理办法》于1997年6月26日由河北省人民政府发布,根据2002年9月24日河北省人民政府令〔2002〕第16号第一次修正,根据2011年10月9日河北省人民政府令〔2011〕第7号第二次修正,根据2018年10月6日河北省人民政府令〔2018〕第4号第三次修正。

(3)《河北省河道采砂管理规定》

《河北省河道采砂管理规定》于2008年2月14日由河北省人民政府令〔2008〕第3号公布,根据2011年12月30日河北省人民政府令〔2011〕第17号第一次修正,根据2013年5月10日河北省人民政府令〔2013〕第2号第二次修正,根据2014年1月16日河北省人民政府令〔2014〕第2号第三次修正,根据2017年12月31日河北省人民政府令〔2017〕第6号第四次修正,根据2020年10月31日河北省人民政府令〔2020〕第2号第五次修正。

(4)《河北省抗旱规定》

《河北省抗旱规定》于2012年5月17日由河北省人民政府令〔2012〕第1号公布,根据2013年5月10日河北省人民政府令〔2013〕第2号第一次修正,根据2014年1月16日河北省人民政府令〔2014〕第2号第二次修正。

(5)《河北省水功能区管理规定》

《河北省水功能区管理规定》于2014年12月31日由河北省人民政府令〔2014〕第17号公布。

(6)《河北省南水北调配套工程供用水管理规定》

《河北省南水北调配套工程供用水管理规定》于2015年12月10日由河北省人民政府令〔2015〕第10号公布,根据2020年10月31日河北省人民政府令〔2020〕第2号修正。

(7)《河北省农村供水用水管理办法》

《河北省农村供水用水管理办法》于2016年12月6日由河北省人民政府令〔2016〕第4号公布,根据2023年1月20日河北省人民政府令〔2023〕第1号修正。

(8)《河北省水利工程供水价格管理规定》

《河北省水利工程供水价格管理规定》于2017年1月12日由河北省人民政府令〔2017〕第2号公布。

(9)《河北省取水许可管理办法》

《河北省取水许可管理办法》于2018年7月21日由河北省人民政府令〔2018〕第3号公布。

(10)《河北省大中型水利水电工程移民安置程序规定》

《河北省大中型水利水电工程移民安置程序规定》于2019年4月16日由河北省人民政府令〔2019〕第5号公布。

(11)《河北省蓄滞洪区管理办法》

《河北省蓄滞洪区管理办法》于2020年12月26日由河北省人民政府令〔2020〕第6号公布。

(12)《河北省引黄工程运行管理规定》

《河北省引黄工程运行管理规定》于2023年11月17日由河北省人民政府令〔2023〕第10号公布。

2. 河北省各设区市的水地方政府规章

河北省11个设区市的市政府都有权制定地方政府规章。其中,石家庄、唐山、邯郸三市的市政府,较早获得地方政府规章制定权,而其他8个设区市政府则是在2015年《立法法》修正后逐步获得了地方政府规章制定权。根据《立法法》第九十三条规定,除省、自治区的人民政府所在地的市,经济特区所在地的市和国务院已经批准的较大的市以外,其他设区的市、自治州的人民政府开始制定规章的时间,与本省、自治区人民代表大会常务委员会确定的本市、自治州开始制定地方性法规的时间同步。

截至2024年9月,河北省各设区市制定的水地方政府规章共计6部。

六、水司法解释

截至2024年9月,涉水的司法解释只有1部,即《最高人民法院、最高人民检察院关于办理非法采矿、破坏性采矿刑事案件适用法律若干问题的解释》(简称《解释》)(2016年9月26日最高人民法院审判委员会第1694次会议、2016年11月4日最高人民检察院第十二届检察委员会第57次会议通过,由法释〔2016〕25号发布)。

之所以把《解释》视为涉水的司法解释,是因为其主要解决的是非法采砂的刑事责任认定问题,也就是非法采砂以非法采矿论处的问题,而河道采砂的行政主管部门是各级水行政主管部门,河道采砂管理属于水行政法的调整范围。

第三节 水行政法的基本原则

基本原则是行政法总论的有机组成部分,而行政法总论又具有规范控制部门行政法的功能,因此,行政法总论中的基本原则或者行政法的基本原则必然成为部门行政法的基本原则,自然就是水行政法的基本原则。

一、水行政法基本原则的含义

水行政法基本原则是指导水行政法的制定、执行、遵守和解决行政争议的基本准则。

水行政法基本原则在水行政法实践中具有重要法治价值。一是有利于水行政法体系的统一。由于水行政管理活动具有广泛性、复杂性的特点,水行政法规范常常变动不居,但是从整体上讲,水行政法又要维持相对的稳定性。水行政法基本原则的出现为解决这一难题提供了可行路径,因为其恰恰体现了水行政法的基本精神和价值追求,能够起到统一、协调不同的水行政法规范,使水行政法体系保持相对稳定的作用。

二是有利于水行政法的实施。水行政管理活动的复杂性和水行政法规范的多样性,也决定了水行政法实施的复杂性。水行政法的执行者和遵守者面对众多的水行政法规范,若没有基本原则的指引,将无所适从。

三是有利于水行政法漏洞的弥补。由于人们认识水平的限制和社会状况的流变,水行政法难免存在缺漏,无法对需要法律调整的社会关系有效实施规范。而水行政法的修订完善往往需要一个过程,在新的水行政法规范出台之前,水行政法的基本原则可以弥补这种立法的疏漏与空白。

二、水行政法基本原则的体系

行政法的基本原则是行政法学研究的一个传统课题,目前已取得了比较丰富的理论成果。但是,行政法基本原则的主要内容,或者说行政法的基本原则到底应当包括哪些具体原则,行政法界远没有形成共识,还处于众说纷纭的状态。

关于行政法基本原则体系的内容,理论界有代表性的观点主要有三种。

第一种观点是合法性原则和合理性原则说。该观点认为,行政法的基本原则应当包括两个,即行政合法性原则和行政合理性原则。[1]

第二种观点是实体性原则和程序性原则说。该观点认为,行政法的基本原则应当包括实体性原则和程序性原则,其中实体性原则又包

---

[1] 张正钊、胡锦光主编《行政法与行政诉讼法》,中国人民大学出版社,2015,第19页。

括五个具体原则：依法行政原则、尊重和保障人权原则、越权无效原则、信赖保护原则、比例原则。程序性原则又包括五个具体原则：正当法律程序原则，行政公开原则，行政公正原则，行政公平原则，智能、高效、便民原则。[①]

第三种观点是六原则说。该观点认为，行政法的基本原则应当包括六个，即依法行政原则、行政合理性原则、程序正当原则、诚信原则、高效便民原则、监督与救济原则。[②]

本书认为，部门行政法的基本原则既要遵循行政法基本原则的指导，同时也要体现自己的定位和特色。具体来讲，部门行政法处于国家通过法律调整行政管理秩序的最前沿，其遵从的基本原则应是实定法所确认的原则，而不仅仅是学界从法理中提炼概括出来的基本原则。

2004年3月22日，国务院印发的《全面推进依法行政实施纲要》提出依法行政的基本要求：合法行政、合理行政、程序正当、高效便民、诚实守信、权责统一。国务院《全面推进依法行政实施纲要》属于国务院颁布的行政规范性文件，属于广义的法的范畴，具有法的约束力。因此，这六项要求其实就是实定法所确认的行政法的基本原则。同时，这六项要求也是从现行法律中归纳提炼而来的。其实，目前理论界关于行政法基本原则的各种观点也都涵盖了这六项原则，因此可以说，这六项原则是目前学术界和实务界对行政法基本原则认识的最大公约数。

三、水行政法基本原则的内容

（一）合法行政原则

合法行政原则又称依法行政原则，是指行政机关必须依照法律行

[①] 姜明安主编《行政法与行政诉讼法》（第八版），北京大学出版社，高等教育出版社，2024，第65-81页。

[②] 《行政法与行政诉讼法学》编写组主编《行政法与行政诉讼法学》，高等教育出版社，2018，第28-41页。

使行政管理权。

合法行政原则包括以下几个方面的内容：一是行政职权的获得应当合法。行政职权的拥有应当有明确法律依据，否则便是行政专制。对于公民来讲，法无禁止即可为，只要法律没有禁止即视为自由。而对于行政主体来讲，法无授权不得为。二是行政职权的行使应当合法。依法行使行政职权，不仅是行政主体的一项权力，也是行政主体不可推卸的义务与职责。三是违法行使行政职权应当承担法律责任。行政主体违法行使行政职权，侵犯了公民、法人和其他组织的合法权益，应当承担相应的法律责任。

合法行政原则具有实定法依据。《行政处罚法》第四条规定：公民、法人或者其他组织违反行政管理秩序的行为，应当给予行政处罚的，依照本法由法律、法规、规章规定，并由行政机关依照本法规定的程序实施。《行政许可法》第四条规定：设定和实施行政许可，应当依照法定的权限、范围、条件和程序。《行政强制法》第四条规定：行政强制的设定和实施，应当依照法定的权限、范围、条件和程序。

（二）合理行政原则

合理行政原则是指行政主体行使行政职权应当公平、正当、适度。

合理行政原则的内容包括两个方面：一是比例原则。比例原则是指行政主体行使行政职权应当兼顾行政目标的实现和保护行政相对人的权益，如为了达到某个行政目标可能对行政相对人权益造成某种不利影响时，应当将这种不利影响限制在尽可能小的限度内，保持二者处于适当的比例。二是平等对待。平等对待是指行政主体平等对待行政相对人，非有正当理由不得区别对待。平等对待要求行政主体在行使行政职权的过程中，相同的情况作出相同的对待，不同的情况作出有差别的对待。

合理行政原则具有实定法依据。《行政处罚法》第五条规定：设定和实施行政处罚必须以事实为依据,与违法行为的事实、性质、情节以及社会危害程度相当。《行政许可法》第五条规定:设定和实施行政许可,应当遵循公开、公平、公正、非歧视的原则。《行政强制法》第五条规定:行政强制的设定和实施,应当适当。采用非强制手段可以达到行政管理目的的,不得设定和实施行政强制。

(三) 程序正当原则

程序正当原则是指行政主体作出影响行政相对人权益的行政行为时,必须遵循正当法律程序,包括事先告知行政相对人,说明行政行为的根据、理由,听取陈述、申辩等。

程序正当原则包括两条基本规则:一是任何人不应成为自己案件的法官,这是行政回避制度的理论依据。二是任何人在受到不利处分时,应当为其提供公正的听取意见的机会,这是行政听证和听取相对人陈述申辩的理论依据。

程序正当原则具有实定法依据。《行政处罚法》第七条规定:公民、法人或者其他组织对行政机关所给予的行政处罚,享有陈述权、申辩权。第四十三条规定:执法人员与案件有直接利害关系或者有其他关系可能影响公正执法的,应当回避。当事人认为执法人员与案件有直接利害关系或者有其他关系可能影响公正执法的,有权申请回避。《行政许可法》第7条规定:公民、法人或者其他组织对行政机关实施行政许可,享有陈述权、申辩权。《行政强制法》第八条规定:公民、法人或者其他组织对行政机关实施行政强制,享有陈述权、申辩权。

程序正当原则在司法实践中已经成为行政审判的依据。例如,在引起社会广泛关注的北京大学历史学系博士研究生于某某被北京大学撤销博士学位案中,一审法院北京市海淀区人民法院经审理认为,北京大学作出的撤销学位决定有违正当程序原则,判决撤销北京大学作出的撤销于某某博士学位的决定,由北京大学依照相关规定进行处理。海淀区法院认为，《学位条例》及相关法律法规虽然未对撤销博士学位的程序作出明确规定，但撤销博士学位涉及相对人的重大切身利益，是对取得博士学位人员获得的相应学术水平作出否定，对相对人合法权益产生极其重大的影响。因此，北京大学在作出被诉《撤销决定》之前，应当遵循正当程序原则，充分听取于某某的陈述和申辩，保障其享有相应的权利。本案中，北京大学虽然在调查初期与于某某进行过一次约谈，但此约谈系调查程序。北京大学在作出《撤销决定》前未充分听取于某某的陈述和申辩。因此，北京大学作出的《撤销决定》有违正当程序原则[1]。

二审法院在判决书中进一步指出，作为最基本的公正程序规则，只要成文法没有排除或另有特殊情形，行政机关都要遵守。即使法律中没有明确的程序规定，行政机关也不能认为自己不受程序限制，甚至连最基本的正当程序原则都可以不遵守。应该说，对于正当程序原则的适用，行政机关没有自由裁量权。只是在法律未对正当程序原则设定具体的程序性规定时，行政机关可以就履行正当程序的具体方式作出选择。在本案中，北京大学作为法律、法规授权的组织，其在行使学位授予或撤销权时，亦应当遵守正当程序原则。即便相关法律、法规未对撤销学位的具体程序作出规定，其也应自觉采取适当的方式来践行上述原则，以保证其决定程序的公正性[2]。

（四）高效便民原则

高效便民原则是指行政主体应当高效率地行使行政职权，最大限度地方便人民群众。

高效便民原则具有实定法依据。《行政许可法》第六条规定：实施

---

[1] 参见北京市海淀区人民法院(2015)海行初字第1064号行政判决书。
[2] 参见北京市第一中级人民法院(2017)京01行终277号行政判决书。

行政许可,应当遵循便民的原则,提高办事效率,提供优质服务。《行政复议法》第三条规定:行政复议机关履行行政复议职责,应当遵循合法、公正、公开、高效、便民、为民的原则,坚持有错必纠,保障法律、法规的正确实施。

《法治政府建设实施纲要(2021—2025年)》对于贯彻高效便民原则作出一系列安排部署。一是构建简约高效的基层管理体制,实行扁平化和网格化管理。二是深入推进"放管服"改革。分级分类推进行政审批制度改革。依托全国一体化政务服务平台等渠道,全面推行审批服务"马上办、网上办、就近办、一次办、自助办"。推行行政审批告知承诺制。大力归并减少各类资质资格许可事项,降低准入门槛。有序推进"证照分离"改革全覆盖,将更多涉企经营许可事项纳入改革。积极推进"一业一证"改革,探索实现"一证准营"、跨地互认通用。三是加快建设服务型政府,提高政务服务效能。全面提升政务服务水平,完善首问负责、一次告知、一窗受理、自助办理等制度。加快推进政务服务"跨省通办",大力推行"一件事一次办",提供更多套餐式、主题式集成服务。推进线上线下深度融合,增强全国一体化政务服务平台服务能力,优化整合提升各级政务大厅"一站式"功能,全面实现政务服务事项全城通办、就近能办、异地可办。

(五)诚实守信原则

诚实守信原则是指行政主体在行使行政职权过程中,要信守诺言,不得任意反悔。

诚实守信原则具有实定法依据。《行政许可法》第八条规定:公民、法人或者其他组织依法取得的行政许可受法律保护,行政机关不得擅自改变已经生效的行政许可。行政许可所依据的法律、法规、规章修改或者废止,或者准予行政许可所依据的客观情况发生重大变化的,为了公共利益的需要,行政机关可以依法变更或者撤回已经生效的行政许可。由此给公民、法人或者其他组织造成财产损失的,行政机关应当依法给予补偿。

2016年12月印发的《国务院关于加强政务诚信建设的指导意见》明确提出,以政务诚信引领社会诚信。《法治政府建设实施纲要(2021—2025年)》提出,加快推进政务诚信建设。健全政府守信践诺机制。建立政务诚信监测治理机制,建立健全政务失信记录制度,将违约毁约、拖欠账款、拒不履行司法裁判等失信信息纳入全国信用信息共享平台并向社会公开。建立健全政府失信责任追究制度,加大失信惩戒力度,重点治理债务融资、政府采购、招标投标、招商引资等领域的政府失信行为。

(六)权责统一原则

权责统一原则是指行政主体的行政职权和行政职责是一致的,有权力必有监督。

权责统一原则的内容主要包括两个方面,一是对行政权的监督。包括人大的依法监督、政协的民主监督、法院行政审判的监督、检察院行政公益诉讼的监督、新闻媒体的舆论监督和人民群众的社会监督等外部监督,也包括行政机关内部的层级监督和审计机关的专门监督。二是责任。行政机关及其工作人员应当对违法、不当的行政行为给公民、法人或其他组织合法权益造成的侵害承担法律责任。

权责统一原则具有实定法依据。《行政处罚法》第七十六条、第七十七条、第七十八条、第七十九条、第八十条、第八十一条、第八十二条、第八十三条规定的都是行政机关工作人员的违法责任。[①]《行政许

[①] 例如,《行政处罚法》第八十三条规定:行政机关对应当予以制止和处罚的违法行为不予制止、处罚,致使公民、法人或者其他组织的合法权益、公共利益和社会秩序遭受损害的,对直接负责的主管人员和其他直接责任人员依法给予处分;情节严重构成犯罪的,依法追究刑事责任。

可法》第十条规定:县级以上人民政府应当建立健全对行政机关实施行政许可的监督制度,加强对行政机关实施行政许可的监督检查。

《法治政府建设实施纲要(2021—2025年)》提出,加强对行政执法制约和监督。全面落实行政执法责任,严格按照权责事项清单分解执法职权、确定执法责任。加强和完善行政执法案卷管理和评查、行政执法机关处理投诉举报、行政执法考核评议等制度建设。大力整治重点领域行政执法不作为乱作为、执法不严格不规范不文明不透明等突出问题,围绕中心工作部署开展行政执法监督专项行动。严禁下达或者变相下达罚没指标,严禁将罚没收入同作出行政处罚的行政机关及其工作人员的考核、考评直接或者变相挂钩。建立并实施行政执法监督员制度。

第四节　我国历代水行政法

从公元前5世纪到20世纪初,历经2000多年,我国基本上沿袭的是"诸法合体、民刑不分"的法典体例,具体表现为历代法典以刑法规范为主体,杂有民法、行政法、诉讼法、经济法等部门法规范。直到20世纪初,沈家本主持变法修律,仿照大陆法系分别制定了刑律、民律、商律、民事诉讼法、刑事诉讼法、法院组织法,最终打破了"诸法合体、民刑不分"的传统法典体例。我国古代行政法可以分为中央行政法、地方行政法。从内容划分,可以分为吏、户、食货、礼、教育、科技、民族、宗教、司法行政、监察行政与军事行政等部门行政法。另外,古代行政法还具有行政处分与刑罚制裁交互为用的特点,对于违法失职的官吏或者给予行政处分,或者给予刑罚惩戒,表现出行政法与刑法的相互渗透。①

我国古代水行政法起源于西周时期,是古代行政法的一个重要组成部分,也承袭了"诸法合体、民刑不分"的特点。因此,下面关于古代水行政法的介绍,有时很难把行政规范单独剥离出来,其中不可避免地混合了相关刑事规范、民事规范的内容。从内容上看,古代水行政法主要包括水利建设管理法规、防洪法规、农田水利法规等。

一、先秦时期的水行政法

水利建设管理法规。战国时期已有详细的水利工程施工管理制度,《管子·度地》记载,要委派学习过水利技术的人负责管理施工;水官冬天巡视各处水利工程,发现需要修理和新建的,要向政府报告,待批准后实施;水利工程施工要在春天进行;完工后要进行检查。②

防洪法规。春秋时期,为了防止各诸侯国堵塞河流,以水代兵,以邻为壑,需要各国之间制定水利盟约,互相约束、共同遵守。公元前656年的"召陵之盟"提出"毋曲堤",就是禁止修建不顾全局、危害他国的水利工程。公元前657年的阳谷之会,提出"毋障谷",就是禁止拦截水源。③

农田水利法规。秦武王二年(前309)修订的《田律》是关于农田水利的专门法律,其中就规定,"九月,大除道及除浍;十月,为桥、修陂堤,利津隘",用法令方式规定了兴修农田水利的具体要求。④

二、秦汉、魏晋和南北朝时期的水行政法

水利建设管理法规。秦汉以后,对防洪工程、灌溉工程逐渐形成

---

① 张晋藩:《中国法律的传统与近代转型》,法律出版社,1999,第304-319页。
② 饶明奇:《中国水利法制史研究》,法律出版社,2013,第2页。
③ 饶明奇:《中国水利法制史研究》,法律出版社,2013,第3-4页。
④ 郑连第主编《中国水利百科全书·水利史分册》,中国水利水电出版社,2004,第99页。

了每年进行修护的制度,即岁修制度,岁修分大修、中修和小修。施工组织的法规也日益完善。①

防洪法规。秦始皇统一六国之后,为了适应国家统一管理的要求,采用"决通川防,夷去险阻"的策略,拆除了原来六国留下的危害上下游、左右岸,以邻为壑的堤工。秦统一六国以前制定颁行的农田水利法律《田律》继续施行,其中规定"春二月,毋砍伐材木山林及雍(壅)堤水",要求在春季二月,不准进入山林砍木材,不得拦河筑坝堵水。② 西汉对防洪尤其是黄河防洪非常重视,在治河官员设置、河堤防守队伍组织以及经费等方面都有规定,如设有河堤都尉、河堤谒者等官职管理河务。东汉沿袭了西汉的防洪法规,并制定了一些新的防洪法规。③

农田水利法规。西汉时制定了专门的灌溉法规《水令》,南阳郡还制定了专门的农田水利法规,"为民作均水约束,立石于田畔,以防分(纷)争",对灌溉的社会关系进行调整。汉武帝下令,"平繇行水",要求治水修水利徭役必须合理负担。汉代法律规定的"均水灌溉"和"平繇行水"这两项基本政策,对后世都产生了广泛影响。④

三、隋唐、五代时期的水行政法

隋朝主要的水行政法是开皇四年(584)发布的《开凿广通渠诏书》。唐代的《唐律疏议》《营缮令》《唐六典》中都列有水事条款。⑤

防洪法规。行政法典《唐六典》将全国的江河分为三级,其中

---

① 饶明奇:《中国水利法制史研究》,法律出版社,2013,第8页。
② 郑连第主编《中国水利百科全书·水利史分册》,中国水利水电出版社,2004,第99页。
③ 饶明奇:《中国水利法制史研究》,法律出版社,2013,第9页。
④ 郑连第主编《中国水利百科全书·水利史分册》,中国水利水电出版社,2004,第99-100页。
⑤ 郑连第主编《中国水利百科全书·水利史分册》,中国水利水电出版社,2004,第100页。

长江、黄河为大川,渭、洛、济、漳、汉等江河为中川,其余江河为小川。《营缮令》规定了州刺史、县令的防洪责任制度。对于违反防洪法规的行为,规定了明确而严厉的法律责任。《唐律疏议》规定:"不修堤防及修而失时者,主司杖七十。"为保障江河防洪安全,还规定了"盗决堤防"罪、"故决堤防"罪,按造成后果处以杖刑、徒刑以至死刑。①

农田水利法规。唐代的农田水利法规集中体现在综合性水利法规《水部式》中,《水部式》的主要内容包括农田水利管理,碾硙的设置及其用水量的规定,航运船闸的管理维修,桥梁津渡的管理维修,渔业管理以及城市水道管理等。其中对于灌溉管理,特别是关中灌区的管理条文较为详细。此外,对于农业用水与航运用水、水碾水磨用水以及园林用水之间矛盾的调解办法,也有原则的规定。同时,一些州府还制定了专门的灌溉工程专门法规。②

四、宋、金、元时期的水行政法

水利建设管理法规。关于施工人力的征调,宋初规定,可用钱顶替。王安石变法时,提出免役法,即取消劳役而完全收取免役钱,再用这笔经费就近雇夫。王安石变法失败后,又恢复了以差役法为主,辅以雇夫的办法。金、元大体上沿用,在抢险堵口等紧急情况下还调用军队参加。关于水利工程物料管理,宋代之前就有相关制度,宋代又重申了这一制度内容。③

防洪法规。北宋明确规定了治河防洪的责任制度,除在《宋刑统》中保留唐代有关护堤条例外,还有一些新的规定。宋代对黄河堤防的

---

① 郑连第主编《中国水利百科全书·水利史分册》,中国水利水电出版社,2004,第100页。
② 郑连第主编《中国水利百科全书·水利史分册》,中国水利水电出版社,2004,第100-104页。
③ 饶明奇:《中国水利法制史研究》,法律出版社,2013,第30-32页。

岁修做了具体规定,对盗决堤防、不修堤防的量刑虽然沿袭唐律,但规定更为具体。此外,宋代还编纂过系统的河防法规。金代颁布的《河防令》,是我国最早的防洪行政法,其主要内容是关于黄河和海河水系各河的河防修守法规,共11条。元代的治河法规,集中反映在《通制条格》中,其中《河防》《营缮》与防洪关系甚为密切。[①]

农田水利法规。北宋的水行政管理立法相比唐代有重大进步。在熙宁变法时期颁布的《农田利害条约》,又称《农田水利约束》,是我国历史上第一部农田水利的法律,比较系统地调整了政府与农民、政府与地方官员、官员与农民的关系。天圣二年(1024)公布的《疏决利害八事》,是我国历史上第一部比较全面的排涝法律。南宋时期的水事立法主要以农田水利为主,有些立法思想较前代更为深刻。《田令》是南宋有关农田水利的行政法。这部农田水利行政法具有两个特点:一是凡是共同使用的江河、山野、陂泽、湖塘、池泺、物产地利、灌溉水利,官府与任何人不得禁止其他人使用,人户不得请佃承耕,不得承买上述水域。这体现了当时调整水权关系的法律思想。二是为了防洪安全,规定:不得人为束狭河道,不得拦河筑堰。[②] 元初颁布了农田水利法律《农桑水利条画》,共有14条,主要规定了农田水利的政策措施。[③]

五、明清时期的水行政法

防洪法规。明代制定了"四防二守"的防洪制度,"四防"即昼防、夜防、风防、雨防,"二守"即官守、民守。[④] 明代刑法典《大明律》设《工

---

① 饶明奇:《中国水利法制史研究》,法律出版社,2013,第21-23页。
② 郑连第主编《中国水利百科全书·水利史分册》,中国水利水电出版社,2004,第101-105页。
③ 郑连第主编《中国水利百科全书·水利史分册》,中国水利水电出版社,2004,第106页。
④ 饶明奇:《中国水利法制史研究》,法律出版社,2013,第36页。

律·河防》篇,并修订相应法规,惩处破坏江河堤防、圩岸陂塘、运河沿河湖堤及阻绝入运河泉源违反漕河禁令等犯罪行为,保护江河防洪和圩岸防洪安全、漕运河道畅通、陂塘蓄水灌溉。①

清代防洪法制进入了一个新阶段,具有以下特点:立法内容丰富,规定详细,体系完备;对违法者多种惩罚手段综合运用,并第一次尝试了经济追赔的处罚办法;重奖重罚,赏罚分明;在量刑定罪时体现罪刑法定和有限类推并存原则以及有关责任人共同承担连带责任的原则。② 清代法典是我国历代封建律令之大成,水事法规也是如此,水事法规是清代庞大法律体系的组成部分。《大清律例》在《工律》中的"冒破物料""失时不修堤防""侵占街道""修理桥梁、道路"的律文分别订立了条例。③

农田水利法规。明代地方水利立法比前代有较大进展,陕西的《通济渠水规》、山西的《介休县水利条规》《太原县申明水利禁例公移》、河南的《广济渠申详条款》等,是解决用水权、均水灌溉、计亩出夫、城市饮用渠水免受污染的具体规定。④

清代,以灌区的乡规民约和具体渠册、渠例、碑刻为表现形式的水行政管理制度,作为地方性规章或乡里制度的主要内容日益细致化、理性化,并由原来的民间性转而逐渐官方化和制度化,对农田水利起支配作用,构成农田水利法的主体。⑤

---

① 郑连第主编《中国水利百科全书·水利史分册》,中国水利水电出版社,2004,第102页。
② 饶明奇:《中国水利法制史研究》,法律出版社,2013,第201页。
③ 郑连第主编《中国水利百科全书·水利史分册》,中国水利水电出版社,2004,第102-103页。
④ 郑连第主编《中国水利百科全书·水利史分册》,中国水利水电出版社,2004,第102页。
⑤ 饶明奇:《中国水利法制史研究》,法律出版社,2013,第213页。

六、民国时期的水行政法

民国时期的水行政法是由宪法、法律、行政法规、行政规章、地方性规章等构成的庞大法律体系。

宪法。民国时期,仅正式颁布的宪法就有《中华民国临时约法》《中华民国约法》《中华民国宪法》(曹锟宪法)、《中华民国训政时期约法》《中华民国宪法》(1947年),这些宪法文件中,有的对水利事务作出规定,从而成为水行政法的渊源。①

法律。民国时期的水法律包括《水利法》和规定了涉水条款的《民法》《刑法》《土地法》等相关法律。《水利法》在水行政法体系中处于基本法地位。1917年全国内政会议上通过了编订水利法规、确定水权、发展水利的提案。1933年政府部门提交《水利法草案》,1942年7月在全国颁布施行《水利法》。《水利法》共9章71条,主要包括四个方面的内容:一是规定了各级水利管理机构的法定职权与职责;二是确认水资源为国家所有,规定了必须依法取得水权方能使用的水源范围及水权登记程序;三是规定了水利工程设施的修建、改造及管理的审批程序;四是规定了滞洪湖区、泄洪河道的管理。②《水利法》是我国历史上第一部以近代法学及水利科学理念为基础而制定的水法律,具有开创性意义,开启了中国水利法制现代化的进程。③

行政法规。作为国民政府最高行政机关的行政院制定了大量的涉水行政法规,主要包括《水利法实施细则》《灌溉事业管理养护规则》《管理水利事业办法》等。④

---

① 饶明奇:《中国水利法制史研究》,法律出版社,2013,第290页。
② 郑连第主编《中国水利百科全书·水利史分册》,中国水利水电出版社,2004,第108页。
③ 饶明奇:《中国水利法制史研究》,法律出版社,2013,第290页。
④ 饶明奇:《中国水利法制史研究》,法律出版社,2013,第295-296页。

行政规章。民国时期,水利委员会和有关部门还颁布了大量有关水利的规章,主要包括《水权登记规则》《水权登记费征收办法》《兴办水利事业奖励条例》《水利建设纲领实施办法》等。①

地方性规章。民国时期,各地根据具体情况还制定了本地的规章,主要包括《河套灌区水利章程十条》《宁夏灌区管理规则》《陕西省水利通则》《陕西省泾惠渠灌溉管理规则》等。②

第五节　域外水行政法

一、世界水行政法简介

从法律规范属性分析,世界水法主要由行政规范、民事规范、刑事规范共同组成。其中,行政规范占据主导地位。因此,可以说世界水法主要就是水行政法。

从内容来看,世界水法体系的组成主要包括:第一,综合性的水法,一般称为水法、水资源法、水资源管理法等。如英国的《水资源法》(1963年),法国的《水法》(1964年)等。第二,水资源利用法,如供水法、工业用水法、农业用水法、城市用水法、开采地下水法等。第三,水资源保护法,如水土保持法、风景河流法、水生生物保护法等。第四,水污染防治法,如美国的《联邦水污染控制法》(1972年)、英国的《河流防污法》(1876年)等。第五,水能法,如水电站法等。第六,水利法,或水利工程法、水库法、水利设施法等。如美国的《科罗拉多河蓄水工程法》(1956年)、《联邦水利工程游览法》(1965年)等。第七,水运法,如

---

① 饶明奇:《中国水利法制史研究》,法律出版社,2013,第297-298页。
② 饶明奇:《中国水利法制史研究》,法律出版社,2013,第298-300页。

航道法、航运法、河道法等。第八,水害防治法。第九,特殊水体法,如英国的《河流法》等。第十,其他与水开发、利用、保护有关的法律,如美国的《全国工业复兴法》(1933年)就包含许多有关水资源利用和保护的内容。①

二、主要国家和地区的水行政法概览

(一) 欧盟水行政法

欧盟水行政法以水质管理、饮用水水源管理和自来水管理为起点,属于欧盟环境法的一部分。自2000年以来,欧盟法进行了修改,并形成了以流域综合管理为起点的体系,这一点充分体现在《水框架指令》中。欧盟水事立法的集大成者是2000年12月欧洲议会通过的《水框架指令》,它解决了欧盟水事立法分散的问题。《水框架指令》的主要目标是简化和整合欧盟水法。②《水框架指令》致力于保护和改善水环境,重点通过具体的措施来停止或逐步停止优先污染物质的释放、排放和扩散。《水框架指令》提供了一种综合性管理的方法,一方面致力于避免污染,另一方面致力于促进可持续和公平的用水。《水框架指令》为欧盟所有成员国在水事法律政策方面采取一体化的行动建立了综合性的法律框架。③

原则上,欧盟法赋予成员国在其宪法组织架构和权力分配事项上完全的自由。然而,欧盟的《水框架指令》《防洪指令》事实上都针对每个流域和子流域的主管部门制定了特定规则,要求必须为每个流域都

---

① 谭柏平:《论我国城市水务法规体系的建立及完善》,《政治与法律》2009年第1期。
② 马琳·范·里杰斯维克、荷曼·哈维克斯:《欧盟与荷兰水法》,徐彤、戴莉萍译,武汉大学出版社,2021年,第95-97页。
③ 王彬辉:《中国式现代化背景下水法体系的重构》,《时代法学》2023年第2期。

确定适当的主管机关,并设置适当的行政安排。①

欧盟水行政法的特点是采用计划和方案的方法,实现各种水指令的目标。《水框架指令》在"流域管理计划"(第十三条)和"措施方案"(第十一条)中整合有关的方案和计划。"流域管理计划"中包含方案或措施方案的概要,这些概要能够为每个成员国和每个流域指出为了实现《水框架指令》和欧盟其他立法中的规定,需要采取哪些具体措施。这种方式不仅实现了对众多水指令进行整合,同时也促进了水指令与其他环境指令间形成影响更深远的协调。此外,《水框架指令》中的"流域管理计划"必须与《防洪指令》中的"洪水风险管理计划"相协调。根据《防洪指令》第七条的规定,成员国必须为每个流域制订相互协调的洪水风险管理计划。②

欧盟水行政法中还规定了强制合作的方式。鉴于水管理通常涉及跨境水域,《水框架指令》《防洪指令》《海洋战略框架指令》的制定使得跨界流域、海洋区域政策、行政方面的合作得到进一步加强。③

颁布《防洪指令》的目的是建立一个洪水风险评估与管理框架,以评估和管理流域或子流域洪水对人类健康、环境、文化遗产和经济活动的影响。《防洪指令》以流域管理方法为基础,通过尽可能协调和整合的方式进行应用和实施。④

欧盟的涉水指令中,规定了对可用水量的保护、改善和分配。原则上,欧盟水法详细阐述了保护稀缺水并规范其使用的职责和总目

---

① 马琳·范·里杰斯维克、荷曼·哈维克斯:《欧盟与荷兰水法》,徐彤、戴莉萍译,武汉大学出版社,2021,第135页。
② 马琳·范·里杰斯维克、荷曼·哈维克斯:《欧盟与荷兰水法》,徐彤、戴莉萍译,武汉大学出版社,2021,第209-216页。
③ 马琳·范·里杰斯维克、荷曼·哈维克斯:《欧盟与荷兰水法》,徐彤、戴莉萍译,武汉大学出版社,2021,第239页。
④ 马琳·范·里杰斯维克、荷曼·哈维克斯:《欧盟与荷兰水法》,徐彤、戴莉萍译,武汉大学出版社,2021,第262页。

标,如水资源的可持续管理目标,以及实现良好的水状态、卫生和清洁饮用水供应。①

(二) 美国水行政法

美国的水行政法由联邦水行政法与州水行政法两部分组成。

联邦水行政法主要包括《清洁水法》《自然与风景河流法》《联邦电力法》等。其中,《清洁水法》于 1972 年通过,它取代了原有政府对污染的无效监管,建立起一套由州和联邦共同分担责任的综合性国家污染防治系统。该法的主要内容包括国家污染物清除系统许可证制度、水质标准、制订计划的条件、非点源污染控制、疏浚和填堵许可、对习惯法救济措施的影响等。

《自然与风景河流法》的立法目的,是在无闸坝的特定水域,保证该水域持续拥有显著的"风景、休闲、地质、鱼类和野生动物、历史、文化和类似的价值"。该法案禁止联邦能源委员会在自然与风景河流保护体系内的水利工程许可,同时对正在研究论证的河流进行临时性保护,如暂时性禁止项目许可。②

《联邦电力法》也属于联邦水行政法的范畴。1920 年的《联邦电力法》为水力发电的开发创建了普遍适用的国策。联邦电力委员会(现为联邦能源监管委员会)作为执行该法令的独立机构应运而生,该机构有权授予私有水电设备建设许可证,并调控州际电力买卖及传输。③

各州水行政法调整的主要内容是水资源的开发利用活动。一般

---

① 马琳·范·里杰斯维克、荷曼·哈维克斯:《欧盟与荷兰水法》,徐彤、戴莉萍译,武汉大学出版社,2021,第 387 页。
② 戴维·H. 格奇斯:《水法精要》,陈晓景、王莉译,南开大学出版社,2016,第 328-338 页。
③ 戴维·H. 格奇斯:《水法精要》,陈晓景、王莉译,南开大学出版社,2016,第 315 页。

情况下,美国水资源的开发利用活动由州法律规定,但是联邦政府基于以下原因在水资源配置上发挥着重要作用:一是对重大水利工程项目给予资金支持;二是满足公共土地管理的制度与政策需求;三是国家环境质量管理的必要性;四是处理与航运和国际条约相关的事宜。① 在美国,各州的水法体系调整的内容可以大致分为三类:河岸权制度、先占优先权制度和混合水权制度。但是,地下水、地表积水不属于这三类水分配机制。②

美国解决州际之间水资源分配纠纷的途径主要包括三种:诉讼、州际协定和通过立法分配州际河流的使用。③

(三)日本水行政法

日本水行政法体系中最基本的是《河川法》,属于日本水法体系中的基本法,相当于统一各部门法规的大纲。其立法目的在于以流域为单元对河流进行综合管理,在防止河流受到洪水、高潮灾害影响的同时,维持流水的正常功能,并在国土整治和开发方面发挥应有作用,以维持公共安全、增进公共福利。《河川法》的立法基本精神,一是强调流域水资源统一管理。规定全国水资源由一个部门主管,协调多个分管部门,主管部门负责规划,分管部门负责具体的开发利用项目。二是强调了防洪与水资源利用的协调。④ 此外,日本还制定了《水循环基本法》《工业用水法》《上、下水道法》《特定多功能水库法》《水资源开发促进法》《公害对策基本法》《水污染防治法》等多部涉水法律,与《河川法》共同组成完善的水法体系。⑤

---

① 戴维·H. 格奇斯:《水法精要》,陈晓景、王莉译,南开大学出版社,2016,第 301 页。
② 戴维·H. 格奇斯:《水法精要》,陈晓景、王莉译,南开大学出版社,2016,第 3-8 页。
③ 戴维·H. 格奇斯:《水法精要》,陈晓景、王莉译,南开大学出版社,2016,第 346 页。
④ 万劲波、周艳芳:《中日水资源管理的法律比较研究》,《长江流域资源与环境》2002 年第 1 期。
⑤ 王彬辉:《中国式现代化背景下水法体系的重构》,《时代法学》2023 年第 2 期。

日本的水行政法体系是在整体环境观指导下的统一水环境立法，在调整客体和调整方式上体现出整体环境保护观。从法律调整方式上看，整体环境观指导下的调整方式体现为水资源开发、利用和消费全过程的环境保护。倡导环境保护方式是形成对水环境负荷小的清洁性的社会经济活动，提倡全过程的水环境保护。①

---

① 高福德、张华：《中日水法体系与管理机制的立法比较》，《黑龙江省政法管理干部学院学报》2005年第5期。

第二章

水行政主体论

水行政主体在水行政法的理论谱系中占有重要位置,它是水行政法的基本范畴之一。水行政主体理论主要揭示水行政主体的内涵与外延。现有行政主体的一般理论还无法细致精确地概括和解释水行政法实践中展示出来的水行政主体的多样性和丰富性。因此,在学科理论建设的意义上,有必要在行政主体的理论基础上,深入到水行政法实践活动当中,全面细致地考察水行政主体制度的运行状况,对其作出合理的阐释。

第一节 水行政主体概述

一、水行政主体的概念

水行政主体是指依法享有水行政职权,能以自己的名义行使水行政职权,并能独立承担行使职权所产生法律后果的组织。水行政职权是行政职权的一种,是代表国家对水事活动进行管理的行政职权。水行政职权主要包括水行政立法权、水行政命令权、水行政处理权、水行政监督权、水行政裁决权、水行政强制权、水行政处罚权等。当然,这些水行政职权是对整个水行政主体职权的概括,并不是每一个水行政主体都享有这些职权,某个水行政主体到底拥有多少水行政职权,需要依据具体法律授权来确定。

二、水行政主体的分类

(一)职权水行政主体与授权水行政主体

根据水行政职权的来源不同,可以将水行政主体分为职权水行政主体和授权水行政主体。职权水行政主体是依据《宪法》《国务院组织法》《地方各级人民代表大会和地方各级人民政府组织法》等法律规定,在其成立时就具有水行政职权并取得行政主体资格的组织,如水利部。授权水行政主体是依据《宪法》《国务院组织法》《地方各级人民代表大会和地方各级人民政府组织法》以外的其他法律法规而获得行政职权,取得水行政主体资格的组织,如流域管理机构。

(二)外部水行政主体与内部水行政主体

根据水行政职权的事项范围不同,可以将水行政主体分为外部水行政主体和内部水行政主体。外部水行政主体是指依法对行政主体系统之外的行政相对人实施行政管理的水行政主体,如各级水行政主管部门对社会事务进行管理时即属于外部水行政主体。内部水行政主体是指依法对行政主体系统内部实施管理的水行政主体,如防汛指挥机构对成员单位发布指令时即属于内部水行政主体。需要注意的是,许多水行政主体既是外部水行政主体,又是内部水行政主体。

(三)中央水行政主体与地方水行政主体

根据水行政职权的管辖范围不同,可以将水行政主体分为中央水行政主体和地方水行政主体。中央水行政主体是指行使水行政职权的范围及于全国的水行政主体，如水利部。地方水行政主体是指行使水行政职权的范围仅限于本行政区的水行政主体，如地方各级水行政主管部门。

（四）地域性水行政主体与公务性水行政主体

根据水行政主体的管辖对象不同，可以将水行政主体分为地域性水行政主体和公务性水行政主体。地域性水行政主体是指行使水行政职权的范围与所处的行政区划紧密联系的水行政主体，如地方各级水行政主管部门。公务性水行政主体是指依法承担一定的水行政职权，但是不以地域为设立标准的水行政主体，如地方性法规授权的水利管理单位。

（五）主要水行政主体与次要水行政主体

根据承担的水行政职权大小不同，可以将水行政主体分为主要水行政主体和次要水行政主体。主要水行政主体是指在特定水行政法中承担主要行政管理职责的水行政主体，如地方各级水行政主管部门。主要水行政主体在法律上往往表述为"负责……的统一管理和监督工作"，例如，《水法》第十二条第二款规定：国务院水行政主管部门负责全国水资源的统一管理和监督工作。

次要水行政主体是指在特定水行政法中承担次要行政管理职责的水行政主体，如有关部门。次要水行政主体在法律上往往表述为"按照职责分工，负责……的有关工作"，例如，《水法》第十三条规定：国务院有关部门按照职责分工，负责水资源开发、利用、节约和保护的有关工作。

第二节 水行政主体的种类划分

一、水行政主体的划分标准

如何具体确定水行政主体？我国水行政主体到底有多少种？通过梳理《水法》《水土保持法》《防洪法》《长江保护法》《黄河保护法》等水行政法的具体规定作出归纳，是一种最简单的办法。

具体来讲，凡是在《水法》《水土保持法》《防洪法》和水行政法规、水地方性法规、水规章中，被赋予了行政职权的行政机关或组织，以及在《黄河保护法》《长江保护法》中的水资源开发、利用、节约和保护，以及防治水害部分，被赋予了行政职权的行政机关或组织，就属于水行政主体。

二、水行政主体的种类

（一）水行政主管部门

水行政主管部门既是主要水行政主体，又是外部水行政主体，还是内部水行政主体。

1. 水行政主管部门是主要水行政主体

水行政主管部门作为主要水行政主体，其依据集中体现在《水法》《水土保持法》《防洪法》和2018年《水利部职能配置、内设机构和人员编制规定》的规定上。

（1）《水法》第十二条第二款规定：国务院水行政主管部门负责全国水资源的统一管理和监督工作。第四款规定：县级以上地方人民政府水行政主管部门按照规定的权限,负责本行政区域内水资源的统一管理和监督工作。"负责""水资源的统一管理和监督工作"体现出水行政主管部门是主要水行政主体。

(2)《水土保持法》第五条第一款规定:国务院水行政主管部门主管全国的水土保持工作。第三款规定:县级以上地方人民政府水行政主管部门主管本行政区域的水土保持工作。"主管"体现出水行政主管部门是主要水行政主体。

(3)《防洪法》第八条第一款规定:国务院水行政主管部门在国务院的领导下,负责全国防洪的组织、协调、监督、指导等日常工作。第三款规定:县级以上地方人民政府水行政主管部门在本级人民政府的领导下,负责本行政区域内防洪的组织、协调、监督、指导等日常工作。"日常工作"体现出水行政主管部门是主要水行政主体。

(4) 2018 年 7 月 30 日印发的《中共中央办公厅 国务院办公厅关于印发〈水利部职能配置、内设机构和人员编制规定〉的通知》(厅字〔2018〕57 号)指出,《水利部职能配置、内设机构和人员编制规定》经中央机构编制委员会办公室审核后,已报党中央、国务院批准。《水利部职能配置、内设机构和人员编制规定》,简称水利部"三定方案",在法律属性上,属于国务院批准的行政规范性文件。[①] 从 1988 年开始,用"定机构、定职能、定编制"的"三定"方式明确各行政机构的职责。[②] "目前,就我国行政组织法的法律供给和现实需求而言,仍存在巨大差距,行政组织法的滞后已经影响到我国的改革进程。"[③] 在行政组织法严重滞后的情况下,"三定方案"起到了规范行政组织的行政职权的重

[①] 由于《水利部职能配置、内设机构和人员编制规定》经过了党中央批准,所以它也属于党内法规。

[②] 中共中央党史和文献研究院主编《改革开放四十年大事记》,人民出版社,2018,第 25 页。

[③] 《行政法与行政诉讼法学》编写组主编《行政法与行政诉讼法学》,高等教育出版社,2018,第 48 页。

要功能。根据2018年《水利部职能配置、内设机构和人员编制规定》第三条规定,水利部的主要职责包括:(一)负责保障水资源的合理开发利用;(二)负责生活、生产经营和生态环境用水的统筹和保障;(三)按规定制定水利工程建设有关制度并组织实施;(四)指导水资源保护工作;(五)负责节约用水工作;(六)指导水文工作;(七)指导水利设施、水域及其岸线的管理、保护与综合利用;(八)指导监督水利工程建设与运行管理;(九)负责水土保持工作;(十)指导农村水利工作;(十一)指导水利工程移民管理工作;(十二)负责重大涉水违法事件的查处,协调和仲裁跨省、自治区、直辖市水事纠纷,指导水政监察和水行政执法;(十三)开展水利科技和外事工作;(十四)负责落实综合防灾减灾规划相关要求,组织编制洪水干旱灾害防治规划和防护标准并指导实施。① 从上述规定可以看出,水利部在开发、利用、节约、保护、管理水资源,防治水害上承担着主要职责,是主要水行政主体。

2. 水行政主管部门是外部水行政主体

《水法》《水土保持法》《防洪法》《长江保护法》《黄河保护法》等水行政法规定了各级水行政主管部门大量的水行政职权,而这些职权的适用对象都是行政主体系统之外的行政相对人,因此,水行政主管部门是外部水行政主体。

水行政主管部门依法享有的主要水行政职权包括:

(1)行政规划权。行政规划是指行政机关在实施行政事业及其他活动之前,综合地提示有关行政目标和制定出规划蓝图以具体明确行政目标,并进一步制定出为实现行政目标所必需的各项部署和安排的行政活动过程。② 这里的行政规划权指的是批准规划的权力,不是

---

① 《水利部职能配置、内设机构和人员编制规定》,http://www.scopsr.gov.cn/jgbzdt/gg/201811/t20181119_325744.html,2023年7月14日访问。

② 《行政法与行政诉讼法学》编写组主编《行政法与行政诉讼法学》,高等教育出版社,2018,第177页。

编制规划的权力。《防洪法》第十条规定了国务院水行政主管部门批准防洪规划的职权。

(2) 行政处罚权。《水法》第六十五条、第六十六条、第六十七条、第六十九条、第七十条、第七十二条,《水土保持法》第四十八条、第四十九条、第五十一条、第五十二条、第五十三条、第五十四条、第五十五条、第五十七条,《防洪法》第五十三条、第五十四条、第五十五条、第五十七条、第五十八条、第六十条、第六十三条,《黄河保护法》第一百一十条、第一百一十三条、第一百一十四条、第一百一十五条、第一百一十六条、第一百一十八条,《长江保护法》第八十七条、第九十一条,规定了水行政主管部门的行政处罚权。

(3) 行政许可权。《水法》第二十五条、第三十九条、第四十八条,《水土保持法》第二十五条,《防洪法》第二十七条、第三十三条,规定了水行政主管部门的行政许可权。

(4) 行政强制权。《水土保持法》第四十四条,规定了水行政部门的行政强制措施权;《水法》第六十五条、第七十条,《水土保持法》第五十五条、第五十六条、第五十七条,《防洪法》第五十六条、第五十七条,《黄河保护法》第一百一十条、第一百一十八条,规定了水行政主管部门的行政强制执行权。

(5) 行政征收权。《水法》第四十八条,《水土保持法》第三十二条,《防洪法》第五十一条,规定了水行政主管部门的行政征收权。

(6) 行政检查权。《水法》第六十条、第六十一条、第六十二条,《水土保持法》第四十四条、第四十五条,《防洪法》第二十八条,规定了水行政主管部门的行政检查权。

(7) 行政调解权。《水法》第五十七条,规定了水行政主管部门的行政调解权。

3. 水行政主管部门是内部水行政主体

根据《水法》《行政复议法》等法律法规规定,上级水行政主管部门对下级水行政主管或所属机构具有内部层级监督权。《水法》第六十三条规定:县级以上人民政府或者上级水行政主管部门发现本级或者下级水行政主管部门在监督检查工作中有违法或者失职行为的,应当责令其限期改正。根据《行政复议法》第二十五条规定:国务院部门管辖下列行政复议案件:对本部门依法设立的派出机构依照法律、行政法规、部门规章规定,以派出机构的名义作出的行政行为不服的;对本部门管理的法律、行政法规、部门规章授权的组织作出的行政行为不服的。据此,水利部对各流域管理机构作出的行政行为不服的,具有行政复议管辖权。

此外,水行政主管部门还有权对其所属的公务员进行监督管理。《公务员法》第五十七条规定:机关应当对公务员的思想政治、履行职责、作风表现、遵纪守法等情况进行监督,开展勤政廉政教育,建立日常管理监督制度。对公务员监督发现问题的,应当区分不同情况,予以谈话提醒、批评教育、责令检查、诫勉、组织调整、处分。对公务员涉嫌职务违法和职务犯罪的,应当依法移送监察机关处理。《行政机关公务员处分条例》第三十四条规定:对行政机关公务员给予处分,由任免机关或者监察机关按照管理权限决定。

因此,水行政主管部门也属于内部水行政主体。

(二) 流域管理机构

1. 流域管理机构是外部水行政主体

流域管理机构对外行使水行政职权的法律依据包括公共行政法和水行政法。

《行政处罚法》《行政许可法》《行政强制法》等公共行政法概括性授予了流域管理机构行政职权。《行政处罚法》第十九条规定:法律、法规授权的具有管理公共事务职能的组织可以在法定授权范围内实施行政处罚。《行政许可法》第二十三条规定:法律、法规授权的具有管理公共事务职能的组织,在法定授权范围内,以自己的名义实施行政许可。被授权的组织适用本法有关行政机关的规定。《行政强制法》第七十条规定:法律、行政法规授权的具有管理公共事务职能的组织在法定授权范围内,以自己的名义实施行政强制,适用本法有关行政机关的规定。流域管理机构即属于上述规定中的"具有管理公共事务职能的组织"。

《水法》《防洪法》《长江保护法》《黄河保护法》等水行政法赋予了流域管理机构行政处罚权、行政许可权、行政强制权、行政征收权、行政检查权等行政职权,主要包括:

(1) 行政处罚权。《水法》第六十五条、第六十六条、第六十九条、第七十条、第七十一条、第七十二条,《防洪法》第五十三条、第五十四条、第五十五条、第五十六条、第五十七条、第五十八条、第六十条,《长江保护法》第九十一条,《黄河保护法》第一百一十条、第一百一十三条、第一百一十四条、第一百一十五条、第一百一十六条、第一百一十七条、第一百一十八条,规定了流域管理机构的行政处罚权。

(2) 行政许可权。《水法》第三十九条、第四十八条,《长江保护法》第二十八条,规定了流域管理机构的行政许可权。

(3) 行政强制权。《水法》第六十五条、第七十条,《防洪法》第五十六条、第五十七条,《黄河保护法》第一百一十条、第一百一十八条,规定了流域管理机构的行政强制权。

(4) 行政征收权。《水法》第四十八条,规定了流域管理机构的行政征收权。

(5) 行政检查权。《水法》第六十条、第六十一条、第六十二条,《水土保持法》第四十三条、第四十四条、第四十五条,规定了流域管理机构的行政检查权。

2. 流域管理机构是内部水行政主体

流域管理机构除了直接行使对外的水行政职权,还承担着对流域内地方水行政主管部门的内部监督职责。例如,水利部珠江水利委员会的职责表述中就包括对有关地方水行政主管部门实施内部监督的内容,主要包括:组织、指导流域内有关水利规划和建设项目的后评估工作;指导协调流域饮用水水源保护、地下水开发利用和保护工作;指导流域内地方节约用水和节水型社会建设有关工作;指导、监督流域内蓄滞洪区的管理和运用补偿工作;指导流域内水文工作;指导流域内河流、湖泊及河口、海岸滩涂的治理和开发;指导流域内所属水利工程移民管理有关工作;指导、监督流域内河道采砂管理有关工作;指导流域内水利建设市场监督管理工作;指导、协调流域内水土流失防治工作;指导并监督流域内国家重点水土保持建设项目的实施;指导流域内水利安全生产工作;指导流域内农村水利及农村水能资源开发有关工作;指导水电农村电气化和小水电代燃料工作。① 这里使用最多的字眼是"指导",其含义是对有关水行政主管部门的监督指导,不是对行政相对人的监督管理。这也符合流域管理机构的主要职责定位,就是代表水利部对地方水行政主管部门进行监督指导。

此外,《行政机关公务员处分条例》第五十四条规定,对法律、法规授权的具有公共事务管理职能的事业单位中经批准参照《中华人民共和国公务员法》管理的工作人员给予处分,参照本条例的有关规定办理。流域管理机构属于参照公务员管理的事业单位,因此,流域管理机构对于经其任命的工作人员可以依据《公务员法》和《行政机关公务员处分条例》进行行政处分。从这一点也可以看出,流域管理机构具有内部监督职责,是内部水行政主体。

(三) 地方性法规授权的水利管理单位

依据《行政处罚法》第十九条规定,一些水地方性法规授予了当地

---

① 水利部珠江水利委员会机构职责,http://www.pearlwater.gov.cn/jgxxcs/,2023年7月14日访问。

的水利管理单位行政处罚权,由此,地方性法规授权的水利管理单位成为水行政主体的一种。

1. 地方性法规授权的水利管理单位的主要种类

(1) 河北

河北省人民政府水行政主管部门直属的有公共事务管理职能的组织属于地方性法规授权的水利管理单位,其法律依据是《河北省实施〈中华人民共和国防洪法〉办法》第四十八条:本办法第四十五条、第四十六条、第四十七条规定的行政处罚和行政措施,由县级以上人民政府水行政主管部门决定,或者由省人民政府水行政主管部门直属的有公共事务管理职能的组织,依照其管理范围决定。

(2) 江苏

经江苏省人民政府批准设立的水利工程管理机构属于地方性法规授权的水利管理单位,其法律依据是以下地方性法规。

①《江苏省河道管理条例》第五十六条规定:经省人民政府批准设立的水利工程管理机构,在其管理职权范围内实施行政处罚。

②《江苏省水资源管理条例》第四十九条规定:本条例规定的行政处罚,由水行政主管部门实施。在省水利工程管理范围内,经省人民政府批准成立的水利工程管理机构可以实施有关行政处罚。

③《江苏省水利工程管理条例》第三十条规定:经省人民政府批准设置的水利工程管理机构,对在其管理的水利工程管理范围内的违反本条例的行为,可以依照前款规定进行行政处罚。

(3) 上海

上海市水务局执法总队属于地方性法规授权的水利管理单位,其法律依据是以下地方性法规。

①《上海市供水管理条例》第四条规定:市水务局所属的上海市水务行政执法总队具体负责本市供水的监督检查工作,并按照本条例的规定实施行政处罚。

②《上海市排水与污水处理条例》第五条规定：市水务部门是本市排水与污水处理的行政主管部门，负责本市排水与污水处理的组织、协调、指导和监督等工作。其所属的上海市水务局执法总队按照本条例的授权，实施行政处罚。

③《上海市水资源管理若干规定》第三条规定：上海市水务局执法总队按照本规定实施行政处罚。

(4) 安徽

①安徽省人民政府水行政主管部门设置的水工程管理单位属于地方性法规授权的水利管理单位，其法律依据是以下地方性法规。

《安徽省实施〈中华人民共和国水法〉办法》第四十九条规定：省人民政府水行政主管部门设置的水工程管理单位，对其管理的河道或者水工程，可以行使本办法第四十三条、第四十五条、第四十六条、第四十七条规定的有关职权，具体范围由省人民政府水行政主管部门依法确定。

《安徽省水工程管理和保护条例》第三十三条规定：县级以上人民政府水行政主管部门或者省人民政府水行政主管部门设置的水工程管理单位，按照规定的权限实施本条例规定的相应的行政处罚。

②安徽省灌区工程管理单位属于地方性法规授权的水利管理单位，其法律依据是《安徽省淠史杭灌区管理条例》第五十条：违反本条例第二十四条第一款规定，在灌区河流、湖泊、水库、渠道内弃置、堆放阻碍行洪的物体和种植阻碍行洪的林木及高秆作物的，由县级以上人民政府水行政主管部门或者省灌区工程管理单位依据职权，责令停止违法行为，限期清除障碍或者采取其他补救措施，处一万元以上五万元以下的罚款。

③安徽省水文机构属于地方性法规授权的水利管理单位，其法律依据是《安徽省水文条例》第三十七条、第三十九条、第四十条，其中第三十七条规定：违反本条例第二十二条规定，拒不汇交水文监测资料

的,由省水文机构责令停止违法行为,处一万元以上五万元以下罚款。

(5)云南

云南省水政监察机构属于地方性法规授权的水利管理单位,其法律依据是《云南省水土保持条例》第三十九条:本条例规定的行政处罚,由县级以上人民政府水行政主管部门实施;实行水行政综合执法的,由其水政监察机构实施。

(6)陕西

①陕西省渭河流域管理机构属于地方性法规授权的水利管理单位,其法律依据是《陕西省渭河流域管理条例》第六十条、第六十一条、第六十五条、第六十六条、第六十七条、第六十八条、第六十九条,其中第六十一条规定:渭河及其支流蓄引提水工程管理单位违反第十八条第三款规定,不执行水量分配方案、水量调度指令的,由省渭河流域管理机构责令限期改正;逾期不改正的,处五万元以上五十万元以下罚款。

②陕西省属国有水工程管理单位属于地方性法规授权的水利管理单位,其法律依据是《陕西省水工程管理条例》第二十七条:违反本条例第十九条第(四)、(五)、(六)、(七)、(八)、(九)项规定的,由水行政主管部门或省属国有水工程管理单位责令停止违法行为,并处以二百元以上二千元以下罚款;情节严重的,可处以二千元以上二万元以下罚款;造成水工程损失的,依法予以赔偿。

(7)宁夏

宁夏回族自治区水行政主管部门所属的水工程管理机构属于地方性法规授权的水利管理单位,其法律依据是《宁夏回族自治区水工程管理条例》第四十三条:违反本条例第二十六条、第二十七条、第二十八条第二款规定的,由县级以上人民政府水行政主管部门或者自治区水行政主管部门所属的水工程管理机构依据职权责令纠正违法行为,采取补救措施,可以处五万元以下罚款。

(8) 新疆

新疆维吾尔自治区流域管理机构属于地方性法规授权的水利管理单位,其法律依据是《新疆维吾尔自治区实施〈中华人民共和国水法〉办法》第三十五条、第三十六条,其中第三十六条规定:违反本办法第二十五条规定,未经许可在河流、湖泊上扒口设泵或者修筑临时设施擅自取水的,由县级以上人民政府水行政主管部门或者流域管理机构依据职权,责令停止违法行为,限期采取补救措施,处二万元以上十万元以下罚款。需要注意的是,上述的"流域管理机构"是指新疆维吾尔自治区所属的流域管理机构,与《水法》等水法律、水行政法规、水利部规章中的"流域管理机构"不是同一概念。

(9) 吉林

吉林省县级以上人民政府水行政主管部门设立的水电管理机构属于地方性法规授权的水利管理单位,其法律依据是《吉林省地方水电管理条例》第四十五条:本条例规定的行政处罚,除法律、法规另有规定外,由县级以上人民政府水行政主管部门决定和执行;县级以上人民政府水行政主管部门设立水电管理机构的,由水电管理机构决定和执行。

(10) 山东

山东省设立的水利流域管理机构属于地方性法规授权的水利管理单位,其法律依据是《山东省实施〈中华人民共和国水法〉办法》第三十八条:省设立的水利流域管理机构依照本办法规定,在其管辖范围内实施行政处罚。

(11) 四川

四川省水行政主管部门设立的流域管理机构属于地方性法规授权的水利管理单位,其法律依据是《四川省〈中华人民共和国水法〉实施办法》第四十五条:本办法规定的行政处罚,由县级以上水行政主管部门或流域管理机构依照职权决定。这里的"流域管理机构"是四川省水行政主管部门设立的流域管理机构,不是水利部所属的流域管理机构。

2. 规章授权的合法性问题

目前,在水行政立法实践中,还出现了规章授权的现象,其主要情形包括:

(1) 江苏

江苏省属水利工程管理机构属于规章授权的行政主体。《江苏省建设项目占用水域管理办法》第二十三条、第二十四条、第二十五条、第二十六条授予了江苏省属水利工程管理机构行政处罚权、行政强制执行权,其中,第二十三条规定:违反本办法第八条第一项规定,在河势变化频繁的河段建设对防洪、排涝、调水、通航有影响的建筑物或者构筑物的,由县级以上地方人民政府水行政主管部门或者省属水利工程管理机构依据职权,责令停止违法行为,限期拆除违法建筑物、构筑物,恢复原状;逾期不拆除、不恢复原状的,指定单位代为拆除,所需费用由违法行为人承担,并处 1 万元以上 10 万元以下罚款。

(2) 北京

北京市南水北调工程主管部门属于规章授权的行政主体。《北京市南水北调工程保护办法》第二十条、第二十一条、第二十二条、第二十三条授予了北京市南水北调工程主管部门行政处罚权,其中,第二十条规定:违反本办法第十二条第二款规定的,由市南水北调工程主管部门责令限期改正,可处 200 元以上 1000 元以下罚款;逾期不改正的,由市南水北调工程主管部门采取相应补救措施,由此产生的费用由违法行为人承担。这里的"市南水北调工程主管部门"指的是原北京市南水北调工程建设委员会办公室,2018 年机构改革后,原北京市南水北调工程建设委员会办公室合并到北京市水务局。

(3) 上海

上海市水务局执法总队属于规章授权的行政主体。《上海市水闸管理办法》第十八条规定,违反本办法规定的,由上海市水务局执法总队或者区水行政主管部门予以处罚。

(4) 安徽

安徽省水工程管理单位属于规章授权的行政主体。《安徽省河道采砂管理办法》第二十九条、第三十条、第三十一条、第三十二条、第三十三条授予了安徽省水工程管理单位行政处罚权,其中第二十九条规定:违反本办法规定,未办理河道采砂许可证,擅自在河道管理范围内采砂的,由市、县人民政府水行政主管部门或者省水工程管理单位责令停止违法行为,没收违法所得,并处以 5000 元以上 2 万元以下的罚款;情节严重的,处以 2 万元以上 5 万元以下的罚款。

(5) 甘肃

甘肃省水利厅石羊河流域管理机构属于规章授权的行政主体。《甘肃省石羊河流域地下水资源管理办法》第三十九条规定,有下列情形之一的,由流域管理机构或者市、县(区)水行政主管部门予以处罚:(一)未经批准擅自启用已关闭机井取水的,责令回填,并处 2 万元以上 10 万元以下罚款;(二)未依照批准的取水位置凿井取水的,对申请人处 2 万元以上 10 万元以下罚款;(三)未经批准擅自改变取水用途的,责令限期改正,并处 2 万元以上 10 万元以下罚款,逾期不改正的,吊销取水许可证;(四)机井未经验收投入使用的,处 5000 元以上 2 万元以下罚款。这里的"流域管理机构"指的是甘肃省水利厅石羊河流域管理机构。

现在需要讨论规章授权的合法性问题。

根据《行政处罚法》规定,规章无权进行授权,无权授予社会组织行政处罚权。那么,现有规章授权属于什么性质?从法理上看,规章授权只能视为行政委托。上述这些社会组织是被委托者,这些组织的所属主管部门是委托者,也就是由这些组织的所属主管部门承担最后的法律后果。

问题是在1996年《行政处罚法》制定时即有此规定的情况下,为什么地方立法机关还出台这些与《行政处罚法》不符的规定?如果上述几个规定出自地方性法规,一切就顺理成章了,行政授权就成立了。答案可能是立法资源的紧缺。立法资源永远是稀缺资源,制定地方性法规的难度要远大于制定地方政府规章。在出台地方性法规而不可行的情况下,为了及时实现对特定事项的规范,制定地方政府规章就成了比较可行的选择。但是由于立法权限的差异,也就留下了这些规章授权规定的合法性先天不足的弊病。反过来讲,应不应该允许规章授权的存在,规章授权应不应该获得与法律法规授权一样的地位,学术界已多有讨论,这里不赘述。

(四) 地方人民政府设立的水土保持机构

《水土保持法》第五条第三款规定:县级以上地方人民政府水行政主管部门主管本行政区域的水土保持工作。同时,第五十九条规定:县级以上地方人民政府根据当地实际情况确定的负责水土保持工作的机构,行使本法规定的水行政主管部门水土保持工作的职责。这两条实际上构成一般法与特别法的关系,根据《立法法》第一百零三条规定,同一机关制定的法律、行政法规、地方性法规、自治条例和单行条例、规章,特别规定与一般规定不一致的,适用特别规定。此即特别法优于一般法的规则。这里讲的情形是全国一些地方为了加强水土保持工作,由地方政府确定某一不隶属于水行政主管部门的行政机构专门负责实施《水土保持法》。

地方人民政府设立的水土保持机构,享有《水土保持法》赋予水行政主管部门的所有水行政职权,主要包括:

1. 行政处罚权。《水土保持法》第四十八条、第四十九条、第五十一条、第五十二条、第五十三条、第五十四条、第五十五条、第五十七条规定了水行政主管部门的行政处罚权。

2. 行政许可权。《水土保持法》第二十五条规定了水行政主管部门的行政许可权,即水土保持方案审批权。

3. 行政强制权。《水土保持法》第四十四条规定了水行政主管部门的行政强制措施权,第五十五条、第五十六条、第五十七条规定了水行政主管部门的行政强制执行权。

4. 行政征收权。《水土保持法》第三十二条规定了水行政主管部门的行政征收权,即水土保持补偿费征收权。

5. 行政检查权。《水土保持法》第四十三条、第四十四条、第四十五条规定了水行政主管部门的行政检查权。

随着多次机构改革的进行,这样的机构越来越少见,其往往被整合进同级水行政主管部门。

(五) 防汛指挥机构

1. 防汛指挥机构是法律授予水行政职权的组织

防汛指挥机构是经《防洪法》授权的具有水行政职权的社会组织。关于其设置和行政职责,《防洪法》第三十九条规定:国务院设立国家防汛指挥机构,负责领导、组织全国的防汛抗洪工作,其办事机构设在国务院水行政主管部门。在国家确定的重要江河、湖泊可以设立由有关省、自治区、直辖市人民政府和该江河、湖泊的流域管理机构负责人等组成的防汛指挥机构,指挥所管辖范围内的防汛抗洪工作,其办事机构设在流域管理机构。有防汛抗洪任务的县级以上地方人民政府设立由有关部门、当地驻军、人民武装部负责人等组成的防汛指挥机构,在上级防汛指挥机构和本级人民政府的领导下,指挥本地区的防汛抗洪工作,其办事机构设在同级水行政主管部门;必要时,经城市人民政府决定,防汛指挥机构也可以在建设行政主管部门设城市市区办事机构,在防汛指挥机构的统一领导下,负责城市市区的防汛抗洪日常工作。

根据《中共中央关于深化党和国家机构改革的决定》《深化党和国家机构改革方案》和第十三届全国人民代表大会第一次会议批准的《国务院机构改革方案》,国家防汛抗旱总指挥部的职责整合进入应急管理部。地方各级防汛指挥机构的职责也随之整合进入应急管理部门。

2. 防汛指挥机构是外部水行政主体

防汛指挥机构对外行使的水行政职权包括:

(1) 行政强制权。《防洪法》第四十二条规定:对河道、湖泊范围内阻碍行洪的障碍物,按照谁设障、谁清除的原则,由防汛指挥机构责令限期清除;逾期不清除的,由防汛指挥机构组织强行清除,所需费用由设障者承担。在紧急防汛期,国家防汛指挥机构或者其授权的流域、省、自治区、直辖市防汛指挥机构有权对壅水、阻水严重的桥梁、引道、码头和其他跨河工程设施作出紧急处置。

(2) 行政征用权。《防洪法》第四十五条规定:在紧急防汛期,防汛指挥机构根据防汛抗洪的需要,有权在其管辖范围内调用物资、设备、交通运输工具和人力,决定采取取土占地、砍伐林木、清除阻水障碍物和其他必要的紧急措施。

(3) 蓄滞洪区启用权。《防洪法》第四十六条规定:江河、湖泊水位或者流量达到国家规定的分洪标准,需要启用蓄滞洪区时,国务院、国家防汛指挥机构,流域防汛指挥机构,省、自治区、直辖市人民政府,省、自治区、直辖市防汛指挥机构,按照依法经批准的防御洪水方案中规定的启用条件和批准程序,决定启用蓄滞洪区。

3. 防汛指挥机构是内部水行政主体

根据《防洪法》第三十九条的授权,国家防汛指挥机构负责领导、组织全国的防汛抗洪工作,地方的防汛指挥机构负责领导、组织当地的防汛抗洪工作。国务院有关部门、地方各级人民政府及其相关部门都必须服从各级防汛指挥机构的指挥。因此,各级防汛指挥机构皆具有内部监督管理权。

(六) 发改部门

发改部门享有的水行政职权主要包括：

1. 水中长期供求规划审批权。《水法》第四十四条规定：全国的和跨省、自治区、直辖市的水中长期供求规划，由国务院水行政主管部门会同有关部门制订，经国务院发展计划主管部门审查批准后执行。地方的水中长期供求规划，由县级以上地方人民政府水行政主管部门会同同级有关部门依据上一级水中长期供求规划和本地区的实际情况制订，经本级人民政府发展计划主管部门审查批准后执行。

2. 用水计划制定权。《水法》第四十七条规定：县级以上地方人民政府发展计划主管部门会同同级水行政主管部门，根据用水定额、经济技术条件以及水量分配方案确定的可供本行政区域使用的水量，制定年度用水计划，对本行政区域内的年度用水实行总量控制。

3. 名录制定权。《水法》第五十一条规定：国家逐步淘汰落后的、耗水量高的工艺、设备和产品，具体名录由国务院经济综合主管部门会同国务院水行政主管部门和有关部门制定并公布。

4. 行政处罚权。《水法》第六十八条规定：生产、销售或者在生产经营中使用国家明令淘汰的落后的、耗水量高的工艺、设备和产品的，由县级以上地方人民政府经济综合主管部门责令停止生产、销售或者使用，处二万元以上十万元以下的罚款。

2002年全国人大常委会修订《水法》时，赋予了当时的经济综合主管部门即经贸委水行政职权。2003年国务院机构改革，将国家经贸委的行业规划、产业政策、经济运行调节、技术改造投资管理、多种所有制企业的宏观指导、促进中小企业发展以及重要工业品、原材料进出口计划等职能,划归发展和改革委。不再保留国家经贸委。① 因此,《水法》中规定的经济综合主管部门的水行政职权现在由发改部门承担。

(七) 市场监督部门

市场监督管理部门依据《水法》享有的水行政职权是行业用水定额审核权。《水法》第四十七条规定:省、自治区、直辖市人民政府有关行业主管部门应当制订本行政区域内行业用水定额,报同级水行政主管部门和质量监督检验行政主管部门审核同意后,由省、自治区、直辖市人民政府公布,并报国务院水行政主管部门和国务院质量监督检验行政主管部门备案。

2018年国务院机构改革,将国家工商行政管理总局的职责,国家质量监督检验检疫总局的职责,国家食品药品监督管理总局的职责,国家发展和改革委员会的价格监督检查与反垄断执法职责,商务部的经营者集中反垄断执法以及国务院反垄断委员会办公室等职责整合,组建国家市场监督管理总局,作为国务院直属机构。② 因此,《水法》规定的质量监督检验行政主管部门的行业用水定额审核权现在由市场监督管理部门承担。

(八) 生态环境部门

生态环境部门依据《水法》享有的水行政职权是环境影响报告书审批权,即行政许可权。《水法》第三十四条规定:在江河、湖泊新建、改建或者扩大排污口,应当经过有管辖权的水行政主管部门或者流域

---

① 2003年国务院机构改革方案说明,https://china.caixin.com/2013-02-27/100495104.html,2022年7月10日访问。

② 国务院机构改革方案,http://www.mohrss.gov.cn/SYrlzyhshbzb/jiuye/gzdt/201803/t20180322_290233.html,2022年7月10日访问。

管理机构同意,由环境保护行政主管部门负责对该建设项目的环境影响报告书进行审批。

(九) 自然资源部门

自然资源部门依照《防洪法》承担的水行政职权是防洪规划确定的河道整治计划用地和规划建设的堤防用地范围内的土地核定权。《防洪法》第十六条规定:防洪规划确定的河道整治计划用地和规划建设的堤防用地范围内的土地,经土地管理部门和水行政主管部门会同有关地区核定,报经县级以上人民政府按照国务院规定的权限批准后,可以划定为规划保留区;该规划保留区范围内的土地涉及其他项目用地的,有关土地管理部门和水行政主管部门核定时,应当征求有关部门的意见。经过多次机构改革,现在的土地管理部门是自然资源部门。

(十) 林草部门

林草部门依照《水土保持法》承担的水行政职权是行政命令权。《水土保持法》第五十二条规定:在林区采伐林木不依法采取防止水土流失措施的,由县级以上地方人民政府林业主管部门、水行政主管部门责令限期改正,采取补救措施;造成水土流失的,由水行政主管部门按照造成水土流失的面积处每平方米二元以上十元以下的罚款。"责令限期改正,采取补救措施"属于行政命令,林业主管部门据此享有行政命令权。经过机构改革,现在的林业主管部门是林草部门。

(十一) 住建部门

住建部门依照《节约用水条例》承担的水行政职权是行政处罚权。《节约用水条例》第四十六条规定:侵占、损毁、擅自移动用水计量设施,或者干扰用水计量的,由县级以上地方人民政府水行政、住房城乡建设主管部门或者流域管理机构责令停止违法行为,限期采取补救措施,处1万元以上10万元以下的罚款;造成损失的,依法承担赔偿责任。

(十二)各级政府的水行政职权

此外,《水法》《水土保持法》《防洪法》《长江保护法》《黄河保护法》等法律法规还规定了各级政府一定的水行政职权。需要注意的是,这些法律法规中有意将"政府"区分为九种类型:各级人民政府、县级以上人民政府、地方各级人民政府、县级以上地方人民政府、县级人民政府、城市人民政府、省级政府、省级以上人民政府、国务院,分别授予这九种不同类型的政府不同的水行政职权。以下主要梳理《水法》《水土保持法》《防洪法》《长江保护法》《黄河保护法》授予政府的水行政职权。

1. 行政规划批准权。《水法》第十七条规定了政府批准流域综合规划、区域综合规划、专业规划的职权,《水土保持法》第十四条规定了政府批准水土保持规划的职权,《防洪法》第十条规定了政府批准防洪规划的职权,《长江保护法》第十八条规定了国务院批准长江流域发展规划的职权,《黄河保护法》第二十一条规定了国务院批准黄河流域生态保护和高质量发展规划的职权。

2. 行政处罚权。《水法》第六十七条规定了县级以上地方人民政府的行政处罚权。

3. 行政许可权。《水法》第四十条、《防洪法》第二十三条规定了政府的行政许可权。

4. 行政强制权。《水法》第六十七条规定了县级以上地方人民政府的行政强制执行权。

5、行政检查权。《防洪法》第三十六条、《长江保护法》第七十九条规定了政府的行政检查权。

6. 行政给付权。《防洪法》第四十七条规定了政府的洪涝灾害救助职权,《黄河保护法》第一百零二条规定了中央政府对黄河流域生态功能重要区域的补偿职权。

7. 行政奖励权。《水法》第十一条、《水土保持法》第九条、《长江保护法》第十六条,规定了政府的行政奖励权。

8. 行政裁决权。《水法》第五十六条规定了政府裁决水事纠纷的职权,《水土保持法》第四十六条规定了政府裁决水土流失纠纷的职权。

9. 行政调解权。《水法》第五十七条规定了政府调解水事纠纷的职权。

三、评析:"九龙治水"结束了吗?

通过以上对我国现行水行政法中水行政主体的梳理,可以得出结论,我国目前的水行政主体体系是"11+X"模式。"11"指的是11个行政主管部门或组织:水行政主管部门、流域管理机构、地方性法规授权的水利管理单位、地方人民政府设立的水土保持机构、防汛指挥机构、发改部门、市场监督部门、生态环境部门、自然资源部门、林草部门、住建部门。"X"指的是各级人民政府,具体又包括9种情形。

一个问题相应而生,"九龙治水"的局面结束了吗?[①]

实际上,我国在水的管理体制上或水行政主体的配置上呈现出一种收缩与扩张并存的局面。第一是收缩性。1988年《水法》第九条规定:国家对水资源实行统一管理与分级、分部门管理相结合的制度。国务院水行政主管部门负责全国水资源的统一管理工作。国务院其他有关部门按照国务院规定的职责分工,协同国务院水行政主管部

[①] 当然,现在"九龙治水"不仅是水资源分割管理的形象说法,也成为描述一般性社会事务分割管理的代名词。

门,负责有关的水资源管理工作。正是由于"分部门管理"的存在,水行政主管部门负责水资源统一管理,实际上是有限度的统一管理,不是真正的统一管理。2002 年《水法》第十二条删除了"分部门管理"的表述,与此相对应,之后的国务院机构改革和国务院颁布的《取水许可和水资源费征收管理条例》取消了地矿部门和建设部门的取水许可审批权。由此,参与水资源管理的部门正在减少。

第二是扩张性。1988 年《水法》规定的水行政主体包括水行政主管部门、航道主管部门、计划主管部门和各级政府,各级政府又分为国务院,省、自治区、直辖市人民政府,各级人民政府,县级以上人民政府,地方人民政府,县级以上地方人民政府等 6 种情形。另外,根据原《取水许可证制度实施办法》(国务院令第 119 号)的规定,水行政主管部门审批取水许可申请还需要先经地质矿产行政主管部门、城市建设行政主管部门审批。因此,1988 年《水法》中的水行政主体体系是"5+X"模式。其中"5"是指五个行政部门:水行政主管部门、航道主管部门、计划主管部门、地质矿产行政主管部门、城市建设行政主管部门。"X"是各级政府,又包括 6 种情形。因此,单纯从水行政主体数量来看,从 1988 年的"5+X"到现在的"11+X",体现出水行政主体的扩张性。

其实,水行政主体的收缩与扩张并存,并不存在矛盾之处。水资源管理包括权属管理和开发、利用、节约、保护的管理。体现水资源权属属性的核心法律制度是取水许可制度和水资源有偿使用制度。现行《水法》仅实现了水资源权属管理的统一,其主要标志就是取水许可的审批权和水资源费的征收权集中于水行政主管部门。由此导致参与水资源权属管理的部门减少或收缩。而在水资源的开发、利用、节约、保护的管理上,不仅没有做到统一,还出现了更多部门介入的局面。

因此,2002 年《水法》与 1988 年《水法》相比,虽然进一步改革了我国的水资源管理制度,但是由于各种因素的制约,行政管理分割的问题依然没有完全解决。"2002年《水法》在许多方面反映出明显的妥协性特征,许多新制度并没有完全建立,更多的是在保留旧制度的基础上进行了改良,因此,只能称之为半步前进。"①

第三节　水务统一管理改革评析

　　1993年7月深圳市组建全国第一个城市水务局,对城乡涉水行政事务进行统一管理,拉开了全国水务统一管理改革的序幕。2000年5月上海市水务局成立,成为我国第一个省级建制的水务局。截至2010年底,全国一共有1817个县级以上行政区成立水务局,实行水务一体化管理,占全部县级以上行政区总数的75%。在全国31个省级行政区中,有30个省、自治区、直辖市开展了水务管理体制改革。②

一、水务统一管理的概念界定

　　依据2005年2月4日水利部印发的《深化水务管理体制改革指导意见》(水资源司〔2005〕49号),水务管理就是在水资源统一管理的前提下,对涉水行政事务统一管理,对城乡水资源进行统一管理,对辖区范围内防洪、水源、供水、用水、节水、排水、污水处理与回用以及农田水利、水土保持乃至农村水电等涉水行政事务施行统一管理。水务管理体制的核心是在水资源统一管理的基础上实现涉水行政事务的统一管理,推动一体化的水服务体系建设。

---

① 吕忠梅:《环境资源法视野下的新〈水法〉》,《法商研究》2003年第4期。
② 陈慧:《中国城市水务管理体制改革述评》,《经济问题》2013年第5期。

《深化水务管理体制改革指导意见》只是说"水务管理",没有说"水务统一管理",但是从其对水务管理的内涵界定来看,对涉水事务进行统一管理是其强调的核心要义。因此,水务管理和水务统一管理是同义语,水务管理就是指水务统一管理。

二、水务统一管理改革的法律定位

从法律上讲,水务统一管理是2002年修订《水法》的后续工程。2002年《水法》只是实现了水资源权属管理的统一,但是水资源开发、利用、节约、保护的管理并没有实现统一。水务统一管理解决的是水资源的权属管理和开发、利用、节约、保护的管理都统一起来的问题。

三、水务统一管理改革的模式选择

(一)第一种模式:权属统一型

这种模式的水务局只是实现了水资源权属管理的统一,也就是实现了取水许可审批和水资源费征收的统一管理。

1. 实例

早期成立的一些市级水务局和县级水务局,大多属于这种类型。

2. 法律依据

(1)《水法》第十二条规定:县级以上地方人民政府水行政主管部门按照规定的权限,负责本行政区域内水资源的统一管理和监督工作。

(2)《水法》第四十八条规定:直接从江河、湖泊或者地下取用水资源的单位和个人,应当按照国家取水许可制度和水资源有偿使用制度的规定,向水行政主管部门或者流域管理机构申请领取取水许可证,并缴纳水资源费,取得取水权。

(3) 1998年《水利部职能配置、内设机构和人员编制规定》规定：原由建设部承担的指导城市防洪职能、城市规划区地下水资源的管理保护职能，交给水利部承担。取水许可证由水利部实施统一管理，不再授权其他部门颁发。①

3. 定位

这种模式属于水务统一管理改革的初级阶段。

(二) 第二种模式：权属＋城市供水统一型

这种模式的水务局在水资源权属统一管理的基础上，还承担了城市供水的管理职能。

1. 实例

2002年《水法》修订后成立的一些水务局。

2. 法律依据

(1)《水法》第十二条、第四十八条。

(2) 1998年《水利部职能配置、内设机构和人员编制规定》。

(3)《城市供水条例》第七条第三款规定：县级以上城市人民政府确定的城市供水行政主管部门主管本行政区域内的城市供水工作。该条例授权城市人民政府来确定城市供水的主管部门，为这种类型的水务局的建立提供了法律空间。

3. 定位

这种模式属于水务统一管理改革的中级阶段。

(三) 第三种模式：权属＋城市供水＋城市排水＋城市污水处理统一型

这种类型的水务局集水资源的权属管理、城市供水管理、城市排

---

① 《国务院办公厅关于印发水利部职能配置内设机构和人员编制规定的通知》(1998年6月23日国办发〔1998〕87号)。

水管理、城市污水处理等职能于一体。

1. 实例

上海市水务局、北京市水务局是这种模式的典型实例。

2. 法律依据

(1) 中央立法层面

①《水法》第十二条、第四十八条。

②1998年《水利部职能配置、内设机构和人员编制规定》。

③《城市供水条例》第七条第三款。

(2) 地方立法层面

①海南

《海南经济特区水条例》第七条：本经济特区实行涉水事务统一管理体制。省人民政府水行政主管部门负责本经济特区防洪、排涝、水源、供水、用水、节水、排水、污水处理及中水回用等涉水事务统一管理和监督工作。市、县、自治县人民政府水行政主管部门负责本行政区域内涉水事务的统一管理和监督工作。

《海南省城乡供水管理条例》第五条：县级以上人民政府水行政主管部门主管本行政区域内的城乡供水工作。

《海口市城市供水排水节约用水管理条例》第三条：市人民政府水行政主管部门主管本市供水、排水和节约用水工作，并负责组织实施本条例。

②上海

《上海市供水管理条例》第四条规定：上海市水务局是本市供水行政主管部门，负责本条例的组织实施。

《上海市排水与污水处理条例》第五条规定：市水务部门是本市排水与污水处理的行政主管部门，负责本市排水与污水处理的组织、协调、指导和监督等工作。

《上海市水务局职能配置、内设机构和人员编制规定》规定，上海市水务局的主要职责，包括负责保障水资源的合理开发利用，负责供水行业的管理，负责排水行业的管理等。其中，供水行业管理的职能包括组织编制供水专业规划并监督实施，负责供水水压、水量、水质的监控和自来水供应应急调度工作，负责供水设施建设、运行、维护的监督管理。排水行业管理的职能包括负责城镇排水设施与污水、污泥处理设施建设、运行、维护和调度的监管，负责组织市属污水处理设施规划服务范围内污水处理费的征收，会同有关部门监督管理纳入城镇排水设施的污水排放单位。[1]

③北京

《北京市水污染防治条例》第六条规定：市、区水务部门对本行政区域内的水资源保护和再生水利用进行管理，负责污水处理和河道综合整治等方面工作。

北京市水务局主要职责包括：负责保障本市水资源的合理开发利用，负责本市供水、排水行业的监督管理等。其中，供水、排水行业监督管理的职能包括组织实施排水许可制度，拟订供水、排水行业的技术标准、管理规范并监督实施，组织实施供水、排水行业特许经营，指导农民安全饮水工作。[2]

④广州

《广州市水务管理条例》第三条规定：市水务行政主管部门负责本市行政区域内水务的统一管理和监督工作，组织实施本条例。

3. 定位

这种模式属于水务统一管理改革的高级阶段。

---

[1] 《上海市水务局职能配置、内设机构和人员编制规定》，https://hwj.sh.gov.cn/jgzz/20200814/9ca2119f9c5543878816d68ef9f90f8b.html，2023年7月14日访问。

[2] 北京市水务局职能配置、内设机构，https://www.sohu.com/a/309399833_651611，2022年7月16日访问。

四、水务统一管理改革的法律困境

(一) 水务基本法缺失

虽然总体而言,我国水行政法很多,但是目前还没有关于水务统一管理的基本法或专门法律,这和西方发达国家基本都有城市水务专门法律的情况产生了一定差距。水务专门法的缺位,直接导致我国水务统一管理改革的法律依据和法律基础不足,水务改革存在严重的不可预见性,改革缺乏连续性、稳定性、合法性。[①]

(二) 现行水务法规层级过低

我国现行的水务统一管理的法律依据主要是地方立法,缺乏中央立法的支撑。目前,国内有代表性的水务统一管理的法规有《海南经济特区水条例》《上海市排水与污水处理条例》《上海市供水管理条例》《北京市水污染防治条例》《广州市水务管理条例》等,均为地方性法规。其他依据主要是"三定规定",如《上海市水务局职能配置、内设机构和人员编制规定》,属于行政规范性文件。目前,在中央立法层面,除了《城市供水条例》的零星规定之外,其他规定处于空白状态。

(三) 水务统一管理程度不高

由于水务统一管理改革是自下而上进行的改革,实行水务统一管理的地方除承担原有的水行政管理职责外,还要承担供水、排水等行业管理职能,而省级水行政主管部门基本没有实现供水、排水等行业

---

① 蒋达:《中国城市水务产业立法的逻辑分析与基本框架》,《中国软科学》2009 年第 5 期。

管理职能的统一,国务院有关部委的相关职能也未理顺,造成了城市水管理机构上下脱节,水务统一管理难以落实到位。①

五、水务统一管理改革的完善路径

(一) 把水务统一管理纳入法治轨道

今后必须推行建立集防洪、水源、供水、用水、节水、排水、污水处理及回用于一体的统一管理模式,提高供水水质,保障城乡供水安全,在法律上解决水资源管理中职能交叉、权责不清等问题。②

(二) 适时修订《水法》

2002年《水法》,没有对"水务"做出明文规定。在2002年修订《水法》的过程中,《水法(修订草案)》(送审稿)曾经采纳"水务"的概念,并规定"国家推行城市水务统一管理体制,对防洪、水源、供水、用水、排水、污水处理及其回用实行统一管理和监督"。可是,2002年《水法》通过时,最终未能吸收此意见。③ 2023年9月7日印发的《十四届全国人大常委会立法规划》把《水法》修改列为第二类项目:需要抓紧工作、条件成熟时提请审议的法律草案。这就为实现水务统一管理的法治化提供了难得的契机。

(三) 制定《城市水务法》

要适时制定《城市水务法》,将城市水务一体化管理体制用法律固定下来。这样,一是可以使我国水务统一管理体制改革有法可依,增

---

① 林晓惠:《深化水务一体化管理体制改革的研究》,硕士学位论文,厦门大学环境管理学系,2008,第29页。
② 谭柏平:《论我国城市水务法规体系的建立及完善》,《政治与法律》2009年第1期。
③ 谭柏平:《论我国城市水务法规体系的建立及完善》,《政治与法律》2009年第1期。

强改革的合法性和正当性;二是可以增强水务管理部门的稳定性和连续性。[①]

第四节 河长制的法律分析

一、河长制的概念界定

河长制是指由各级地方政府党政负责人担任该级政府管辖区域内河流湖泊的河长,负责水资源保护、水域岸线管理、水污染防治、水环境治理的机制体系。[②] 这实际上是指官方河长制,与之相对应的是民间河长制。民间河长指的是与官方河长相对应、具有河长称谓的民间治水力量,其在本质上是公众参与在河湖保护的具体呈现形式,是发挥公众主体性功能的一种实践。[③] 本书讨论的主要是官方河长制。

河长制首创于江苏省无锡市。为了解决2007年发生的太湖蓝藻污染事件,无锡市委、市政府为全市64条主要河流分别设立河长,由市委、市政府领导和各部门领导担任,并初步建立了将各项治污措施落实到位的河长制。之后,全国各省、自治区、直辖市分别出台河长制文件,完善相关制度,促进河长制的逐渐推广,其中一些省份更取得了突出成绩。例如,2013年11月,浙江省委、省政府出台意见,要求到2013年年底,省、市、县、镇(乡)四级河道实现河长制

---

① 蒋达:《中国城市水务产业立法的逻辑分析与基本框架》,《中国软科学》2009年第5期。
② 刘超:《环境法视角下河长制的法律机制建构思考》,《环境保护》2017年第9期。
③ 陈涛:《名实兼具与名实分离——"民间河长"治水实践的一项分析》,《学习与探索》2021年第9期。

全覆盖。①

2016年12月中共中央办公厅、国务院办公厅印发《关于全面推行河长制的意见》，正式提出在全国范围内实施河长制。截止到2018年6月，全国31个省、自治区、直辖市已经全面建立了河长制，提前完成中央确定的目标任务。②

二、河长制的历史渊源

中国古代属于农业文明，如何将水患变为水利，是农业生产的内在需求。这一需求不但催生了远古时期部落联盟首领执行治水的公共职能，而且形成了鲧、禹等"河长"治水的传说，还先后设置了历代政府的治水机构和负责人。中央政府举国式的集中治水，在修建大型水利工程时成效尤为显著。与此同时，由于官僚体制的约束机制不健全，在政府举办的水利工程中经常出现假公济私、营私舞弊等贪腐现象。③

河长的区域治水弥补了中央治水的缺位。从中国治水实践的历史看，大型水利工程的修建并非常态，而地方主要官员的区域性治水却是一种常态。在水患严重地区，执行治水职责就成为地方主官的首要任务，各级地方主官就成为任职地区的河长。历史记载留下了许多地方河长治水案例，如秦国蜀郡太守李冰修建都江堰，宋代杭州太守苏东坡疏浚西湖等。从这些成功的地方治水案例看，治水的负责人均为地方行政长官。在上级政府的允诺下，地方主官整合行政区域内的人力、物力和财力资源，有效解决了民众急盼的水患问题。④

---

① 浙江：走在前列 争立潮头，http://www.chinawater.com.cn/ztgz/xwzt/2017sjd/201709/t20170928_492208.html，2023年7月15日访问。
② 许朗、刘晨：《中国河长制开启治河新时代》，《生态经济》2019年第10期。
③ 郝亚光：《公共责任制：河长制产生与发展的历史逻辑》，《云南社会科学》2019年第4期。
④ 郝亚光：《公共责任制：河长制产生与发展的历史逻辑》，《云南社会科学》2019年第4期。

三、河长制的立法进展

（一）中央立法层面

2017年修订的《水污染防治法》正式将河长制写入法律，其中第五条明确规定：省、市、县、乡建立河长制，分级分段组织领导本行政区域内江河、湖泊的水资源保护、水域岸线管理、水污染防治、水环境治理等工作。2020年制定的《长江保护法》第五条规定：长江流域各级河湖长负责长江保护相关工作。2022年10月30日通过的《黄河保护法》第六条规定：黄河流域建立省际河湖长联席会议制度。各级河湖长负责河道、湖泊管理和保护相关工作。

（二）地方立法层面

1. 在有关水地方性法规中规定河长制

（1）2019年7月17日，宁夏回族自治区第十二届人民代表大会常务委员会第十三次会议通过的《宁夏回族自治区河湖管理保护条例》规定，自治区实施河长湖长制。建立自治区、设区的市、县、乡四级河长湖长组织体系。各级河长湖长组织领导本行政区域内河湖的水资源保护、水域岸线管理、水污染防治、水环境治理、水生态修复等工作。

（2）2019年7月26日，北京市第十五届人民代表大会常务委员会第十四次会议修正后的《北京市河湖保护管理条例》规定，市、区、乡镇、街道建立河长制，分级分段组织领导本行政区域内河流、湖泊的水资源保护、水域岸线管理、水污染防治、水环境治理等工作。

（3）2019年11月29日，广东省第十三届人民代表大会常务委员会第十五次会议通过的《广东省河道管理条例》规定，各级总河长是本行政区域内落实河长制湖长制工作的第一责任人，负责河长制湖长制工作的组织领导、决策部署、考核监督,协调解决河长制湖长制工作任务落实中的重大问题。

(4) 2020年1月11日,河北省第十三届人民代表大会第三次会议通过的《河北省河湖保护和治理条例》第五章专章规定了河(湖)长制。

(5) 2020年9月25日,天津市第十七届人民代表大会常务委员会第二十三次会议修正后的《天津市水污染防治条例》规定,建立市、区、乡镇(街道)、村四级河长制、湖长制,分级分段组织领导河流、湖泊、湿地、坑塘的水污染防治、水环境治理、水生态修复、水资源保护和水域岸线管理等工作。

(6) 2021年5月27日,湖南省第十三届人民代表大会常务委员会第二十四次会议通过的《湖南省洞庭湖保护条例》规定,洞庭湖保护实行河湖长制。湖区各级河湖长依法履行河湖长职责,负责洞庭湖保护相关工作。

(7) 2021年7月28日,甘肃省第十三届人民代表大会常务委员会第二十五次会议修订的《甘肃省河道管理条例》规定,全面推行河湖长制,建立省、市(州)、县(市、区)、乡(镇)、村(社区)级河湖长体系。

(8) 2021年9月29日,江苏省第十三届人民代表大会常务委员会第二十五次会议修正的《江苏省河道管理条例》规定,全面实行河长制,落实河道管理保护地方主体责任,建立健全部门联动综合治理长效机制,统筹推进水资源保护、水污染防治、水环境治理、水生态修复,维护河道健康生命和河道公共安全,提升河道综合功能。

(9) 2021年11月26日,贵州省第十三届人民代表大会常务委员会第二十九次会议修正的《贵州省河道条例》第四章为河(湖)长制。

(10) 2022年1月8日,河南省第十三届人民代表大会第六次会议通过的《河南省南水北调饮用水水源保护条例》规定,各级人民政府应当将南水北调饮用水水源保护纳入河(湖)长制统筹管理,组织、协调、督导相关部门开展水资源保护、水污染防治、水环境治理、水生态修复、河湖执法监管等工作。

(11) 2022年1月23日,山西省第十三届人民代表大会第六次会议通过的《山西省汾河保护条例》规定,汾河流域实行河(湖)长制。

(12) 2022年3月25日,安徽省第十三届人民代表大会常务委员会第三十三次会议第二次修正的《安徽省湖泊管理保护条例》规定,湖泊实行河长制管理。河长负责组织领导相应湖泊的管理和保护工作,建立湖泊管理和保护工作协调机制,协调解决管理和保护中的重大问题,落实湖泊管理和保护的目标、任务和责任。

(13) 2022年3月30日,山东省第十三届人民代表大会常务委员会第三十四次会议修正后的《山东省胶东调水条例》规定,胶东调水工程沿线县级以上人民政府应当全面落实河湖长制,健全河湖管护工作机制,加强调水工程配套设施建设,组织有关部门及时查处破坏工程设施、扰乱调水秩序、污染水质以及其他危害调水安全的行为,维护胶东调水工程安全和水质安全。

(14) 2022年3月31日,江苏省第十三届人民代表大会常务委员会第二十九次会议通过的《江苏省洪泽湖保护条例》规定,洪泽湖各级河湖长按照各自职责做好洪泽湖保护的相关工作。

(15) 2022年11月25日,湖北省第十三届人民代表大会常务委员会第三十四次会议第三次修正的《湖北省河道采砂管理条例》规定,将河道采砂管理工作纳入河湖长制管理。

(16) 2023年5月31日,湖南省第十四届人民代表大会常务委员会第三次会议第二次修正的《湖南省湘江保护条例》规定,湘江流域实行河长制管理。河长应当加强巡查,督促有关部门和下一级河长履行湘江保护相关职责;对未按照规定履行湘江保护职责的部门和下一级河长,可以约谈该部门负责人和下一级河长,也可以提请本级人民政府约谈该部门负责人和下一级河长。

2. 制定专门的河长制地方性法规、地方政府规章

(1) 2017年7月28日,浙江省第十二届人民代表大会常务委员会第四十三次会议通过《浙江省河长制规定》。

(2) 2018年9月30日,海南省第六届人民代表大会常务委员会第六次会议通过《海南省河长制湖长制规定》。

(3) 2019年3月28日,吉林省第十三届人民代表大会常务委员会第十次会议通过《吉林省河湖长制条例》。

(4) 2019年7月30日,辽宁省第十三届人民代表大会常务委员会第十二次会议通过《辽宁省河长湖长制条例》。

(5) 2019年9月16日,福建省人民政府令第210号公布《福建省河长制规定》。

(6) 2020年12月3日,重庆市第五届人民代表大会常务委员会第二十二次会议通过《重庆市河长制条例》。

(7) 2021年9月29日,青海省第十三届人民代表大会常务委员会第二十七次会议通过《青海省实施河长制湖长制条例》。

(8) 2021年11月25日,四川省第十三届人民代表大会常务委员会第三十一次会议通过《四川省河湖长制条例》。

(9) 2022年7月26日,江西省第十三届人民代表大会常务委员会第四十次会议修正《江西省实施河长制湖长制条例》。

3. 出台河长制行政规范性文件

2022年9月28日,中共湖北省委、湖北省人民政府发布《湖北省河湖长制工作规定》。《湖北省河湖长制工作规定》既属于省委制定的党内法规,又属于省政府出台的行政规范性文件。

(三) 评析

在短短几年时间内,我国绝大多数省份就陆续出台了河长制的地方性法规、地方政府规章,或在有关地方性法规中规定河长制的内容,

堪称我国立法工作的一大进步。究其原因,主要有两点:一是政治原因。河长制是党中央、国务院积极倡导推动的重要工作,因此,河长制立法容易引起地方的重视。二是立法技术原因。河长制立法的内容比较单一,主要包括河长制的组织体系、工作职责、工作机制、监督考核等,不涉及立法中常见的部门职责难以划分清楚的难题,几乎没有部门协调的任务,从而减轻了立法工作量,降低了立法难度。

四、河长制的法律定位

(一)河长制的宪法定位

《宪法》第一百零五条规定:地方各级人民政府实行省长、市长、县长、区长、乡长、镇长负责制。简单说,各级地方政府的职责就是各级地方政府首长的职责。《水法》《水土保持法》《防洪法》《长江保护法》《黄河保护法》等水行政法规定了各级政府大量的水行政职权,并且,这些职权分成两类,一类是审批权、裁决权等微观职权,一类是批准规划权等宏观职权。

地方各级人民政府的首长履行法定的水行政职权,需要具体的实现载体。除了《宪法》和《地方各级人民代表大会和地方各级人民政府组织法》等法律法规授权的常规化的领导方式,河长制便成为各级地方政府首长行使水行政职权的新途径、新载体、新平台。因此,河长制是《宪法》中行政首长负责制在水行政法领域的具体实现形式。

(二)河长制的行政法定位

河长属于水行政主体。既然在《长江保护法》《黄河保护法》等水行政法中都规定各级河长负责河道、湖泊管理和保护相关工作,那么河长就应当属于水行政主体。但是,按照传统行政法理,行政主体应当是组织,不能是个人。如果把河长作为行政主体看待,从表面上看好像是"个人"成了行政主体。实际上,河长制在运行过程中河长是以"组织体"的方式发挥作用,而不是以河长"个人"名义在发挥作用。在工作实践中,不管是各级河长办公室发布文件,还是各级河长发布河长令,都是组织行为、职务行为。这和国家主席的性质有点类似,国家主席从表面上看是一个人、一个职位,但其实质上是一个国家机关。因此,河长属于特殊的水行政主体。

河长属于内部水行政主体。中共中央办公厅、国务院办公厅印发的《关于全面推行河长制的意见》指出,各级河长负责组织领导相应河湖的管理和保护工作,包括水资源保护、水域岸线管理、水污染防治、水环境治理等,牵头组织对侵占河道、围垦湖泊、超标排污、非法采砂、破坏航道、电毒炸鱼等突出问题依法进行清理整治,协调解决重大问题;对跨行政区域的河湖明晰管理责任,协调上下游、左右岸实行联防联控;对相关部门和下一级河长履职情况进行督导,对目标任务完成情况进行考核,强化激励问责。由此看出,河长的职责重在监督协调,而不是直接管理、执法。这一点在有关水行政法中解释得更为清楚,比如《浙江省河长制规定》第二条规定:本规定所称河长制,是指在相应水域设立河长,由河长对其责任水域的治理、保护予以监督和协调,督促或者建议政府及相关主管部门履行法定职责、解决责任水域存在问题的体制和机制。因此,河长属于内部水行政主体,不属于外部水行政主体,不对外实施水行政职权。

正因为河长属于内部水行政主体,其实施的行为属于内部水行政行为,对其行为的异议和救济途径不适用《行政复议法》《行政诉讼法》《国家赔偿法》的规定。对各级河长进行问责,只能适用《监察法》《公务员法》《公职人员政务处分法》《行政机关公务员处分条例》等法律法规的规定。

五、河长制的法治限度

当前,河长制的合法性受到一些学者质疑,其中一个重要原因是,有关法律、法规、规章和规范性文件规定河长的工作职权、职责都比较笼统,并且,各地关于河长的职权、职责的规定相当不统一。实际上,从行政法教义学的角度,完全可以实现河长行政职权来源形式的再合法化。河长是《长江保护法》《黄河保护法》等法律授予地方政府治理河湖的各类职权、职责的承接者、代表者,因此,河长的法定职权、职责并不是由《关于全面推行河长制的意见》等行政规范性文件授予的,而是由《长江保护法》《黄河保护法》等法律授权。而《关于全面推行河长制的意见》等行政规范性文件只是起到"排列和组合"的功能,即将分散在法律法规中的涉及河长的职权、职责予以"整理、排列和组合",形成一个较为完整的职权、职责目录,便于河长实施。[1]

需要指出的是,河长制的法治化需要保持必要限度,不是法治化程度越高越好。目前河长制的立法进展很快,河长制的法治化有进一步加强的趋势。但是,今后在河长制的实践中,不应该用立法的形式规范河长以及相关主体的全部行为,特别是在处置各种高度复杂性和不确定性问题上。因为,如果法律硬性规定了河长及相关主体在河流治理上的全部行为内容,那么,河长则必然受制于各种烦琐法律条文的刚性约束,反而会导致河长制本身所具有的灵活性和高效性优势大打折扣或完全丧失,甚至,它作为一项特殊的制度安排也可能失去其持续存在的价值。[2]

此外,从行政程序角度来看,河长制的法治化也应当有限度。从行政程序来讲,内部行政行为的程序与外部行政行为相比,具有法律

---

[1] 戚建刚:《河长制四题——以行政法教义学为视角》,《中国地质大学学报(社会科学版)》2017年第6期。

[2] 黄爱宝:《"河长制":制度形态与创新趋向》,《学海》2015年第4期。

化程度较低的特点。① 这是因为一般来讲，只有外部行政行为才可能对于行政相对人的合法权益产生影响，因此其程序的法律化程度较高，而内部行政行为只对行政主体内部发生效力，对于行政相对人不会产生影响，因此其程序的法律化要求不高。河长属于内部水行政主体，实施的是内部水行政行为，其行政程序的法治化也应当有限度。

第五节　我国历代水行政管理机构

我国历代都在中央政府设置水行政管理的部门与职官，或者在有关部门设属官或专设机构。随着官制的日趋完善，地方政府也开始设水利职官，由地方长官、副职主管或兼管水利。

一、先秦时期的水利职官

夏商周和春秋时，开始设置专门负责治水和管水的官吏，根据《周礼》的记载，管水的官称为冬官，治水的官称为水官。春秋战国时，修建和管理水利工程属于司空的职权范围，司空之下又设置川师、川衡、水虞、泽虞等水官。② 《国语·鲁语》和《礼记·祭法》就记载，"冥勤其官而水死"，说的是商族的祖先冥在夏朝当水官，勤力尽职，治水身死。《周礼·月令》记载，司空在季春之月，"循行国邑，周视原野，修利堤防，导达沟渎，开通道路，无有障塞"。这段话对司空履行治水管水职

---

① 姜明安主编《行政法与行政诉讼法》（第八版），北京大学出版社，高等教育出版社，2024，第339页。
② 饶明奇：《中国水利法制史研究》，法律出版社，2013，第1页。

责的情况做了具体描述。①

二、秦汉、魏晋和南北朝时期的水利职官

秦设都水长、丞,主管全国水政。汉承秦制,仍设都水长、丞管理国家水政,并在太常、少府、司农、水衡都尉等官职、部门属下设都水官。②两汉时期一些郡也设水官和管水机构。东汉都江堰设都水长、都水掾,安徽安丰塘也有都水官。地方政府中的都水官,由大司农管辖。③

魏晋时期,水政机构仍承汉制,主要职官包括都水使者、河堤使者、河堤谒者、水衡都尉、都水郎、都水从事等。④孙吴设屯田官,发展屯田。蜀汉设置堰官管理都江堰。西晋设置都水台,长官为都水使者。东晋相沿设都水台,置都水使者。南朝宋、齐皆设都水使者,梁、陈改都水使者为大舟卿,掌管舟船、航运、河堤。北朝的北魏、北齐皆设都水使者及河堤谒者,北齐都水机构称都水台,北周设司水中大夫,其职责相当于都水使者。⑤

三、隋唐、五代时期的水利职官

隋朝建立尚书省管辖六部的行政体制,设工部尚书,水部为其所属四司之一,设水部郎中掌管水事。唐朝沿袭隋朝的六部体制,工部下辖四司,水部为其中一司,属官为水部郎中、员外郎。唐朝改隋朝的

---

① 郑连第主编《中国水利百科全书·水利史分册》,中国水利水电出版社,2004,第93页。
② 饶明奇:《中国水利法制史研究》,法律出版社,2013,第7页。
③ 郑连第主编《中国水利百科全书·水利史分册》,中国水利水电出版社,2004,第93页。
④ 饶明奇:《中国水利法制史研究》,法律出版社,2013,第7页。
⑤ 郑连第主编《中国水利百科全书·水利史分册》,中国水利水电出版社,2004,第93页。

都水台为都水监,独立于六部之外,置都水使者两人,下属有舟楫、河渠两署,负责京畿渠堰陂池维修、京畿用水管理、舟船运漕、渔捕等。①

五代时期,随着黄河决溢频繁,治河机构略有加强。后唐时设置河堤使者、水部、河堤牙官、堤长、主簿等职官。后周时又设水部员外郎等官。同时,五代时期的主要水利工程管理也设有专门官员。②

四、宋、金、元时期的水利职官

北宋水利职官设置,基本上采用唐代的制度。设工部,水部为工部所属司,水部以郎中为长,员外郎为副。设置都水监,掌管内外河渠、修建堤堰、疏导水势等。治河工地设外监,非常设机构,任务完成即撤销。其官为都水丞。③

金代水利官制仿宋制,工部下设都水监,并在工部置侍郎、郎中各一员,另设都巡河官,掌巡视河道、修固堤堰、栽植榆柳等。元代工部设侍郎、员外郎,掌管河渠、堤防、水利、桥梁、闸堰等事务,另外还设河道提举司,专管治理黄河。④

五、明清时期的水利职官

明朝废除尚书、中书、门下三省,保留六部,工部设都水清吏司管理水事,司官为郎中、员外郎、主事。设漕运都督掌管运河,并分设通惠河郎中、北河郎中、南河郎中,管理运河河道。沿河各省巡检兼管河道,各州、县或设置管河同知、管河主簿,或由管粮通判、管粮官代管

---

① 郑连第主编《中国水利百科全书·水利史分册》,中国水利水电出版社,2004,第94页。
② 饶明奇:《中国水利法制史研究》,法律出版社,2013,第13页。
③ 郑连第主编《中国水利百科全书·水利史分册》,中国水利水电出版社,2004,第94页。
④ 饶明奇:《中国水利法制史研究》,法律出版社,2013,第20页。

水利。[1]

清承明制,设工部,掌天下百工政令,水利管理的职能属于工部。但是河道总督直接受命于朝廷,和工部几乎分庭抗礼,品秩可达到一品,曾由大学士充任。另外单独设置漕运总督管漕运,下设若干巡漕御史,行使督察和催运漕船之责。河道总督和漕运总督的职责严格分开,漕运总督只负责漕粮运输,河道总督负责管理河道和运河工程。[2]

六、民国时期的水利管理机构

民国时期的水利管理机构包括中央水利机关、各流域水利机关、各省水利机关、民间水利机构。

中央水利机关。民国初年的北洋政府将水利分属于内务部、农商部,随后设置全国水利局。1927年南京国民政府成立后,水利分属各部管理,建设委员会管水利建设,实业部管农田水利,内政部管水灾救灾,交通部管河道疏浚,后水利建设又改归内政部。1934年由全国经济委员会总管水利行政,下设水利委员会。1941年水利委员会改属行政院。1946年水利委员会改为水利部。[3]

各流域水利机关。1934年之前,各流域水利机关已经普遍建立起来,包括黄河水利委员会、导淮委员会、广东治河委员会、华北水利委员会、太湖流域水利委员会、扬子江水道整理委员会,但隶属关系不同。1934年后,各流域水利机关统归中央水利机关管理,并精简合并为五个流域水利机关:导淮委员会、黄河水利委员会、扬子江水利委员会、华北水利委员会、广东治河委员会。1947年水利部成立后,将各流

---

[1] 郑连第主编《中国水利百科全书·水利史分册》,中国水利水电出版社,2004,第94页。
[2] 饶明奇:《中国水利法制史研究》,法律出版社,2013,第47页。
[3] 郑连第主编《中国水利百科全书·水利史分册》,中国水利水电出版社,2004,第94-95页。

域机关名称改为:淮河水利工程总局、黄河水利工程总局、扬子江水利工程总局、华北水利工程总局、珠江水利工程总局。[1]

各省水利机关。1934年国民政府统一水利行政之前,各省水利机关开始逐步建立,但是水政紊乱,归属不一。1934年国民政府颁布的《统一水利行政及事业办法纲要》第三条规定:各省水利行政,由建设厅主管,各县水利行政,由县政府主管,受中央水利总机关之指挥监督。截止到1947年,全国17个省设置水利局,多数隶属于各省的建设厅,少数直接隶属于省政府。[2]

民间水利机构。民国期间的民间水利机构主要包括水利协会和协助行水人员。关于水利协会,《水利法》第十一条规定:人民对于兴办水利事业直接负担经费者,得呈经上级主管机关设立水利参事会。第十二条规定:人民兴办水利事业经主管机关核准后,得依法组织水利团体或公司。此外,民国时期沿用了历史上由人民自己管理水利的办法,在有关的法律中对民间协助行水人员作了规定,确立了他们的法律地位。[3]

---

[1] 饶明奇:《中国水利法制史研究》,法律出版社,2013,第303-304页。
[2] 饶明奇:《中国水利法制史研究》,法律出版社,2013,第304-305页。
[3] 饶明奇:《中国水利法制史研究》,法律出版社,2013,第305页。

第三章

水行政行为论

水行政行为是水行政法的核心概念,水行政行为理论在水行政法学科体系中占有十分重要的地位。可以说,水行政法的各个组成部分的研究都是围绕水行政行为展开的。对于水行政法律制度而言,水行政行为理论是各项水行政法律制度建立的基础。而对于水行政法实践而言,水行政主体所作出的行为是否为水行政行为,是否为合法有效的水行政行为,无论对于水行政主体还是行政相对人来说都具有十分重要的意义。

第一节 水行政行为概述

一、水行政行为的概念

水行政行为是指水行政主体为了实现水行政管理目标而行使水行政职权,对外部作出的具有法律意义、产生法律效果的行为。

二、水行政行为的分类

(一)水行政立法行为、水行政执法行为和水行政司法行为

依据内容不同,水行政行为分为水行政立法行为、水行政执法行

为和水行政司法行为。

水行政立法行为是指行政主体依据立法程序制定涉水的行政法规、规章的行为。水行政执法行为是指行政主体为执行水行政法开展的各种行政管理活动，例如水行政处罚、水行政许可、水行政强制、水行政征收、水行政检查等。水行政司法行为是指行政主体裁决水事争议、解决水事纠纷的各种行为，例如水行政裁决、水行政调解等。

（二）抽象水行政行为与具体水行政行为

依据对象是否特定，水行政行为分为抽象水行政行为与具体水行政行为。抽象水行政行为是指行政主体针对不特定管理对象实施的水行政行为。其表现形式为行政立法和行政规范性文件。具体水行政行为是指行政主体针对特定管理对象实施的水行政行为。

（三）羁束水行政行为与裁量水行政行为

依据受法律约束的程度不同，水行政行为分为羁束水行政行为与裁量水行政行为。羁束水行政行为是指法律已经对其主体、权限、程序、适用条件等作了明确规定的水行政行为。裁量水行政行为是指法律只对行为目的、行为范围等作原则性规定，而将行为的适用条件、标准、幅度等留给行政主体自行决定的水行政行为。

（四）依职权水行政行为与依申请水行政行为

依据启动方式不同，水行政行为分为依职权水行政行为与依申请水行政行为。依职权水行政行为是指行政主体依据法律法规规定的行政职权可以直接实施，不以行政相对人申请作为启动条件的水行政行为。依申请水行政行为是指行政主体必须依据行政相对人的申请才能实施的水行政行为。

（五）授益水行政行为与负担水行政行为

依据对行政相对人利益的影响不同,水行政行为分为授益水行政行为与负担水行政行为。授益水行政行为是指行政主体依法授予行政相对人权利或免除其义务的水行政行为。负担水行政行为是指行政主体施与行政相对人义务或剥夺、限制其权利的水行政行为。

三、水行政行为种类的考量

2015年3月24日,中共中央办公厅、国务院办公厅印发的《关于推行地方各级政府工作部门权力清单制度的指导意见》指出,要全面梳理现有行政职权。地方各级政府工作部门要对行使的直接面对公民、法人和其他组织的行政职权,分门别类进行全面彻底梳理,逐项列明设定依据,汇总形成部门行政职权目录。各省(自治区、直辖市)政府可参照行政许可、行政处罚、行政强制、行政征收、行政给付、行政检查、行政确认、行政奖励、行政裁决和其他类别的分类方式,结合本地实际,制定统一规范的分类标准,明确梳理的政策要求;其他类别的确定,要符合国家法律法规。

《关于推行地方各级政府工作部门权力清单制度的指导意见》提出的行政职权类别也可以称为"9+X"模式,即将行政职权划分为行政许可、行政处罚、行政强制、行政征收、行政给付、行政检查、行政确认、行政奖励、行政裁决和其他。这种划分的标准是行政职权的内容,同时,这种划分也具有实定法依据。这九项行政职权可以进一步概括为两类:行政执法权、行政司法权,其中,行政裁决属于行政司法权,其他属于行政执法权。

关于行政行为的具体种类,不同版本的教材、专著的表述不同,观点各异,差别很大,但是行政许可、行政处罚、行政强制、行政征收、行政给付、行政检查、行政确认、行政奖励、行政裁决这九种行政行为是行政法学界公认的行政行为的常见种类。同时,本书作为部门行政法的著作,其一个鲜明的特色就是突出实定法的规定,重在对实定法的具体规定进行梳理、归纳和分析,而不是超离实定法规定进行抽象的分析阐述。因此,本章所讲的水行政行为的主要种类就是这九种行政行为,同时,又做了两点补充修正,一是将行政征收改为行政征收与征用,二是将行政裁决改为行政裁决与调解。做如此调整的主要原因是,在现行水行政法中,行政征用、行政调解都是水行政主体的法定职权,如忽略其存在,不能反映现行水行政法的实际情况。

第二节　水行政处罚

一、水行政处罚的概念

水行政处罚是指水行政主体依法对违反行政管理秩序的公民、法人或者其他组织,以减损权益或者增加义务的方式予以惩戒的行为。

二、水行政处罚的种类

(一)警告、通报批评

警告是一种传统的水行政处罚种类,在许多水行政法中都有设定。而通报批评正式作为行政处罚的种类始于2021年1月修订的《行政处罚法》,以下是水行政法中通报批评的设定情况:

1.《行政处罚法》修订前的立法例

2021年1月修订《行政处罚法》之前,一些水行政法中即设定了通报批评的行政处罚,主要包括:

(1)《水利工程质量检测管理规定》

第二十五条规定:隐瞒有关情况或者提供虚假材料申请资质的,审批机关不予受理或者不予批准,并给予警告或者通报批评,二年之内不得再次申请资质。

(2)《水利工程建设项目验收管理规定》

第四十三条规定:参加验收的专家在验收工作中玩忽职守、徇私舞弊的,由验收监督管理机关予以通报批评;情节严重的,取消其参加验收的资格;构成犯罪的,依法追究刑事责任。

(3)《公共资源交易平台管理暂行办法》

①第三十八条规定:公共资源交易平台运行服务机构未公开服务内容、服务流程、工作规范、收费标准和监督渠道,由政府有关部门责令限期改正。拒不改正的,予以通报批评。

②第三十九条规定:公共资源交易平台运行服务机构及其工作人员违反本办法第十八条禁止性规定的,由政府有关部门责令限期改正,并予以通报批评。情节严重的,依法追究直接责任人和有关领导的责任。构成犯罪的,依法追究刑事责任。

③第四十三条规定:公共资源交易平台运行服务机构及其工作人员向他人透露依法应当保密的公共资源交易信息的,由政府有关部门责令限期改正,并予以通报批评。情节严重的,依法追究直接责任人和有关领导的责任。构成犯罪的,依法追究刑事责任。

(4)《水利工程质量事故处理暂行规定》

①第三十一条规定:由于项目法人责任酿成质量事故,令其立即整改;造成较大以上质量事故的,进行通报批评、调整项目法人;对有关责任人处以行政处分;构成犯罪的,移送司法机关依法处理。

②第三十二条规定:由于监理单位责任造成质量事故,令其立即整改并可处以罚款;造成较大以上质量事故的,处以罚款、通报批评、停业整顿、降低资质等级,直至吊销水利工程监理资质证书;对主要责

任人处以行政处分、取消监理从业资格、收缴监理工程师资格证书、监理岗位证书;构成犯罪的,移送司法机关依法处理。

③第三十三条规定:由于咨询、勘测、设计单位责任造成质量事故,令其立即整改并可处以罚款;造成较大以上质量事故的,处以通报批评、停业整顿、降低资质等级、吊销水利工程勘测、设计资格;对主要责任人处以行政处分、取消水利工程勘测、设计执业资格;构成犯罪的,移送司法机关依法处理。

④第三十四条规定:由于施工单位责任造成质量事故,令其立即自筹资金进行事故处理,并处以罚款;造成较大以上质量事故的,处以通报批评、停业整顿、降低资质等级,直至吊销资质证书;对主要责任人处以行政处分、取消水利工程施工执业资格;构成犯罪的,移送司法机关依法处理。

(5)《水效标识管理办法》

①第二十七条规定:违反本办法规定,生产者或者进口商未办理水效标识备案,或者应当办理变更手续而未办理的,予以通报;有下列情形之一的,予以通报,并处一万元以上三万元以下罚款:(一)应当标注水效标识而未标注的;(二)使用不符合规定的水效标识的;(三)伪造、冒用水效标识的。

②第二十八条规定:违反本办法规定,销售者(含网络商品经营者)有下列情形之一的,予以通报,并处一万元以上三万元以下罚款:(一)销售应当标注但未标注水效标识的产品的;(二)销售使用不符合规定的水效标识的产品的;(三)在网络交易产品信息主页面展示的水效标识不符合规定的;(四)伪造、冒用水效标识的。

以上两条中的"通报"即为通报批评之意,属于行政处罚。

2.《行政处罚法》修订后的立法例

由于修订时间不久,《行政处罚法》修订后设定通报批评的规范性文件还比较少,有代表性的是2023年1月12日颁布的《水利工程质量管理规定》第七十二条：水利工程质量检测单位伪造检测数据，出具虚假质量检测报告的，由水行政主管部门或者流域管理机构依据职权责令改正，给予警告或者通报批评，处10万元以下罚款；给他人造成损失的，依法承担赔偿责任。

（二）罚款、没收违（非）法所得、没收非法财物

1. 罚款

早期的水行政法中一般只规定罚款，但是不规定罚款的额度限制。如1988年《水法》第四十五条、第四十六条、第四十七条均规定了罚款，但没有规定罚款的额度。[①]

而现在的水行政法在设定罚款时都同时附有限定额度，限定罚款额度的方式主要包括：一是规定上限，例如《防洪法》第五十五条规定"可以处五万元以下的罚款"。二是同时规定上限与下限，例如《水法》第六十六条规定"处一万元以上五万元以下的罚款"。三是没有直接限定罚款的额度，而是规定罚款额度与其他因素的数量关系，例如《水土保持法》第五十一条规定"并处违法所得一倍以上五倍以下的罚款"，《水土保持法》第五十二条规定"由水行政主管部门按照造成水土流失的面积处每平方米二元以上十元以下的罚款"，《水土保持法》第五十五条规定"按照倾倒数量处每立方米十元以上二十元以下的罚款"，《水土保持法》第五十七条规定"可以处应缴水土保持补偿费三倍以下的罚款"，《水法》第七十条规定"并处应缴或者补缴水资源费一倍

[①] 例如，1988年《水法》第四十五条规定：违反本法规定，有下列行为之一的，由县级以上地方人民政府水行政主管部门或者有关主管部门责令其停止违法行为，限期清除障碍或者采取其他补救措施，可以处以罚款；对有关责任人员可以由其所在单位或者上级主管机关给予行政处分：（一）在江河、湖泊、水库、渠道内弃置、堆放阻碍行洪、航运的物体的，种植阻碍行洪的林木和高杆作物的，在航道内弃置沉船、设置碍航渔具、种植水生植物的；（二）未经批准在河床、河滩内修建筑物的；（三）未经批准或者不按照批准的范围和作业方式，在河道、航道内开采砂石、砂金的；（四）违反本法第二十七条的规定，围垦湖泊、河流的。

以上五倍以下的罚款"。

有些法律还针对不同行政相对人规定了不同罚款,例如《水土保持法》第四十八条的规定"对个人处一千元以上一万元以下的罚款,对单位处二万元以上二十万元以下的罚款"。

有些法律规定还规定了双罚制,即对单位和单位有关责任人员都予以罚款。例如《大中型水利水电工程建设征地补偿和移民安置条例》第五十九条规定:违反本条例规定,在编制移民安置规划大纲、移民安置规划、水库移民后期扶持规划,或者进行实物调查、移民安置监督评估中弄虚作假的,由批准该规划大纲、规划的有关人民政府或者其有关部门、机构责令改正,对有关单位处10万元以上50万元以下的罚款;对直接负责的主管人员和其他直接责任人员处1万元以上5万元以下的罚款;给他人造成损失的,依法承担赔偿责任。

2. 没收违法所得

根据《行政处罚法》第二十八条规定:违法所得是指实施违法行为所取得的款项。制定较早的《河道管理条例》第四十四条的表述是"没收非法所得","没收非法所得"与"没收违法所得"是同义语。

3. 没收非法财物

非法财物是指违法所得的金钱以外的财物。违法所得与非法财物的区别是:前者是指钱,后者是指物。在立法中设定没收违法所得的行政处罚时,一般会直接规定"没收违法所得"。而在立法中设定"没收非法财物"的行政处罚时,往往不会直接规定"没收非法财物",而是对"非法财物"的种类进行细化和具体化。

例如,《长江保护法》第九十一条规定:违反本法规定,在长江流域未依法取得许可从事采砂活动,或者在禁止采砂区和禁止采砂期从事采砂活动的,由国务院水行政主管部门有关流域管理机构或者县级以上地方人民政府水行政主管部门责令停止违法行为,没收违法所得以及用于违法活动的船舶、设备、工具,并处货值金额二倍以上二十倍以下罚款；货值金额不足十万元的，并处二十万元以上二百万元以下罚款；已经取得河道采砂许可证的，吊销河道采砂许可证。在这里，"没收非法财物"就细化为"没收用于违法活动的船舶、设备、工具"。

还比如，《长江河道采砂管理条例》第十八条规定：违反本条例规定，未办理河道采砂许可证，擅自在长江采砂的，由县级以上地方人民政府水行政主管部门或者长江水利委员会依据职权，责令停止违法行为，没收违法开采的砂石和违法所得以及采砂船舶和挖掘机械等作业设备、工具，并处违法开采的砂石货值金额2倍以上20倍以下的罚款；货值金额不足10万元的，并处20万元以上200万元以下的罚款；构成犯罪的，依法追究刑事责任。在这里，"没收非法财物"就细化为"没收违法开采的砂石""没收采砂船舶和挖掘机械等作业设备、工具"。

（三）暂扣许可证件、降低资质等级、吊销许可证件

1. 暂扣许可证件

目前，暂扣许可证件的行政处罚在水行政法中还不多见。

2. 降低资质等级

降低资质等级的行政处罚主要出现在以下水利部规章中：

（1）《水利工程建设监理规定》

①第二十八条规定：监理单位有下列行为之一的，责令改正，给予警告；无违法所得的，处1万元以下罚款，有违法所得的，予以追缴，处违法所得3倍以下且不超过3万元罚款；情节严重的，降低资质等级；构成犯罪的，依法追究有关责任人员的刑事责任：（一）以串通、欺诈、胁迫、贿赂等不正当竞争手段承揽监理业务的；（二）利用工作便利与项目法人、被监理单位以及建筑材料、建筑构配件和设备供应单位串通，谋取不正当利益的。

②第三十条规定：监理单位有下列行为之一的，责令改正，给予警告；情节严重的，降低资质等级：（一）聘用无相应监理人员资格的人员从

事监理业务的;(二)隐瞒有关情况、拒绝提供材料或者提供虚假材料的。

《水利工程建设监理规定》属于部门规章,根据《行政处罚法》规定,部门规章设定行政处罚的种类仅限于警告、通报批评和罚款。《水利工程建设监理规定》第二十八条、第三十条规定的"降低资质等级"的行政处罚,超出了《水法》《建筑法》《建设工程质量管理条例》《建设工程安全生产管理条例》等法律、行政法规规定,属于新创设行政处罚,缺乏上位法依据。

(2)《水利工程质量事故处理暂行规定》

《水利工程质量事故处理暂行规定》第三十二条、第三十三条、第三十四条规定了"降低资质等级"的行政处罚,均有上位法依据,不属于设定行政处罚,而是援引性规定,是合法的。

①第三十二条规定:由于监理单位责任造成质量事故,令其立即整改并可处以罚款;造成较大以上质量事故的,处以罚款、通报批评、停业整顿、降低资质等级,直至吊销水利工程监理资质证书;对主要责任人处以行政处分、取消监理从业资格、收缴监理工程师资格证书、监理岗位证书;构成犯罪的,移送司法机关依法处理。

上述规定中"降低资质等级"的行政处罚的上位法依据是《建设工程安全生产管理条例》第五十七条。①

②第三十三条规定:由于咨询、勘测、设计单位责任造成质量事故,令其立即整改并可处以罚款;造成较大以上质量事故的,处以通报批评、停业整顿、降低资质等级、吊销水利工程勘测、设计资格;对主要

---

① 《建设工程安全生产管理条例》第五十七条规定:违反本条例的规定,工程监理单位有下列行为之一的,责令限期改正;逾期未改正的,责令停业整顿,并处10万元以上30万元以下的罚款;情节严重的,降低资质等级,直至吊销资质证书;造成重大安全事故,构成犯罪的,对直接责任人员,依照刑法有关规定追究刑事责任;造成损失的,依法承担赔偿责任:(一)未对施工组织设计中的安全技术措施或者专项施工方案进行审查的;(二)发现安全事故隐患未及时要求施工单位整改或者暂时停止施工的;(三)施工单位拒不整改或者不停止施工,未及时向有关主管部门报告的;(四)未依照法律、法规和工程建设强制性标准实施监理的。

责任人处以行政处分、取消水利工程勘测、设计执业资格;构成犯罪的,移送司法机关依法处理。

上述规定中"降低资质等级"的行政处罚具有两个上位法依据。一是《建筑法》第七十三条。① 二是《建设工程质量管理条例》第六十三条。②

③第三十四条规定:由于施工单位责任造成质量事故,令其立即自筹资金进行事故处理,并处以罚款;造成较大以上质量事故的,处以通报批评、停业整顿、降低资质等级,直至吊销资质证书;对主要责任人处以行政处分、取消水利工程施工执业资格;构成犯罪的,移送司法机关依法处理。

上述规定中"降低资质等级"的行政处罚也具有两个上位法依据。一是《建筑法》第七十四条。③二是《建设工程质量管理条例》第六十四条。④

---

① 《建筑法》第七十三条规定:建筑设计单位不按照建筑工程质量、安全标准进行设计的,责令改正,处以罚款;造成工程质量事故的,责令停业整顿,降低资质等级或者吊销资质证书,没收违法所得,并处罚款;造成损失的,承担赔偿责任;构成犯罪的,依法追究刑事责任。

② 《建设工程质量管理条例》第六十三条规定:违反本条例规定,有下列行为之一的,责令改正,处10万元以上30万元以下的罚款:(一)勘察单位未按照工程建设强制性标准进行勘察的;(二)设计单位未根据勘察成果文件进行工程设计的;(三)设计单位指定建筑材料、建筑构配件的生产厂、供应商的;(四)设计单位未按照工程建设强制性标准进行设计的。有前款所列行为,造成工程质量事故的,责令停业整顿,降低资质等级;情节严重的,吊销资质证书;造成损失的,依法承担赔偿责任。

③ 《建筑法》第七十四条规定:建筑施工企业在施工中偷工减料的,使用不合格的建筑材料、建筑构配件和设备的,或者有其他不按照工程设计图纸或者施工技术标准施工的行为的,责令改正,处以罚款;情节严重的,责令停业整顿,降低资质等级或者吊销资质证书;造成建筑工程质量不符合规定的质量标准的,负责返工、修理,并赔偿因此造成的损失;构成犯罪的,依法追究刑事责任。

④ 《建设工程质量管理条例》第六十四条规定:违反本条例规定,施工单位在施工中偷工减料的,使用不合格的建筑材料、建筑构配件和设备的,或者有不按照工程设计图纸或者施工技术标准施工的其他行为的,责令改正,处工程合同价款2%以上4%以下的罚款;造成建设工程质量不符合规定的质量标准的,负责返工、修理,并赔偿因此造成的损失;情节严重的,责令停业整顿,降低资质等级或者吊销资质证书。

3. 吊销许可证件

现将水法律、水行政法规、水利部规章中规定的吊销许可证的情形归纳如下：

(1)《水法》：吊销取水许可证

第六十九条规定，有下列行为之一的，由县级以上人民政府水行政主管部门或者流域管理机构依据职权，责令停止违法行为，限期采取补救措施，处二万元以上十万元以下的罚款；情节严重的，吊销其取水许可证：(一)未经批准擅自取水的；(二)未依照批准的取水许可规定条件取水的。

(2)《长江保护法》：吊销河道采砂许可证

第九十一条规定：违反本法规定，在长江流域未依法取得许可从事采砂活动，或者在禁止采砂区和禁止采砂期从事采砂活动的，由国务院水行政主管部门有关流域管理机构或者县级以上地方人民政府水行政主管部门责令停止违法行为，没收违法所得以及用于违法活动的船舶、设备、工具，并处货值金额二倍以上二十倍以下罚款；货值金额不足十万元的，并处二十万元以上二百万元以下罚款；已经取得河道采砂许可证的，吊销河道采砂许可证。

(3)《黄河保护法》：吊销取水许可证

第一百一十三条规定：违反本法规定，未经批准擅自取水，或者未依照批准的取水许可规定条件取水的，由县级以上地方人民政府水行政主管部门或者黄河流域管理机构及其所属管理机构责令停止违法行为，限期采取补救措施，处五万元以上五十万元以下罚款；情节严重的，吊销取水许可证。

此外，《黄河保护法》第一百一十四条、第一百一十五条、第一百一十六条也规定了吊销取水许可证的行政处罚。

(4)《长江河道采砂管理条例》：吊销河道采砂许可证

第十九条规定：违反本条例规定，采砂单位、个人未按照河道采砂许可证规定的要求采砂的,由县级以上地方人民政府水行政主管部门或者长江水利委员会依据职权,责令停止违法行为,没收违法开采的砂石和违法所得,并处违法开采的砂石货值金额1倍以上2倍以下的罚款;情节严重或者在禁采区、禁采期采砂的,没收违法开采的砂石和违法所得以及采砂船舶和挖掘机械等作业设备、工具,吊销河道采砂许可证,并处违法开采的砂石货值金额2倍以上20倍以下的罚款,货值金额不足10万元的,并处20万元以上200万元以下的罚款;构成犯罪的,依法追究刑事责任。

此外,《长江河道采砂管理条例》第二十二条也规定了吊销河道采砂许可证的行政处罚。

(5)《地下水管理条例》:吊销取水许可证

第五十六条规定:地下水取水工程未安装计量设施的,由县级以上地方人民政府水行政主管部门责令限期安装,并按照日最大取水能力计算的取水量计征相关费用,处10万元以上50万元以下罚款;情节严重的,吊销取水许可证。

(6)《取水许可和水资源费征收管理条例》:吊销取水许可证

第五十一条规定:拒不执行审批机关作出的取水量限制决定,或者未经批准擅自转让取水权的,责令停止违法行为,限期改正,处2万元以上10万元以下罚款;逾期拒不改正或者情节严重的,吊销取水许可证。

此外,《取水许可和水资源费征收管理条例》第五十二条、第五十三条也规定了吊销取水许可证的行政处罚。

(7)《节约用水条例》:吊销取水许可证

第四十八条规定:高耗水工业企业用水水平超过用水定额,未在规定的期限内进行节水改造的,由县级以上地方人民政府水行政主管部门或者流域管理机构责令改正,可以处10万元以下的罚款;拒不改正的,处10万元以上50万元以下的罚款,情节严重的,采取限制用水措施或者吊销其取水许可证。

(8)《水利工程质量事故处理暂行规定》

《水利工程质量事故处理暂行规定》第三十二条、第三十三条、第三十四条规定了"吊销水利工程监理资质证书""取消监理从业资格""收缴监理工程师资格证书""吊销水利工程勘测、设计资格""取消水利工程勘测、设计执业资格""吊销资质证书""取消水利工程施工执业资格",都属于吊销许可证的行政处罚,均有上位法依据,不属于设定行政处罚,而是援引性规定,是合法的。

①第三十二条规定:由于监理单位责任造成质量事故,令其立即整改并可处以罚款;造成较大以上质量事故的,处以罚款、通报批评、停业整顿、降低资质等级,直至吊销水利工程监理资质证书;对主要责任人处以行政处分、取消监理从业资格、收缴监理工程师资格证书、监理岗位证书;构成犯罪的,移送司法机关依法处理。

上述规定中"吊销水利工程监理资质证书"的行政处罚的法律依据是《建设工程安全生产管理条例》第五十七条规定。上述规定中"取消监理从业资格""收缴监理工程师资格证书"的行政处罚的法律依据是《建设工程安全生产管理条例》第五十八条。[①]

②第三十三条规定:由于咨询、勘测、设计单位责任造成质量事故,令其立即整改并可处以罚款;造成较大以上质量事故的,处以通报批评、停业整顿、降低资质等级、吊销水利工程勘测、设计资格;对主要责任人处以行政处分、取消水利工程勘测、设计执业资格;构成犯罪的,移送司法机关依法处理。

上述规定中"吊销水利工程勘测、设计资格"的行政处罚的法律依据是《建设工程质量管理条例》第六十三条。上述规定中"取消水利工

---

① 《建设工程安全生产管理条例》第五十八条规定:注册执业人员未执行法律、法规和工程建设强制性标准的,责令停止执业3个月以上1年以下;情节严重的,吊销执业资格证书,5年内不予注册;造成重大安全事故的,终身不予注册;构成犯罪的,依照刑法有关规定追究刑事责任。

程勘测、设计执业资格"的行政处罚的法律依据是《建设工程质量管理条例》第七十二条。①

③第三十四条规定：由于施工单位责任造成质量事故，令其立即自筹资金进行事故处理，并处以罚款；造成较大以上质量事故的，处以通报批评、停业整顿、降低资质等级，直至吊销资质证书；对主要责任人处以行政处分、取消水利工程施工执业资格；构成犯罪的，移送司法机关依法处理。

上述规定中"吊销资质证书"的行政处罚的法律依据是《建筑法》第七十四条。上述规定中"取消水利工程施工执业资格"的行政处罚的法律依据是《建设工程安全生产管理条例》第五十八条。

(四) 限制开展生产经营活动、责令停产停业、责令关闭、限制从业

1. 限制开展生产经营活动

限制开展生产经营活动的行政处罚在水行政法中还不多见。

2. 责令停产停业

水法律、水行政法规、水利部规章中规定的责令停产停业的情形主要包括：

(1)《水法》第六十八条规定：生产、销售或者在生产经营中使用国家明令淘汰的落后的、耗水量高的工艺、设备和产品的，由县级以上地方人民政府经济综合主管部门责令停止生产、销售或者使用，处二万元以上十万元以下的罚款。

(2)《水土保持法》第五十四条规定：违反本法规定，水土保持设施未经验收或者验收不合格将生产建设项目投产使用的，由县级以上人民政府水行政主管部门责令停止生产或者使用，直至验收合格，并

---

① 《建设工程质量管理条例》第七十二条规定：违反本条例规定，注册建筑师、注册结构工程师、监理工程师等注册执业人员因过错造成质量事故的，责令停止执业1年；造成重大质量事故的，吊销执业资格证书，5年以内不予注册；情节特别恶劣的，终身不予注册。

处五万元以上五十万元以下的罚款。

3. 责令关闭

责令关闭的行政处罚在水行政法中还不多见。

4. 限制从业

限制从业的行政处罚主要出现在以下水利部规章中：

(1)《水利工程建设监理规定》

①第三十一条规定：监理人员从事水利工程建设监理活动，有下列行为之一的，责令改正，给予警告；其中，监理工程师违规情节严重的，注销注册证书，2年内不予注册；有违法所得的，予以追缴，并处1万元以下罚款；造成损失的，依法承担赔偿责任；构成犯罪的，依法追究刑事责任：(一)利用执(从)业上的便利，索取或者收受项目法人、被监理单位以及建筑材料、建筑构配件和设备供应单位财物的；(二)与被监理单位以及建筑材料、建筑构配件和设备供应单位串通，谋取不正当利益的；(三)非法泄露执(从)业中应当保守的秘密的。

②第三十二条规定：监理人员因过错造成质量事故的，责令停止执(从)业1年，其中，监理工程师因过错造成重大质量事故的，注销注册证书，5年内不予注册，情节特别严重的，终身不予注册。监理人员未执行法律、法规和工程建设强制性标准的，责令停止执(从)业3个月以上1年以下，其中，监理工程师违规情节严重的，注销注册证书，5年内不予注册，造成重大安全事故的，终身不予注册；构成犯罪的，依法追究刑事责任。

上述2条规定中的"2年内不予注册""5年内不予注册""终身不予注册""责令停止执(从)业3个月以上1年以下"的行政处罚都属于限制从业的行政处罚，其上位法依据有两个，一是《建设工程安全生产管理条例》第五十八条。二是《建设工程质量管理条例》第七十二条。

(2)《工程建设项目货物招标投标办法》

第五十七条规定：评标委员会成员有下列行为之一的，由有关行政监督部门责令改正;情节严重的,禁止其在一定期限内参加依法必须进行招标的项目的评标;情节特别严重的,取消其担任评标委员会成员的资格:(一)应当回避而不回避;(二)擅离职守;(三)不按照招标文件规定的评标标准和方法评标;(四)私下接触投标人;(五)向招标人征询确定中标人的意向或者接受任何单位或者个人明示或者暗示提出的倾向或者排斥特定投标人的要求;(六)对依法应当否决的投标不提出否决意见;(七)暗示或者诱导投标人作出澄清、说明或者接受投标人主动提出的澄清、说明;(八)其他不客观、不公正履行职务的行为。

上述规定中"禁止其在一定期限内参加依法必须进行招标的项目的评标"的行政处罚属于限制从业的行政处罚,其上位法依据是《招标投标法实施条例》第七十一条。[①]

(3)《工程建设项目勘察设计招标投标办法》

第五十四条规定,评标委员会成员有下列行为之一的,由有关行政监督部门责令改正;情节严重的,禁止其在一定期限内参加依法必须进行招标的项目的评标;情节特别严重的,取消其担任评标委员会成员的资格:(一)不按照招标文件规定的评标标准和方法评标;(二)应当回避而不回避;(三)擅离职守;(四)私下接触投标人;(五)向招标人征询确定中标人的意向或者接受任何单位或者个人明示或者暗示提出的倾向或者排斥特定投标人的要求;(六)对依法应当否决的投标不提出否决意见;(七)暗示或者诱导投标人作出澄清、说明或者

[①] 《招标投标法实施条例》第七十一条规定:评标委员会成员有下列行为之一的,由有关行政监督部门责令改正;情节严重的,禁止其在一定期限内参加依法必须进行招标的项目的评标;情节特别严重的,取消其担任评标委员会成员的资格:(一)应当回避而不回避;(二)擅离职守;(三)不按照招标文件规定的评标标准和方法评标;(四)私下接触投标人;(五)向招标人征询确定中标人的意向或者接受任何单位或者个人明示或者暗示提出的倾向或者排斥特定投标人的要求;(六)对依法应当否决的投标不提出否决意见;(七)暗示或者诱导投标人作出澄清、说明或者接受投标人主动提出的澄清、说明;(八)其他不客观、不公正履行职务的行为。

接受投标人主动提出的澄清、说明;(八)其他不客观、不公正履行职务的行为。

上述条款规定的"禁止其在一定期限内参加依法必须进行招标的项目的评标""取消其担任评标委员会成员的资格"的行政处罚都属于限制从业的行政处罚,其上位法依据亦是《招标投标法实施条例》第七十一条。

(4)《工程建设项目施工招标投标办法》

《工程建设项目施工招标投标办法》第六十九条、第七十四条、第七十五条、第七十七条、第七十八条规定了限制从业的行政处罚,并且均有上位法依据,不属于设定行政处罚,而是援引性规定。

①第六十九条规定:招标代理机构违法泄露应当保密的与招标投标活动有关的情况和资料的,或者与招标人、投标人串通损害国家利益、社会公共利益或者他人合法权益的,由有关行政监督部门处五万元以上二十五万元以下罚款,对单位直接负责的主管人员和其他直接责任人员处单位罚款数额百分之五以上百分之十以下罚款;有违法所得的,并处没收违法所得;情节严重的,有关行政监督部门可停止其一定时期内参与相关领域的招标代理业务,资格认定部门可暂停直至取消招标代理资格;构成犯罪的,由司法部门依法追究刑事责任。给他人造成损失的,依法承担赔偿责任。

其中,"停止其一定时期内参与相关领域的招标代理业务"属于限制从业的行政处罚,其上位法依据是《招标投标法》第五十条。①

---

① 《招标投标法》第五十条规定:招标代理机构违反本法规定,泄露应当保密的与招标投标活动有关的情况和资料的,或者与招标人、投标人串通损害国家利益、社会公共利益或者他人合法权益的,处五万元以上二十五万元以下的罚款;对单位直接负责的主管人员和其他直接责任人员处单位罚款数额百分之五以上百分之十以下的罚款;有违法所得的,并处没收违法所得;情节严重的,禁止其一年至二年内代理依法必须进行招标的项目并予以公告,直至由工商行政管理机关吊销营业执照;构成犯罪的,依法追究刑事责任。给他人造成损失的,依法承担赔偿责任。

②第七十四条规定：投标人相互串通投标或者与招标人串通投标的，投标人以向招标人或者评标委员会成员行贿的手段谋取中标的，中标无效，由有关行政监督部门处中标项目金额千分之五以上千分之十以下的罚款，对单位直接负责的主管人员和其他直接责任人员处单位罚款数额百分之五以上百分之十以下的罚款；有违法所得的，并处没收违法所得；情节严重的，取消其一至二年的投标资格，并予以公告，直至由工商行政管理机关吊销营业执照；构成犯罪的，依法追究刑事责任。给他人造成损失的，依法承担赔偿责任。投标人未中标的，对单位的罚款金额按照招标项目合同金额依照招标投标法规定的比例计算。

其中，"取消其一至二年的投标资格"属于限制从业的行政处罚，其上位法依据是《招标投标法》第五十三条。①

③第七十五条规定：投标人以他人名义投标或者以其他方式弄虚作假，骗取中标的，中标无效，给招标人造成损失的，依法承担赔偿责任；构成犯罪的，依法追究刑事责任。依法必须进行招标项目的投标人有前款所列行为尚未构成犯罪的，有关行政监督部门处中标项目金额千分之五以上千分之十以下的罚款，对单位直接负责的主管人员和其他直接责任人员处单位罚款数额百分之五以上百分之十以下的罚款；有违法所得的，并处没收违法所得；情节严重的，取消其一至三年投标资格，并予以公告，直至由工商行政管理机关吊销营业执照。投标人未中标的，对单位的罚款金额按照招标项目合同金额依照招标投

---

① 《招标投标法》第五十三条规定：投标人相互串通投标或者与招标人串通投标的，投标人以向招标人或者评标委员会成员行贿的手段谋取中标的，中标无效，处中标项目金额千分之五以上千分之十以下的罚款，对单位直接负责的主管人员和其他直接责任人员处单位罚款数额百分之五以上百分之十以下的罚款；有违法所得的，并处没收违法所得；情节严重的，取消其一年至二年内参加依法必须进行招标的项目的投标资格并予以公告，直至由工商行政管理机关吊销营业执照；构成犯罪的，依法追究刑事责任。给他人造成损失的，依法承担赔偿责任。

标法规定的比例计算。

其中,"取消其一至三年投标资格"属于限制从业的行政处罚,其上位法依据是《招标投标法》第五十四条。①

④第七十七条规定:评标委员会成员收受投标人的财物或者其他好处的,没收收受的财物,可以并处三千元以上五万元以下的罚款,取消担任评标委员会成员的资格并予以公告。

其中,"取消担任评标委员会成员的资格"属于限制从业的行政处罚,其上位法依据是《招标投标法》第五十六条。②

⑤第七十八条规定:评标委员会成员应当回避而不回避,擅离职守,不按照招标文件规定的评标标准和方法评标,私下接触投标人,向招标人征询确定中标人的意向或者接受任何单位或者个人明示或者暗示提出的倾向或者排斥特定投标人的要求,对依法应当否决的投标不提出否决意见,暗示或者诱导投标人作出澄清、说明或者接受投标人主动提出的澄清、说明,或者有其他不能客观公正地履行职责行为的,有关行政监督部门责令改正;情节严重的,禁止其在一定期限内参加依法必须进行招标的项目的评标;情节特别严重的,取消其担任评标委员会成员的资格。

其中,"禁止其在一定期限内参加依法必须进行招标的项目的评

---

① 《招标投标法》第五十四条规定:投标人以他人名义投标或者以其他方式弄虚作假,骗取中标的,中标无效,给招标人造成损失的,依法承担赔偿责任;构成犯罪的,依法追究刑事责任。依法必须进行招标的项目的投标人有前款所列行为尚未构成犯罪的,处中标项目金额千分之五以上千分之十以下的罚款,对单位直接负责的主管人员和其他直接责任人员处单位罚款数额百分之五以上百分之十以下的罚款;有违法所得的,并处没收违法所得;情节严重的,取消其一年至三年内参加依法必须进行招标的项目的投标资格并予以公告,直至由工商行政管理机关吊销营业执照。

② 《招标投标法》第五十六条规定:评标委员会成员收受投标人的财物或者其他好处的,评标委员会成员或者参加评标的有关工作人员从他人透露对投标文件的评审和比较、中标候选人的推荐以及与评标有关的其他情况的,给予警告,没收收受的财物,可以并处三千元以上五万元以下的罚款,对有所列违法行为的评标委员会成员取消担任评标委员会成员的资格,不得再参加任何依法必须进行招标的项目的评标;构成犯罪的,依法追究刑事责任。

标""取消其担任评标委员会成员的资格"属于限制从业的行政处罚，其上位法依据是《招标投标法实施条例》第七十一条。

(5)《评标委员会和评标方法暂行规定》

《评标委员会和评标方法暂行规定》第五十三条规定：评标委员会成员有下列行为之一的，由有关行政监督部门责令改正；情节严重的，禁止其在一定期限内参加依法必须进行招标的项目的评标；情节特别严重的，取消其担任评标委员会成员的资格：(一)应当回避而不回避；(二)擅离职守；(三)不按照招标文件规定的评标标准和方法评标；(四)私下接触投标人；(五)向招标人征询确定中标人的意向或者接受任何单位或者个人明示或者暗示提出的倾向或者排斥特定投标人的要求；(六)对依法应当否决的投标不提出否决意见；(七)暗示或者诱导投标人作出澄清、说明或者接受投标人主动提出的澄清、说明；(八)其他不客观、不公正履行职务的行为。

其中，"取消其担任评标委员会成员的资格"属于限制从业的行政处罚，其上位法依据是《招标投标法实施条例》第七十一条。

(五) 法律、法规规定的其他水行政处罚

根据《行政处罚法》的规定，在法律、行政法规、地方性法规和规章中，只有规章的设定权是羁束性的、限定死的，即规章只能设定警告、通报批评和罚款的处罚。从理论上讲，法律、行政法规、地方性法规可以依照《行政处罚法》赋予的权限，设定现行法律法规之外新的行政处罚种类。因此，除了水行政法中现有的四类水行政处罚外，将来制定的法律、法规还可能出现新的水行政处罚种类。

三、水行政处罚的主体

水行政处罚的主体是指依照水行政法的规定，能够以自己的名义独立行使水行政处罚权，并能够承担由此产生的法律后果的组织。水行政处罚主体主要包括以下种类：

（一）县级以上人民政府水行政主管部门

县级以上人民政府水行政主管部门包括县级、设区市级、省级、国务院水行政主管部门。在历经多次机构改革、行政机关反复精简合并的情况下，县级水行政主管部门受到的影响最大。全国多数地方的县级水行政主管部门名称为"水利局"或"水务局"，少数地方的县级水行政主管部门已经看不出"水"的色彩，比如，河北省定州市农业农村局对外加挂定州市水利局牌子，通俗点说，农业农村局又是水利局，是定州市的水行政主管部门。

（二）法律、法规授权的流域管理机构及其所属管理机构

流域管理机构被法律法规授予行政处罚权始于《防洪法》的出台，1997年《防洪法》第六十四条规定：除本法第六十条的规定外，本章规定的行政处罚和行政措施，由县级以上人民政府水行政主管部门决定，或者由流域管理机构按照国务院水行政主管部门规定的权限决定。那么，何为"流域管理机构"？是按狭义理解，还是按广义理解？或者说，"流域管理机构"是仅指长江水利委员会、黄河水利委员会、淮河水利委员会、海河水利委员会、松辽水利委员会、珠江水利委员会、太湖流域管理局这七大流域管理机构本身，还是包括其下属单位？

1999年5月10日印发的《水利部关于流域管理机构决定〈防洪法〉规定的行政处罚和行政措施权限的通知》（水政法〔1999〕231号）规定[①]，长江、黄河、淮河、海河、珠江、松辽水利委员会和太湖流域管理局及其所属管理机构在指定范围内决定《防洪法》第七章规定的行政处

[①]《水利部关于流域管理机构决定〈防洪法〉规定的行政处罚和行政措施权限的通知》，https://code.fabao365.com/law_221412_1.html，2023年7月17日访问。

罚和行政措施。在该通知中，流域管理机构是作为广义概念使用的，不仅流域管理机构本身具有行政处罚权，而且其下属单位，包括二级、三级甚至四级下属机构也具有行政处罚权。该通知的附件1"决定《防洪法》规定的行政处罚和行政措施主体名单"的具体内容如下。

1. 长江水利委员会系统：共8个

水利部长江水利委员会，长江水利委员会长江上游水文水资源勘测局，长江水利委员会长江三峡水文水资源勘测局，长江水利委员会长江中游水文水资源勘测局，长江水利委员会长江下游水文水资源勘测局，长江水利委员会长江口水文水资源勘测局，长江水利委员会汉江水文水资源勘测局，长江水利委员会荆江水文水资源勘测局。

2. 黄河水利委员会系统：共91个

水利部黄河水利委员会，黄委会山东黄河河务局，菏泽地区黄河河务局，东明县黄河河务局，菏泽市黄河河务局，鄄城县黄河河务局，郓城县黄河河务局，山东黄河东平湖管理局，梁山县黄河河务局，梁山县东平湖管理局，东平县东平湖管理局，汶上县东平湖管理局，东平县黄河河务局，东平县出湖闸管理局，聊城市黄河河务局，莘县黄河河务局，阳谷县黄河河务局，东阿县黄河河务局，德州市黄河河务局，齐河县黄河河务局，济南市黄河河务局，平阴县黄河河务局，长清县黄河河务局，济南市槐荫区黄河河务局，济南市天桥区黄河河务局，济南市历城区黄河河务局，章丘市黄河河务局，济阳县黄河河务局，滨州地区黄河河务局，惠民县黄河河务局，滨州市黄河河务局，博兴县黄河河务局，邹平县黄河河务局，淄博市黄河河务局，高青县黄河河务局，黄委会黄河河口管理局，利津县黄河河务局，东营市东营区黄河河务局，垦利县黄河河务局，东营市河口区黄河河务局，黄委会河南黄河河务局，豫西地区黄河河务局，孟津县黄河河务局，郑州市黄河河务局，郑州市邙山金水区黄河河务局，巩义市黄河河务局，中牟县黄河河务局，开封市黄河河务局，开封市郊区黄河河务局，开封县黄河河务局，兰考县黄河河务局,焦作市黄河河务局,武陟县第一黄河河务局,武陟县第二黄河河务局,温县黄河河务局,孟州市黄河河务局,沁阳市沁河河务局,博爱县沁河河务局,新乡市黄河河务局,原阳县黄河河务局,封丘县黄河河务局,长垣县黄河河务局,濮阳市黄河河务局,台前县黄河河务局,范县黄河河务局,濮阳县黄河河务局,濮阳市黄河河务局渠村分洪闸管理处,河南黄河河务局濮阳县金堤管理局,济源市黄河河务局,滑县黄河滞洪管理局,黄委会金堤河管理局,黄委会山东水文水资源局,黄委会河南水文水资源局,黄委会三门峡库区水文水资源局,黄委会中游水文水资源局,黄委会上游水文水资源局,黄委会三门峡水利枢纽管理局,黄委会故县水利枢纽管理局,黄委会黄河小北干流山西河务局,黄委会黄河小北干流芮城县河务局,黄委会黄河小北干流永济市河务局,黄委会黄河小北干流临猗县河务局,黄委会黄河小北干流万荣县河务局,黄委会黄河小北干流河津市河务局,黄委会黄河小北干流陕西河务局,黄委会黄河小北干流潼关县河务局,黄委会黄河小北干流大荔县河务局,黄委会黄河小北干流合阳县河务局,黄委会黄河小北干流韩城市河务局,黄委会黄河上中游管理局,黄委会黑河管理局。

3. 淮河水利委员会系统:共23个

水利部淮河水利委员会,淮河水利委员会沂沭泗水利管理局,水利部淮委沂沭泗水利管理局南四湖管理处,沂沭泗水利管理局南四湖管理处二级坝管理所,沂沭泗水利管理局南四湖管理处韩庄闸管理所,沂沭泗水利管理局南四湖管理处鱼台管理所,沂沭泗水利管理局南四湖管理处湖西管理所,沂沭泗水利管理局南四肖管理处蔺家坝管理所,沂沭泗水利管理局南四湖管理处韩庄运河管理所,水利部淮委沂沭泗水利管理局沂沭河管理处,沂沭泗水利管理局沂沭河管理处沂河管理所,沂沭泗水利管理局沂沭河管理处沭河管理所,沂沭泗水利管理局沂沭河管理处大官庄水利枢纽管理所,沂沭泗水利管理局沂沭河管理处江风口闸管理所,沂沭泗水利管理局沂沭河管理处彭道口闸管理所,沂沭泗水利管理局沂沭河管理处黄庄穿涵管理所,水利部淮委沂沭泗水利管理局骆马湖管理处,沂沭泗水利管理局骆马湖管理处宿迁管理所,沂沭泗水利管理局骆马湖管理处嶂山闸管理所,沂沭泗水利管理局骆马湖管理处新沂河灌南河道管理所,沂沭泗水利管理局骆马湖管理处新沂河沭阳河道管理所,沂沭泗水利管理局骆马湖管理处新沂河道管理所,沂沭泗水利管理局骆马湖管理处邳州河道管理所。

4. 海河水利委员会系统:共56个

水利部海河水利委员会,海河水利委员会漳河上游管理局,海河水利委员会引滦工程管理局,海河水利委员会海河下游管理局,海河下游管理局独流减河进洪闸管理处,海河下游管理局独流减河防潮闸管理处,海河下游管理局西河闸管理处,海河下游管理局海河防潮闸管理处,海河下游管理局屈家店枢纽管理处,海河水利委员会漳卫南运河管理局,漳卫南运河管理局德州河务处,漳卫南运河管理局德州河务处夏津县管理段,漳卫南运河管理局德州河务处武城县第一管理段,漳卫南运河管理局德州河务处武城县第二管理段,漳卫南运河管理局德州河务处德城区第一管理段,漳卫南运河管理局德州河务处德城区第二管理段,漳卫南运河管理局德州河务处宁津县管理段,漳卫南运河管理局德州河务处乐陵市管理段,漳卫南运河管理局德州河务处庆云县管理段,漳卫南运河管理局沧州河务处,漳卫南运河管理局沧州河务处吴桥县管理段,漳卫南运河管理局沧州河务处东光县管理段,漳卫南运河管理局沧州河务处南皮县管理段,漳卫南运河管理局沧州河务处盐山县管理段,漳卫南运河管理局沧州河务处海兴县管理段,漳卫南运河管理局卫河河务处,漳卫南运河管理局卫河河务处浚县管理段,漳卫南运河管理局卫河河务处滑县管理段,漳卫南运河管理局卫河河务处汤阴县管理段,漳卫南运河管理局卫河河务处内黄县管理段,漳卫南运河管理局卫河河务处清丰县管理段,漳卫南运河管理局卫河河务处南乐县管理段,漳卫南运河管理局卫河河务处刘庄闸管理所,漳卫南运河管理局邯郸河务处,漳卫南运河管理局邯郸河务处临漳县管理段,漳卫南运河管理局邯郸河务处魏县管理段,漳卫南运河管理局邯郸河务处大名县管理段,漳卫南运河管理局邯郸河务处馆陶县管理段,漳卫南运河管理局聊城河务处,漳卫南运河管理局聊城河务处冠县管理段,漳卫南运河管理局聊城河务处临清市管理段,漳卫南运河管理局聊城河务处引黄穿卫闸管理所,漳卫南运河管理局邢台衡水河务处,漳卫南运河管理局邢台衡水河务处临西县管理段,漳卫南运河管理局邢台衡水河务处清河县管理段,漳卫南运河管理局邢台衡水河务处故城县管理段,漳卫南运河管理局水闸管理处,漳卫南运河管理局水闸管理处祝官屯枢纽管理所,漳卫南运河管理局水闸管理处袁桥闸管理所,漳卫南运河管理局水闸管理处吴桥闸管理所,漳卫南运河管理局水闸管理处王营盘闸管理所,漳卫南运河管理局水闸管理处罗寨闸管理所,漳卫南运河管理局水闸管理处庆云闸管理所,漳卫南运河管理局水闸管理处无棣县管理段,漳卫南运河管理局岳城水库管理处,漳卫南运河管理局四女寺枢纽管理处。

5. 松辽水利委员会系统:共3个

水利部松辽水利委员会,松辽委察尔森水库建设管理局,松辽委黑龙江水文勘测队。

6. 太湖流域管理局系统:共5个

水利部太湖流域管理局,水利部太湖流域管理局苏州管理处,水利部太湖流域管理局太浦闸管理所,水利部太湖流域管理局望亭水利枢纽管理所,水利部太湖流域管理局望虞河常熟水利枢纽管理所。

7. 珠江水利委员会系统:共1个

水利部珠江水利委员会。

《水法》等水行政法将水利部所属的行使重要江河、湖泊管理职责的机构表述为"流域管理机构",2022年《黄河保护法》又进一步将黄河流域管理机构细化为"黄河流域管理机构及其所属管理机构"[①]。2023年颁布的《水行政处罚实施办法》第五条规定,国务院水行政主管部门在国家确定的重要江河、湖泊设立的流域管理机构及其所属管理机构,在法定授权范围内以自己的名义独立行使水行政处罚权。这可以视为对流域管理机构做广义理解的全面确认。

(三) 行使水行政处罚权的乡镇人民政府、街道办事处

《行政处罚法》第二十四条规定:省、自治区、直辖市根据当地实际情况,可以决定将基层管理迫切需要的县级人民政府部门的行政处罚权交由能够有效承接的乡镇人民政府、街道办事处行使,并定期组织评估。从法律属性上分析,省、自治区、直辖市决定将行政处罚权交由乡镇人民政府、街道办事处行使,属于授权,不是委托。

实际上,在2021年《行政处罚法》修订之前,一些地方就开展了这样的改革尝试。例如,2020年4月16日印发的《北京市人民政府关于向街道办事处和乡镇人民政府下放部分行政执法职权并实行综合执法的决定》(京政发〔2020〕9号)规定,水务部门向街道办事处和乡镇人民政府下放的行政执法职权共22项,其中行政处罚职权19项、行政强制职权3项。[②] 可以说,省、自治区、直辖市决定行使水行政处罚权的乡镇人民政府、街道办事处,属于新出现的水行政处罚主体。

---

① 《黄河保护法》第一百一十条、第一百一十三条、第一百一十四条、第一百一十五条、第一百一十六条、第一百一十八条规定的水行政处罚主体都是"县级以上地方人民政府水行政主管部门或者黄河流域管理机构及其所属管理机构"。例如,第一百一十六条规定:违反本法规定,黄河流域农业灌溉取用深层地下水的,由县级以上地方人民政府水行政主管部门或者黄河流域管理机构及其所属管理机构责令限期整改,可以处十万元以下罚款;情节严重的,处十万元以上五十万元以下罚款,吊销取水许可证。

② 《北京市人民政府关于向街道办事处和乡镇人民政府下放部分行政执法职权并实行综合执法的决定》,https://www.beijing.gov.cn/zhengce/gfxwj/sj/202004/t20200416_1805614.html,2023年7月17日访问。

(四) 法律、法规授权的其他组织

法律、法规授权的其他组织主要是指地方性法规授权的水利管理单位,本书第二章水行政主体部分对全国范围内地方性法规授权的水利管理单位进行过系统梳理,这里不再重述。

此外,《水法》第六十七条规定赋予了县级以上地方人民政府行政处罚权、《水法》第六十八条规定实际上赋予了发改部门行政处罚权、《节约用水条例》第四十六条赋予了住建部门行政处罚权,因此,县级以上地方人民政府、发改部门、住建部门,也属于广义上的水行政处罚主体。

四、水行政处罚的管辖

(一) 地域管辖

地域管辖是指同级行政机关受理行政案件的分工。地域管辖是行政机关之间的横向分工。关于地域管辖,《水行政处罚实施办法》第十条规定:水行政处罚由违法行为发生地的水行政处罚机关管辖。流域管理机构及其所属管理机构按照法律、行政法规、部门规章的规定和国务院水行政主管部门授予的权限管辖水行政处罚。法律、行政法规、部门规章另有规定的,从其规定。

这条规定确立了水行政处罚地域管辖的三项内容。

1. 属地管辖规则,即水行政处罚由违法行为发生地的水行政处罚机关管辖。

2. 流域管理机构的管辖规则,即流域管理机构及其所属管理机构按照法律、行政法规、部门规章的规定和国务院水行政主管部门授予的权限管辖水行政处罚。

3. 特殊管辖规则,即法律、行政法规、部门规章另有规定的,从其

规定。这是授权法律、行政法规、部门规章可以制定特殊的管辖规则，其中，部门规章是被2021年修订的《行政处罚法》首次授予这一权限。

（二）级别管辖

级别管辖是指上下级行政机关受理行政案件的分工。级别管辖是行政机关之间的纵向分工。关于级别管辖，《水行政处罚实施办法》第十一条规定：水行政处罚由县级以上地方人民政府具有水行政处罚权的行政机关管辖。法律、行政法规另有规定的，从其规定。也就是说，一般情况下，只有省、市、县级政府所属的具有水行政处罚权的行政机关才具有行政处罚权，其他行政机关若要享有行政处罚权，需要法律、行政法规特别授权。

但是，省、市、县级政府所属的具有水行政处罚权的行政机关之间的管辖权划分，并没有说清楚。《水法》《防洪法》关于级别管辖的说法是"县级以上人民政府水行政主管部门"，《水土保持法》《黄河保护法》《长江保护法》关于级别管辖的说法是"县级以上人民政府水行政主管部门"或"县级以上地方人民政府水行政主管部门"。

一些地方的水行政立法对于破解水行政处罚的级别管辖难题作出了有益尝试。

1.《福建省水政监察条例》第八条规定：县（市、区）水行政主管部门管辖本行政区域内的水事违法案件。设区的市水行政主管部门管辖跨县（市、区）的水事违法案件和在本行政区域内有重大影响的水事违法案件。省水行政主管部门管辖跨设区的市的水事违法案件和在全省范围内有重大影响的水事违法案件。

2.《山东省南水北调条例》第五十条规定：违反本条例规定的行为，法律、行政法规已规定法律责任的，依照其规定执行。法律、行政法规未规定法律责任的，涉及南水北调干线工程管理保护的行政处罚，由省水行政主管部门依照本条例的规定实施；涉及南水北调配套工程管理保护的行政处罚,由设区的市、县(市、区)水行政主管部门依照本条例的规定实施。

3.《四川省都江堰水利工程管理条例》第四十七条规定:在省人民政府水行政主管部门直接管理的工程范围内发生的违反本条例规定的行为,由省人民政府水行政主管部门实施行政处罚。其他违反本条例规定的行为,由县级以上地方人民政府有关行政主管部门依法实施行政处罚。

4.《河南省水政监察规定》第十条规定:水事违法案件由违法行为发生地的县级水行政主管部门管辖。跨行政区域或有重大影响的水事违法案件由上级水行政主管部门管辖。

5.《江西省水政监察规定》第十六条规定:水事违法案件由违法行为发生地的县(市、区)水行政主管部门管辖,但跨行政区域的或者有重大影响的水事违法案件由上级水行政主管部门管辖。

综合以上地方立法的实践探索,水行政处罚级别管辖的具体规则可以做如下表述:

(1) 县级具有水行政处罚权的行政机关管辖本行政区域内的水行政案件;

(2) 设区的市级具有水行政处罚权的行政机关管辖跨县(市、区)的水事违法案件和在本行政区域内有重大影响的水事违法案件;

(3) 省级具有水行政处罚权的行政机关管辖跨设区的市的水事违法案件和在全省(自治区、直辖市)范围内有重大影响的水事违法案件。

(三) 管辖争议

根据《水行政处罚实施办法》第十二条规定,解决管辖争议的主要规则包括:

1. 协商期限

两个以上水行政处罚机关发生管辖争议的,应当在七个工作日内协商解决，协商不成的，报请共同的上一级水行政主管部门指定管辖；也可以直接由共同的上一级水行政主管部门指定管辖。

2. 省际边界管辖争议的解决

省际边界发生管辖争议的，应当在七个工作日内协商解决，协商不成的，报请国务院水行政主管部门或者由国务院水行政主管部门授权违法行为发生地所属流域管理机构指定管辖；也可以由国务院水行政主管部门指定流域管理机构负责查处。

3. 指定管辖机关的职责

指定管辖机关应当在接到申请之日起七个工作日内作出管辖决定，并对指定管辖案件执行情况进行监督。

五、水行政处罚的程序

(一) 简易程序

简易程序又称当场处罚程序，具有如下特征：

1. 需要符合法定条件。《水行政处罚实施办法》第二十七条规定：违法事实确凿并有法定依据，对公民处以二百元以下、对法人或者其他组织处以三千元以下罚款或者警告的，可以当场作出水行政处罚决定。

2. 程序简易。《水行政处罚实施办法》第二十八条规定：当场作出水行政处罚决定的，水行政执法人员应当遵守下列程序：(一)向当事人出示行政执法证件；(二)当场收集违法证据；(三)告知当事人违法事实、处罚理由和依据，并告知当事人依法享有陈述和申辩的权利；(四)听取当事人的陈述和申辩，对当事人提出的事实、理由和证据进行复核，当事人明确放弃陈述或者申辩权利的除外；(五)填写预定格式、编有号码的水行政处罚决定书，并由水行政执法人员签名或者盖章；(六)将水行政处罚决定书当场交付当事人，当事人拒绝签收的，应当在水行政处罚决定书上注明;(七)在五个工作日内(在水上当场处罚,自抵岸之日起五个工作日内)将水行政处罚决定书报所属水行政处罚机关备案。

(二) 一般程序

一般程序又称普通程序,是指行政处罚通常应遵循的程序。一般程序包括立案、调查、作出处理决定、制作拟处罚决定书、告知程序、当事人陈述申辩、正式裁决、送达等环节。

1. 立案条件

《水行政处罚实施办法》第二十九条规定:公民、法人或者其他组织有符合下列条件的违法行为的,水行政处罚机关应当予以立案:(一)有涉嫌违法的事实;(二)依法应当给予水行政处罚;(三)属于本水行政处罚机关管辖;(四)违法行为未超过追责期限。

2. 调查程序

《水行政处罚实施办法》第三十条规定:水行政执法人员依法调查案件,应当遵守下列程序:(一)向当事人出示行政执法证件;(二)告知当事人要调查的范围或者事项以及其享有陈述权、申辩权以及申请回避的权利;(三)询问当事人、证人、与案件有利害关系的第三人,进行现场勘验、检查;(四)制作调查询问、勘验检查笔录。

3. 对先行登记保存证据的处理

《水行政处罚实施办法》第三十四条规定:对于先行登记保存的证据,应当在七个工作日内分别作出以下处理决定:(一)需要采取记录、复制、拍照、录像等证据保全措施的,采取证据保全措施;(二)需要进行检测、检验、鉴定、评估、认定的,送交有关机构检测、检验、鉴定、评估、认定;(三)依法应当由有关部门处理的,移交有关部门;(四)不需要继续登记保存的,解除先行登记保存;(五)依法需要对船舶、车辆等物品采取查封、扣押的,依照法定程序查封、扣押;(六)法律、法规规定的其他处理方式。

4. 中止调查

《水行政处罚实施办法》第三十五条规定：有下列情形之一，经水行政处罚机关负责人批准，中止案件调查，并制作中止调查决定书：（一）水行政处罚决定必须以相关案件的裁判结果或者其他行政决定为依据，而相关案件尚未审结或者其他行政决定尚未作出的；（二）涉及法律适用等问题，需要送请有权机关作出解释或者确认的；（三）因不可抗力致使案件暂时无法调查的；（四）因当事人下落不明致使案件暂时无法调查的；（五）其他应当中止调查的情形。

5. 终止调查

《水行政处罚实施办法》第三十六条规定：有下列情形之一，经水行政处罚机关负责人批准，终止调查，并制作终止调查决定书：（一）违法行为已过追责期限的；（二）涉嫌违法的公民死亡或者法人、其他组织终止，并且无权利义务承受人，致使案件调查无法继续进行的；（三）其他需要终止调查的情形。

6. 集体讨论

《水行政处罚实施办法》第四十一条规定：有下列情形之一，在作出水行政处罚决定前，水行政处罚机关负责人应当集体讨论：（一）拟作出较大数额罚款、没收较大数额违法所得、没收较大价值非法财物决定的；（二）拟作出限制开展生产经营活动、降低资质等级、吊销许可证件、责令停产停业、责令关闭、限制从业决定的；（三）水行政处罚机关负责人认为应当提交集体讨论的其他案件。

前款第（一）项所称"较大数额""较大价值"，对公民是指人民币（或者等值物品价值）五千元以上、对法人或者其他组织是指人民币（或者等值物品价值）五万元以上。地方性法规、地方政府规章另有规定的，从其规定。

7. 送达

《水行政处罚实施办法》第四十四条规定:水行政处罚机关送达水行政执法文书,可以采取下列方式:直接送达、留置送达、邮寄送达、委托送达、电子送达、转交送达、公告送达或者其他方式。送达水行政执法文书应当使用送达回证并存档。

(1) 直接送达。水行政执法文书应当在宣告后当场交付当事人;当事人不在场的,水行政处罚机关应当在七个工作日内依照《民事诉讼法》的有关规定,将水行政处罚决定书送达当事人,由当事人在送达回证上签名或者盖章,并注明签收日期。签收日期为送达日期。

(2) 留置送达。当事人拒绝接收水行政执法文书的,送达人可以邀请有关基层组织或者所在单位的代表到场见证,在送达回证上注明拒收事由和日期,由送达人、见证人签名或者盖章,把水行政执法文书留在当事人的住所;也可以将水行政执法文书留在当事人的住所,并采取拍照、录像等方式记录送达过程,即视为送达。

(3) 邮寄送达。邮寄送达的,交由国家邮政机构邮寄。以回执上注明的收件日期为送达日期。

(4) 电子送达。当事人同意并签订确认书的,水行政处罚机关可以采取传真、电子邮件、即时通讯信息等方式送达,到达受送达人特定系统的日期为送达日期。

(5) 公告送达。当事人下落不明,或者采用其他方式无法送达的,水行政处罚机关可以通过本机关或者本级人民政府网站公告送达,也可以根据需要在当地主要新闻媒体公告或者在当事人住所地、经营场所公告送达。

(三) 听证程序

听证是指行政机关为了更全面、客观、公正地调查了解案情,公开举行由全部利害关系人参与的听证会。

1. 听证范围

《水行政处罚实施办法》第四十六条规定：水行政处罚机关拟作出下列水行政处罚决定，应当告知当事人有要求听证的权利，当事人要求听证的，水行政处罚机关应当组织听证：(一)较大数额罚款、没收较大数额违法所得、没收较大价值非法财物；(二)降低资质等级、吊销许可证件、责令停产停业、责令关闭、限制从业；(三)其他较重的水行政处罚；(四)法律、法规、规章规定的其他情形。

前款第(一)项所称"较大数额""较大价值"，对公民是指人民币(或者等值物品价值)一万元以上、对法人或者其他组织是指人民币(或者等值物品价值)八万元以上。地方性法规、地方政府规章另有规定的，从其规定。

2. 听证流程

《水行政处罚实施办法》第四十七条规定：听证应当由水行政处罚机关法制工作机构或者相应机构负责，依照以下程序组织：(一)当事人要求听证的，应当在水行政处罚机关告知后五个工作日内提出；(二)在举行听证会的七个工作日前应当向当事人及有关人员送达水行政处罚听证通知书，告知举行听证的时间、地点、听证人员名单及当事人可以申请回避和委托代理人等事项；(三)当事人可以亲自参加听证，也可以委托一至二人代理。当事人委托代理人参加听证的，应当提交授权委托书。当事人及其代理人应当按期参加听证，无正当理由拒不出席听证或者未经许可中途退出听证的，视为放弃听证权利，终止听证；(四)听证参加人由听证主持人、听证员、记录员、案件调查人员、当事人及其委托代理人、证人以及与案件处理结果有直接利害关系的第三人等组成。听证主持人、听证员、记录员应当由水行政处罚机关指定的法制工作机构或者相应机构工作人员等非本案调查人员担任；(五)当事人认为听证主持人、听证员、记录员与本案有直接利害关系的，有权申请回避；(六)除涉及国家秘密、商业秘密或者个人隐私依法予以保密外,听证公开举行;(七)举行听证时,案件调查人员提出当事人违法的事实、证据和水行政处罚建议,当事人进行申辩和质证;(八)听证应当制作笔录并交当事人或者其代理人核对无误后签字或者盖章。当事人或者其代理人拒绝签字、盖章的,由听证主持人在笔录中注明。

六、三项制度

2018年12月5日印发的《国务院办公厅关于全面推行行政执法公示制度执法全过程记录制度重大执法决定法制审核制度的指导意见》(国办发〔2018〕118号)对全面推行行政执法公示制度、执法全过程记录制度、重大执法决定法制审核制度(以下统称"三项制度")提出明确要求。2021年修订的《行政处罚法》对"三项制度"试点改革的成果进行了立法确认,《水行政处罚实施办法》又进一步予以细化。

(一)执法全过程记录制度

《水行政处罚实施办法》第二十二条规定:水行政处罚的启动、调查取证、审核、决定、送达、执行等应当进行全过程记录并归档保存。

查封扣押财产、强制拆除等直接涉及生命健康、重大财产权益的现场执法活动和执法办案场所,应当进行全程音像记录。

(二)行政执法公示制度

《水行政处罚实施办法》第十八条规定:水行政处罚机关应当公示执法主体、人员、职责、权限、立案依据、实施程序和救济渠道等信息。

第二十三条规定:水行政处罚机关应当在行政处罚决定作出之日起七个工作日内,公开执法机关、执法对象、执法类别、执法结论等信息。危及防洪安全、供水安全或者水生态安全等后果严重、具有一定社会影响的案件,其行政处罚决定书应当依法公开,接受社会监督。

公开的水行政处罚决定被依法变更、撤销、确认违法或者确认无效的,水行政处罚机关应当在三个工作日内撤回处罚决定信息,并公开说明理由。

涉及国家秘密、商业秘密、个人隐私的,依照相关法律法规规定处理。

(三) 重大执法决定法制审核制度

1. 适用情形

《水行政处罚实施办法》第三十九条规定,有下列情形之一,在水行政处罚机关负责人作出水行政处罚的决定之前,应当进行法制审核;未经法制审核或者审核未通过的,不得作出决定:(一)涉及防洪安全、供水安全、水生态安全等重大公共利益的;(二)直接关系当事人或者第三人重大权益,经过听证程序的;(三)案件情况疑难复杂、涉及多个法律关系的;(四)法律、法规规定应当进行法制审核的其他情形。

2. 承办机构与承办人员

法制审核由水行政处罚机关法制工作机构负责;未设置法制工作机构的,由水行政处罚机关确定承担法制审核工作的其他机构或者专门人员负责。案件调查人员不得同时作为该案件的法制审核人员。

3. 审核内容

根据《水行政处罚实施办法》第四十条规定:法制审核内容包括:(一)水行政处罚主体是否合法,水行政执法人员是否具备执法资格;(二)水行政处罚程序是否合法;(三)案件事实是否清楚,证据是否合法充分;(四)适用法律、法规、规章是否准确,裁量基准运用是否适当;(五)水行政处罚是否按照法定或者委托权限实施;(六)水行政处罚文书是否完备、规范;(七)违法行为是否涉嫌犯罪、需要移送司法机关;

（八）法律、法规规定应当审核的其他内容。

七、水行政处罚的办案期限

（一）一般期限

《行政处罚法》第六十条规定：行政机关应当自行政处罚案件立案之日起九十日内作出行政处罚决定。法律、法规、规章另有规定的，从其规定。

（二）特别期限

根据《行政处罚法》第六十条的授权，《水行政处罚实施办法》第四十三条对水行政处罚的办案期限作出了补充规定：

1. 水行政处罚机关应当自立案之日起九十日内作出水行政处罚决定，因案情复杂或者其他原因，不能在规定期限内作出水行政处罚决定的，经本机关负责人批准，可以延长六十日；

2. 案件办理过程中，中止调查、听证、公告、检测、检验、鉴定、评估、认定、送达等时间不计入前款规定的期限。

《水行政处罚实施办法》第四十三条的规定，既是对《行政处罚法》的细化，又有利于保障各级水行政处罚机关依法行政工作的开展。在水行政执法实践中，一些复杂的水事违法案件，办案周期往往比较长，有可能在九十日内难以结案，客观上需要延长办案时间。

八、水行政综合执法

（一）行政综合执法的内涵

行政综合执法是指一个行政主体依据法律程序在合理的管理幅

度范围内集中行使几个行政机关的行政职权的行政执法制度。① 行政综合执法的主要法律依据是《行政处罚法》《行政强制法》。《行政处罚法》第十八条规定了相对集中行政处罚权：国家在城市管理、市场监管、生态环境、文化市场、交通运输、应急管理、农业等领域推行建立综合行政执法制度，相对集中行政处罚权。国务院或者省、自治区、直辖市人民政府可以决定一个行政机关行使有关行政机关的行政处罚权。《行政强制法》第十七条规定了相对集中行政强制权：依据《中华人民共和国行政处罚法》的规定行使相对集中行政处罚权的行政机关，可以实施法律、法规规定的与行政处罚权有关的行政强制措施。

行政综合执法包括跨部门的行政综合执法、部门内的行政综合执法。部门内的行政综合执法是指一个行政机关的行政处罚、行政征收、行政强制等行政职权由一个机构统一实施，水行政综合执法就属于部门内的行政综合执法。

（二）水行政综合执法的内涵

水行政综合执法，是指水行政主管部门将部分行政执法权集中交由水政监察机构实施的制度。

水行政综合执法的具体组织形式是设立水政监察机构。《水政监察工作章程》第六条规定，省（自治区、直辖市）人民政府水行政主管部门设置水政监察总队；市（地、州、盟）人民政府水行政主管部门设置水政监察支队；县（市、区、旗）人民政府水行政主管部门设置水政监察大队。水利部所属的流域管理机构根据实际情况设置水政监察总队、水政监察支队、水政监察大队。水政监察机构将行政处罚、行政许可、行政强制、行政征收、行政检查等行政执法权集中行使，较好地解决了分

---

① 刘道筠：《行政综合执法界说》，《中南民族大学学报（人文社会科学版）》2007年第1期。

散执法、多头执法的弊病。①

(三) 水行政综合执法改革的模式

依据《水利部关于全面推进水利综合执法的实施意见》(水政法〔2012〕514号),全国各级水行政主管部门开展了水行政综合执法改革,并呈现出以下几种模式:

1. 相对集中一权模式

这种模式是把水行政主管部门依据《水法》《水土保持法》《防洪法》等水行政法享有的水行政处罚权,集中于水政监察队伍统一行使。

2. 相对集中二权模式

这种模式是把水行政主管部门依据《水法》《水土保持法》《防洪法》等水行政法享有的水行政处罚权和水行政征收权集中于水政监察队伍统一行使。

3. 相对集中三权模式

这种模式是把水行政主管部门依据《水法》《水土保持法》《防洪法》等水行政法享有的水行政处罚权、水行政征收权和水行政强制权集中于水政监察队伍统一行使。

4. 相对集中四权模式

这种模式是把水行政主管部门依据《水法》《水土保持法》《防洪法》等水行政法享有的水行政处罚权、水行政强制权、水行政征收权和部分水行政许可权集中于水政监察队伍统一行使。

5. 特殊模式

北京市和上海市的水行政综合执法具有特殊性。由于实现了水务一体化管理,北京市和上海市水务局的执法队伍既执行水法规,也执行供水、排水、水污染防治、海洋环境等法规,具有跨领域综合执法

---

① 戴军利、宋文冉:《水利综合执法工作探索和经验借鉴》,《治淮》2021年第5期。

的属性。2021年2月1日北京市水务综合执法总队挂牌成立,总队编制316人,整合了北京市水政监察大队、南水北调工程执法大队,以及相关事业单位承担的行政执法职责,负责相关领域重大疑难案件和跨区案件的查处和监督指导,并统筹协调各区水务执法工作,全面突出水环境、水工程、供水、排水、节水、水土保持、招投标、质量监督、水文、移民等综合性执法功能。[1] 上海市水务局执法总队的主要职责是对供水、排水、河道的监督检查,对供水、排水、河道方面的违法案件实施行政处罚,对违反海域使用、海洋环境保护、无居民海岛保护和利用、海洋自然保护区、海底电缆管道铺设与保护、涉外海洋科学研究管理等海洋法律、法规或者规章行为实施行政处罚。[2]

(四)水行政综合执法改革的新趋势

1. 行政执法体制改革的新要求

关于行政执法体制改革的整体思路,2021年8月中共中央、国务院印发的《法治政府建设实施纲要(2021—2025年)》给出了具体答案:继续深化综合行政执法体制改革,坚持省(自治区)原则上不设行政执法队伍,设区市与市辖区原则上只设一个行政执法层级,县(市、区、旗)一般实行"局队合一"体制,乡镇(街道)逐步实现"一支队伍管执法"的改革原则和要求。此外,2023年8月9日《国务院办公厅关于印发〈提升行政执法质量三年行动计划(2023—2025年)〉的通知》(国办发〔2023〕27号)又进一步要求,"完善赋权事项评估和动态调整制度,各地区2024年底前要对已经下放乡镇、街道的行政执法事项至少进行一次评估,对基层接不住、监管跟不上的及时予以调整"。

---

[1] 北京市水务综合执法总队成立,https://swj.beijing.gov.cn/swdt/ztzl/hczzl/zydt/202103/t20210323_2317419.html,2023年7月16日访问。

[2] 上海市水务局执法总队机构介绍,https://swj.sh.gov.cn/shsswjzfzd-jgjs/20191126/0004-7950.html,2024年1月26日访问。

关于水行政执法体制改革的方向,2022年6月17日水利部印发的《水行政执法效能提升行动方案(2022—2025年)》(水政法〔2022〕256号)指出:具有水行政执法职能的流域管理机构和地方各级水行政主管部门,要坚持法定职责必须为,强化水政监察队伍建设,相对集中行使行政执法职能,保障水法规全面严格实施。水行政执法纳入综合行政执法的地方,其水行政主管部门要主动与综合行政执法部门对接,明确职责分工,健全工作机制,形成边界清晰的执法职责体系,实现监管责任与处罚责任依法区分、有效衔接,切实履行业务指导和监督职能,确保水事违法行为得到及时查处。

为深入贯彻落实《国务院办公厅关于印发〈提升行政执法质量三年行动计划(2023—2025年)〉的通知》,2024年3月4日印发的《水利部 司法部关于提升水行政执法质量和效能的指导意见》(水政法〔2024〕34号)指出,要"加强与综合行政执法部门的衔接。综合行政执法改革地区,水行政主管部门要主动对接综合行政执法部门,实现日常监管与综合执法有机衔接,在移送接收、处罚立案、结果反馈、协调监督等环节建立工作机制,明确职责范围,完善审批、监管、处罚衔接机制,健全行政执法证据规则,规范案件移送程序,推动案件移送标准化建设。各级水行政主管部门要落实业务指导责任,对于专业性强、直接涉及公共安全和人民群众生命健康的水行政执法事项,要发挥水行政主管部门的专业优势,强化行业主管部门的监管执法"。同时,要"平稳对接综合行政执法改革。根据改革部署,主动参与研究制定本地区水行政执法体制改革实施方案,明确重点工作任务,细化工作举措,加强协调配合,推动创新实践,做到有部署、重落实、见成效,实现水行政管理与综合行政执法改革的平稳对接"。

此外,要"动态调整下放乡镇(街道)执法事项。各省级司法行政部门要加强对赋权乡镇(街道)行政执法事项的法制审核,指导、监督同级水行政主管部门分区域、分类别依法研究提出可以赋权的水行政执法事项清单,对涉及防洪安全、供水安全、工程安全,水资源水生态水环境保护及水利工程建设质量与安全等关系群众切身利益的重点领域执法任务要充分论证,守住安全底线。各省级水行政主管部门要积极配合司法行政部门,加强技术支撑,协助做好已下放乡镇(街道)的水行政执法事项的定期评估工作,对基层接不住、监管跟不上的及时提出调整建议。探索由县级水行政主管部门和乡镇(街道)开展联合执法,或将县级水行政主管部门派驻的执法力量交由乡镇(街道)统一指挥等模式。建立县级水行政主管部门与乡镇(街道)水行政执法协调协作机制,县级水行政主管部门要加强对乡镇(街道)水行政执法工作的业务指导,确保赋权乡镇(街道)处罚事项放得下、接得住、管得好、有监督"。

2. 浙江"大综合一体化"行政执法改革试点情况

2022年1月,中央批复同意《浙江省加快推进"大综合一体化"行政执法改革试点工作方案》,支持浙江以数字化改革为引领,率先探索行政执法领域改革,授予全国唯一的"大综合一体化"行政执法改革国家试点。

2022年2月28日印发的《浙江省人民政府关于各设区市"大综合一体化"行政执法改革方案的批复》(浙政函〔2022〕32号)指出,探索实行更大范围跨部门跨领域综合行政执法,以更大力度整合精简执法队伍,进一步下沉执法权限和力量,稳妥推进乡镇(街道)"一支队伍管执法"。

浙江省的"大综合一体化"行政执法改革在很短的时间内就取得明显进展和成效:综合执法事项拓展到60%以上的执法领域,60%以上的高频率、高综合、高需求执法事项纳入综合执法范围,60%以上的行政执法量由综合执法部门承担;精简执法人员编制,部门专业执法队伍种类精简50%以上;深化乡镇(街道)"一支队伍管执法",推动执法力量进一步下沉,85%以上的执法力量在县乡,其中乡镇(街道)占

60%以上。①

"大综合一体化"行政执法改革,对水行政执法产生重要影响。一是综合执法事项进一步拓展。改革试点要求将发生频率高、与群众生活关系密切、专业适宜的执法事项纳入综合行政执法。按照改革要求,浙江省权力事项库中涉及水行政处罚事项188项中,除4项继续保留在水利部门外,其余事项均划转至综合行政执法部门,行政执法事项划转率为98%。二是执法人员队伍进一步精简。坚持应统尽统原则,大力整合现有专业执法队伍,各领域各部门高频事项集中到综合执法部门后,原则上不保留执法队伍。浙江省原有93支市县水行政执法队伍均已全部撤销,有的更名为水政执法保障服务中心或河湖管理中心等;水政执法人员分流至综合执法部门或水利部门其他业务处室。三是监管执法协同进一步强化。建立部门间、县乡间常态化联合执法、应急配合、信息共享、案件移送等协作配合制度。按照改革要求,水利部门承担日常巡查以外的定向检查等监管工作,向综合执法部门移交违法活动线索、举报信息及涉案初步证据等情况,并为执法活动提供技术支持。②

3. 水行政综合执法改革的最新进展

目前,依据中央要求,绝大多数省份的水政监察队伍都已撤销。一些地方的水行政立法也证实了这一趋势。例如,2024年5月28日,河北省第十四届人民代表大会常务委员会第九次会议决定,将《河北省水利工程管理条例》第十六条修改为:"各级人民政府水行政主管部门依法维护水利工程的管理秩序和水事秩序。"相较原条文,删除了"设置的水政监察机构或者监察人员"。同时,全国许多县级水行政主

---

① 行政执法改革国家试点落地浙江,省司法厅相关负责人答记者问,"大综合一体化"如何强落实、出成果?,https://www.zj.gov.cn/art/2022/3/3/art_1554467_59673716.html,2024年1月26日访问。

② 王萍萍、谢圣陶、郜宁静、刘志伟:《水利领域推进"大综合一体化"行政执法改革思考与建议》,《行政科学论坛》2023年第6期。

管部门依据《行政处罚法》的规定,将水行政处罚权交由有关乡镇人民政府、街道办事处行使。

各流域管理机构的水政监察队伍也已撤销,但是各流域管理机构及其所属管理机构往往在内设的政策法规机构加挂水政监察总队或水政监察局的牌子。

水行政综合执法改革是整个行政执法体制改革的有机组成部分,未来水行政执法的组织形态必然依据国家行政执法体制改革的顶层设计进行塑造和重构。

第三节　水行政许可

一、水行政许可的概念

依据《水行政许可实施办法》第二条的规定,水行政许可,是指水行政许可实施机关根据公民、法人或者其他组织的申请,经依法审查,准予其从事特定水事活动的行为。

上级水行政主管部门对下级水行政主管部门,以及水行政主管部门对其直接管理的事业单位的人事、财务、外事等事项的审批,不属于水行政许可。

二、水行政许可的原则

(一) 依法许可原则

实施水行政许可,应当依照有关法律、法规、规章规定的权限、范围、条件、程序和期限。

(二) 公开、公平、公正原则

实施水行政许可,应当遵循公开、公平、公正的原则。水行政许可实施机关应当公布水行政许可的权限、范围、条件、程序和期限等规定;应当公开水行政许可的实施过程和水行政许可决定的内容。但是,涉及国家秘密、商业秘密或者个人隐私的除外。

水行政许可实施机关应当建立核查、回避、听证、科学决策等制度,保障实施水行政许可的公平和公正。符合法定条件、标准的,申请人有依法取得水行政许可的平等权利,水行政许可实施机关不得歧视。

(三) 便民、高效原则

实施水行政许可,应当遵循便民、高效的原则。水行政许可实施机关应当精简办事环节,推行便民措施,提高办事效率,提供优质服务。

(四) 权利保障原则

实施水行政许可,应当为公民、法人或者其他组织依法行使陈述权、申辩权、损害赔偿权、申请行政复议权提供便利条件。

公民、法人或者其他组织有权就水行政许可的实施情况向有关水行政许可实施机关或者其他机关提出意见、建议、投诉、批评、检举或者控告;水行政许可实施机关应当认真进行审查,发现水行政许可有错误的,应当主动改正。

(五) 监督原则

水行政许可实施机关实施水行政许可,应当自觉接受县级以上人民政府和上级水行政主管部门的监督以及社会监督。水行政许可实施机关应当对公民、法人或者其他组织从事水行政许可事项的活动实施有效监督。

三、水行政许可的种类

(一) 法律、行政法规、国务院决定设定的水行政许可事项

根据2023年1月9日水利部关于公布《法律、行政法规、国务院决定设定的水利行政许可事项清单(2022年版)》的公告,法律、行政法规、国务院决定设定的水利行政许可事项如下表。①

表1　法律、行政法规、国务院决定设定的水利行政

许可事项清单(2022年版)

序号	许可事项名称	实施机关	设定依据
1	水利基建项目初步设计文件审批	水利部;省级、设区的市级、县级水利部门	《国务院对确需保留的行政审批项目设定行政许可的决定》
2	取水许可	水利部各流域管理机构;省级、设区的市级、县级水利部门	《中华人民共和国水法》《取水许可和水资源费征收管理条例》
3	洪水影响评价类审批【包括非防洪建设项目洪水影响评价报告审批、水工程建设规划同意书审核、河道管理范围内建设项目工程建设方案审批、国家基本水文测站上下游建设影响水文监测的工程审批等4项】	水利部各流域管理机构;省级、设区的市级、县级水利部门	《中华人民共和国水法》《中华人民共和国防洪法》《中华人民共和国河道管理条例》《中华人民共和国水文条例》

---

① 中华人民共和国水利部公告2023年第1号,http://www.mwr.gov.cn/zw/qzqd/202301/t20230116_1643010.html,2023年6月29日访问。

续表

序号	许可事项名称	实施机关	设定依据
4	河道管理范围内特定活动审批	水利部黄河、淮河、海河水利委员会；省级、设区的市级、县级水利部门	《中华人民共和国河道管理条例》
5	河道采砂许可	水利部长江、黄河、淮河、海河水利委员会；省级、设区的市级、县级水利部门	《中华人民共和国水法》《中华人民共和国长江保护法》《中华人民共和国河道管理条例》《长江河道采砂管理条例》
6	生产建设项目水土保持方案审批	水利部；省级、设区的市级、县级水利部门	《中华人民共和国水土保持法》
7	外国组织或个人在华从事水文活动审批	水利部会同有关部门	《中华人民共和国水文条例》
8	国家基本水文测站设立和调整审批	水利部；省级水利部门	《中华人民共和国水文条例》
9	专用水文测站设立、撤销审批	水利部各流域管理机构；省级水利部门直属水文机构	《中华人民共和国水文条例》
10	水利工程建设监理单位资质认定	水利部	《国务院对确需保留的行政审批项目设定行政许可的决定》
11	水利工程质量检测单位资质认定	水利部；省级水利部门	《国务院对确需保留的行政审批项目设定行政许可的决定》
12	造价工程师（水利工程）注册	水利部；省级水利部门	《中华人民共和国建筑法》《国家职业资格目录》
13	监理工程师（水利工程）注册	水利部	《中华人民共和国建筑法》《国家职业资格目录》
14	水利水电工程施工企业主要负责人、项目负责人和专职安全生产管理人员安全生产考核	水利部；省级水利部门	《中华人民共和国安全生产法》《建设工程安全生产管理条例》
15	农村集体经济组织修建水库审批	省级、设区的市级、县级水利部门	《中华人民共和国水法》

续表

序号	许可事项名称	实施机关	设定依据
16	城市建设填堵水域、废除围堤审批	直辖市、设区的市级、县级政府（由水利部门承办）	《中华人民共和国防洪法》
17	占用农业灌溉水源、灌排工程设施审批	省级、设区的市级、县级水利部门	《国务院对确需保留的行政审批项目设定行政许可的决定》
18	利用堤顶、戗台兼做公路审批	省级、设区的市级、县级河道主管机关	《中华人民共和国河道管理条例》
19	坝顶兼做公路审批	省级、设区的市级、县级大坝主管部门	《水库大坝安全管理条例》
20	蓄滞洪区避洪设施建设审批	省级、设区的市级、县级水利部门	《国务院对确需保留的行政审批项目设定行政许可的决定》
21	大中型水利水电工程移民安置规划审核	省级移民管理机构	《大中型水利水电工程建设征地补偿和移民安置条例》
22	大坝管理和保护范围内修建码头、渔塘许可	水利部；水利部长江、黄河、海河、珠江、松辽水利委员会；省级、设区的市级、县级大坝主管部门	《水库大坝安全管理条例》
23	围垦河道审核	省级政府（由水利部门承办）	《中华人民共和国水法》《中华人民共和国防洪法》
24	勘察设计注册工程师执业资格认定	土木工程师（水利水电工程）由住房和城乡建设部、水利部审批	《建设工程勘察设计管理条例》
25	地名命名、更名审批	"具有重要地理方位意义的水利设施的命名、更名审批"，由水利部，省级、设区的市级、县级水利部门审批	《地名管理条例》

（二）水利部本级行政许可事项

水利部承担的行政许可事项内容如下表。[①]

表 2　水利部本级行政许可事项清单（2022 年版）

序号	许可事项名称	设定依据
1	水利基建项目初步设计文件审批	《国务院对确需保留的行政审批项目设定行政许可的决定》
2	生产建设项目水土保持方案审批	《中华人民共和国水土保持法》
3	外国组织或个人在华从事水文活动审批	《中华人民共和国水文条例》
4	国家基本水文测站设立和调整审批	《中华人民共和国水文条例》
5	水利工程建设监理单位资质认定	《国务院对确需保留的行政审批项目设定行政许可的决定》
6	水利工程质量检测单位资质认定	《国务院对确需保留的行政审批项目设定行政许可的决定》
7	造价工程师（水利工程）注册	《中华人民共和国建筑法》《国家职业资格目录》
8	监理工程师（水利工程）注册	《中华人民共和国建筑法》《国家职业资格目录》
9	水利水电工程施工企业主要负责人、项目负责人和专职安全生产管理人员安全生产考核	《中华人民共和国安全生产法》《建设工程安全生产管理条例》
10	大坝管理和保护范围内修建码头、渔塘许可	《水库大坝安全管理条例》
11	勘察设计注册工程师执业资格认定【土木工程师（水利水电工程）执业资格认定】	《建设工程勘察设计管理条例》
12	地名命名、更名审批【具有重要地理方位意义的水利设施的命名、更名审批】	《地名管理条例》

[①] 《水利部本级行政许可事项清单（2022 年版）》，http://www.mwr.gov.cn/zw/qzqd/202301/t20230116_1643009.html，2023 年 6 月 29 日访问。

（三）流域管理机构行政许可事项

流域管理机构承担的行政许可事项清单内容如下表。①

表 3　流域管理机构行政许可事项清单(2022 年版)

序号	许可事项名称	实施机关	设定依据
1	取水许可	水利部各流域管理机构	《中华人民共和国水法》 《取水许可和水资源费征收管理条例》
2	洪水影响评价类审批【包括非防洪建设项目洪水影响评价报告审批、水工程建设规划同意书审核、河道管理范围内建设项目工程建设方案审批、国家基本水文测站上下游建设影响水文监测的工程审批等4项】	水利部各流域管理机构	《中华人民共和国水法》 《中华人民共和国防洪法》 《中华人民共和国河道管理条例》 《中华人民共和国水文条例》
3	河道管理范围内特定活动审批	水利部黄河、淮河、海河水利委员会	《中华人民共和国河道管理条例》
4	河道采砂许可	水利部长江、黄河、淮河、海河水利委员会	《中华人民共和国水法》 《中华人民共和国长江保护法》 《中华人民共和国河道管理条例》 《长江河道采砂管理条例》
5	专用水文测站设立、撤销审批	水利部各流域管理机构	《中华人民共和国水文条例》
6	大坝管理和保护范围内修建码头、渔塘许可	水利部长江、黄河、海河、珠江、松辽水利委员会	《水库大坝安全管理条例》

---

① 《流域管理机构行政许可事项清单(2022 年版)》,http://www.mwr.gov.cn/zw/qzqd/202301/t20230116_1643008.html,2023 年 6 月 29 日访问。

(四) 特殊的水行政许可事项

此外,一些地方性法规还设定了具有地方特色的水行政许可。

1. 防汛工程设施废除审批

《上海市防汛条例》第二十八条规定:防汛工程设施不得擅自废除。擅自废除的,由水行政主管部门责令停止违法行为或者采取其他补救措施。失去防汛功能确需废除的防汛工程设施,由水行政主管部门按照管理权限审查同意后,方可废除。其中,确需废除原有防洪围堤的,应当经市人民政府批准。

2. 公用岸段海塘使用审批

设定依据《上海市人民代表大会常务委员会关于确认市政府规章设定的公共安全防范工程设计施工单位的核准等12项行政许可事项继续实施的决定》和《上海市海塘管理办法》第十条规定:需要使用公用岸段海塘的,使用单位应当向所在地的区(县)水务局提出申请,经区(县)水务局审核同意,报市水务局批准后方可使用。

3. 建设项目节水设施设计方案审核

设定依据《上海市人民代表大会常务委员会关于确认市政府规章设定的公共安全防范工程设计施工单位的核准等12项行政许可事项继续实施的决定》和《上海市节约用水管理办法》第十三条规定:市水务局或者县(区)计划用水主管部门应当根据各自职责,对月均用水量5000立方米以上建设项目的节水设施,负责审核设计方案。

4. 临时封堵排水管道审批

《上海市排水与污水处理条例》第四十一条规定:因施工确需临时封堵排水管道的,建设单位应当编制临时排水方案,向市或者区水务部门提出申请,经批准后实施。

5. 开凿机井审批

《北京市实施〈中华人民共和国水法〉办法》第十七条规定：开凿机井应当经水务部门批准。

（五）水行政主管部门承担的应由政府实施的水行政许可

值得注意的是，一些依法需要政府审批的涉水行政许可事项往往由水行政主管部门承担。

例如，大中型水库移民安置规划（大纲）审批被北京市水务局、江苏省水利厅作为行政许可事项。[①] 依据《大中型水利水电工程建设征地补偿和移民安置条例》第六条规定，大中型水库移民安置规划（大纲）的审批机关是省、自治区、直辖市人民政府或者国务院移民管理机构。所以，大中型水库移民安置规划（大纲）的审批属于北京市政府、江苏省政府的行政许可事项。事实上，北京市水务局、江苏省水利厅分别作为北京市政府、江苏省政府的水行政主管部门，实际上承担着需要政府审批的行政许可事项的主要审查职能。

再比如，城市建设填堵水域、废除围堤审核被北京市水务局列为行政许可事项。[②]《防洪法》第三十四条规定：城市建设不得擅自填堵原有河道沟叉、贮水湖塘洼淀和废除原有防洪围堤。确需填堵或者废除的，应当经城市人民政府批准。很显然，北京市水务局代替市政府实际行使行政许可职权。

[①] 具体参见北京市部门服务，https://banshi.beijing.gov.cn/pubtask/bmfw.html?locationCode=110000000000&deptCode=11110000765000432H，参见江苏政务服务，http://www.jszwfw.gov.cn/jszwfw/qlqd/deptlist.do?webId=1&type=&deptId=11320000014001258K，2023年7月10日访问。

[②] 具体参见北京市部门服务，https://banshi.beijing.gov.cn/pubtask/bmfw.html?locationCode=110000000000&deptCode=11110000765000432H，2023年7月26日访问。

四、水行政许可的实施机关

(一) 水行政许可实施机关的种类

根据《水行政许可实施办法》第十二条规定,水行政许可的实施机关包括:

1. 县级以上人民政府水行政主管部门在其法定职权范围内实施水行政许可;

2. 国务院水行政主管部门在国家确定的重要江河、湖泊设立的流域管理机构以及其他法律法规授权的组织,在法律、法规授权范围内,以自己的名义实施水行政许可。

(二) 相对集中行政许可权

相对集中行政许可权的法律依据是《行政许可法》第二十五条和第二十六条,并逐步发展成两种模式:行政审批局模式、政务服务中心模式。

1. 行政审批局模式

行政审批局模式的法律依据是《行政许可法》第二十五条规定:经国务院批准,省、自治区、直辖市人民政府根据精简、统一、效能的原则,可以决定一个行政机关行使有关行政机关的行政许可权。这属于行政许可权的实质集中。通过设立行政审批局,进行审批权责的明确调整和并转,将整体的审批权从其他分散的职能部门归总整合到审批局,同时,坚持"编随事走、人随编走"的原则,履行原行政审批职责的部门工作人员一并转到行政审批局。[1]

---

[1] 贾义猛:《优势与限度:"行政审批局"改革模式论析》,《新视野》2015年第5期。

2. 政务服务中心模式

政务服务中心模式的法律依据是《行政许可法》第二十六条规定：行政许可需要行政机关内设的多个机构办理的，该行政机关应当确定一个机构统一受理行政许可申请，统一送达行政许可决定。行政许可依法由地方人民政府两个以上部门分别实施的，本级人民政府可以确定一个部门受理行政许可申请并转告有关部门分别提出意见后统一办理，或者组织有关部门联合办理、集中办理。这属于行政许可权的形式集中。根据中共中央办公厅、国务院办公厅印发的《关于深化政务公开加强政务服务的意见》（中办发〔2011〕22号）要求，凡与企业和人民群众密切相关的行政管理事项，包括行政许可、非行政许可审批和公共服务事项均应纳入服务中心办理。服务中心管理机构负责对政府各部门进驻、委托事项办理的组织协调、监督管理和指导服务，对进驻窗口工作人员进行管理培训和日常考核，承担本级政府赋予的其他职责。

2015年3月27日，中央编办、国务院法制办联合印发了《相对集中行政许可权试点工作方案》，正式启动了相对集中行政许可权改革。

（三）水行政许可的实施方式

1. 水利部和流域管理机构行政许可的实施方式

水利部和流域管理机构承担的行政许可是按照《行政许可法》规定的常规方式实施的，即被许可人直接向水利部和流域管理机构申请行政许可。[①]

2. 省级水行政主管部门行政许可的实施方式

各省级行政主管部门承担的行政许可一般采用的是政务服务中

[①] 通过登录水利部和各流域管理机构的网站可以发现，水利部和各流域管理机构的行政许可事项都实现了在线办理。

心模式,即统一入驻当地的省级政务服务中心实施行政许可。

3. 市、县级水行政主管部门行政许可的实施方式

各设区市、县级水行政主管部门承担的行政许可一般采用行政审批局审批与水行政主管部门审批相结合的模式。以石家庄市为例,市行政审批局共承担6项水行政许可①,市水利局共承担4项水行政许可。②

(四)行政审批权下放存在的合法性问题

自2013年4月24日第一批先行取消和下放71项行政审批项目起,国务院已多次取消和调整行政审批项目。行政职权的再配置,一方面提升了行政管理的效能,另一方面也方便了群众,是契合简政放权精神的有效举措。

但是当前的行政审批权下放的合法性也存在一定问题:

一是行政审批权下放的法律属性不清。上级行政机关下放行政职权至下级行政机关,其法律性质是授权还是委托?如果是委托,为何这些受委托行政机关却可以以自己的名义对外行使这些行政职权?如果是授权,上级行政机关在缺少法律依据的情况下是否有权将法律赋予自己的行政职权再授予其他行政机关?③

二是行政审批权下放的后续监管体制亟待健全。突出表现在监管责任不明确。对下放审批权的监管,没有从法律制度上明确各级业务主管部门之间的职责划分。④

---

① 行政审批局权责清单,http://sjz.hebjgbz.gov.cn/columns/5a24a416-40a8-410d-8716-7c6c9c282f80/index.html,2023年7月15日访问。
② 水利局权责清单,http://sjz.hebjgbz.gov.cn/columns/45a5e194-37dc-4887-a5b0-f0c0aa1b04ca/index.html,2023年7月15日访问。
③ 张治宇:《简政放权进程中行政职权再配置合法性研究》,《社会科学家》2021年第10期。
④ 王海平:《关于加强行政审批权下放后续监管的调研》,《中国监察》2012年第8期。

五、水行政许可的听证

(一)水行政许可听证的概念

水行政许可听证是指水行政许可机关在对行政许可申请进行审查过程中,举行的听取申请人和利害关系人意见的活动。

(二)水行政许可听证的范围

1. 《行政许可法》规定的听证范围

(1)法律、法规、规章规定实施行政许可应当听证的事项。行政机关应当向社会公告,并举行听证。

(2)行政机关认为需要听证的其他涉及公共利益的重大行政许可事项。行政机关应当向社会公告,并举行听证。

(3)申请人、利害关系人要求听证的事项。行政许可直接涉及申请人与他人之间重大利益关系的,行政机关在作出行政许可决定前,应当告知申请人、利害关系人享有要求听证的权利;申请人、利害关系人在被告知听证权利之日起五日内提出听证申请的,行政机关应当在二十日内组织听证。

2. 水利部规章补充规定的听证范围

《水行政许可听证规定》第四条规定,下列水行政许可事项,水行政许可实施机关在作出水行政许可决定前,认为涉及公共利益需要听证的,应当举行听证:(一)涉及江河、湖泊和地下水资源配置的重大水行政许可事项;(二)涉及水域水生态系统保护的重大水行政许可事项;(三)涉及水工程安全的重大水行政许可事项;(四)涉及防洪安全的重大水行政许可事项;(五)涉及水土流失防治的重大水行政许可事项;(六)涉及不同行政区域边界河段或者跨界河段的重大水行政许可事项;(七)需要听证的其他涉及公共利益的重大水行政许可事项。

(三) 水行政许可听证申请书的内容

根据《水行政许可听证规定》第五条,听证申请书应当包括以下内容:

1. 申请人或者利害关系人的姓名(名称)、地址,法人、其他组织的法定代表人或者主要负责人姓名;
2. 申请听证的具体事项和要求;
3. 申请听证的依据和理由。

(四) 水行政许可听证的程序

根据《水行政许可听证规定》第十四条,听证按照下列程序进行:

1. 听证主持人宣布听证事由和听证纪律;
2. 听证主持人核实听证参加人的身份,告知听证参加人的权利和义务,询问听证参加人是否申请回避;
3. 水行政许可申请的审查人员提出审查意见、理由和证据;
4. 水行政许可的申请人、利害关系人、听证代表人或者其代理人发表意见,提出证据;
5. 听证参加人各方进行申辩和质证;
6. 听证参加人各方做最后陈述;
7. 听证主持人宣布听证结束。

(五) 水行政许可听证笔录的内容

根据《水行政许可听证规定》第十五条,听证应当制作笔录。听证笔录应当载明下列事项:

1. 听证主持人和其他听证工作人员的姓名、职务;
2. 听证参加人的姓名(名称)、地址等基本情况;

3. 听证的事由、时间和地点；
4. 听证参加人提出的意见、理由和证据；
5. 听证参加人的申辩、质证和陈述情况；
6. 听证延期、中止的说明；
7. 听证主持人对听证过程中有关事项的处理情况；
8. 其他需要载明的事项。

第四节 水行政强制

水行政强制包括水行政强制措施、水行政强制执行，水行政强制执行又分为水行政主体强制执行、申请法院强制执行。

一、水行政强制措施

（一）水行政强制措施的概念

水行政强制措施是指水行政主体在行政管理过程中，为制止违法行为、防止证据损毁、避免危害发生、控制危险扩大等情形，依法对公民、法人或者其他组织的财物实施暂时性控制的行为。

（二）水行政强制措施的种类

1. 中央立法层面

在中央立法层面，水行政强制措施主要体现在《水土保持法》中规定的"查封、扣押"。《水土保持法》第四十四条规定：被检查单位或者个人拒不停止违法行为，造成严重水土流失的，报经水行政主管部门批准，可以查封、扣押实施违法行为的工具及施工机械、设备等。此外,原《长江河道采砂管理条例》第十八条规定了"扣押"的行政强制措施,但是根据 2023 年 7 月 20 日《国务院关于修改和废止部分行政法规的决定》修订后的《长江河道采砂管理条例》删除了这一规定。

2. 地方立法层面

下面对省级水地方性法规中的行政强制措施进行梳理。

(1) 江苏

①扣押。《江苏省河道管理条例》第五十四条规定:违反本条例规定,未经许可,或者使用伪造、涂改、买卖、出租、出借或者以其他方式转让的河道采砂许可证采砂的,由县级以上地方人民政府水行政主管部门责令停止违法行为,扣押其采砂船舶、机具或者其中的主要采砂设备等工具,可以处以五万元以上二十万元以下罚款,没收违法所得;情节严重,或者在禁采区、禁采期采砂的,处以二十万元以上五十万元以下罚款;构成犯罪的,依法追究刑事责任。这里的"扣押"属于行政强制措施。

②扣押。《江苏省河道管理条例》第五十五条规定:违反本条例第四十五条第一款规定,采砂船舶、机具在禁采区内滞留,或者未取得河道采砂许可证在可采区内滞留的,由县级以上地方人民政府水行政主管部门责令驶离;拒不驶离的,予以扣押,拖离至指定地点,并可以处以三万元以上十万元以下罚款。这里的"扣押"属于行政强制措施。

(2) 广东

①扣押。《广东省河道采砂管理条例》第四十一条规定:违反本条例第十三条规定,无河道采砂许可证采砂的,由县级以上人民政府水行政主管部门责令停止违法行为,扣押非法采砂作业工具,没收违法所得,并处五万元以上五十万元以下罚款。这里的"扣押"属于行政强制措施。

②扣押。《广东省河道采砂管理条例》第四十二条规定:违反本条

例第二十五条规定,不按照河道采砂许可证规定采砂或者在禁采期、禁止采砂作业的时段采砂的,由县级以上人民政府水行政主管部门责令停止违法行为,扣押非法采砂作业工具,没收违法开采的砂石和违法所得,并处五万元以上二十万元以下罚款;情节严重的,并处二十万元以上五十万元以下罚款,并吊销河道采砂许可证;构成犯罪的,依法追究刑事责任。这里的"扣押"属于行政强制措施。

③扣押。《广东省河道采砂管理条例》第四十五条规定,在河道管理范围内运输河砂有下列行为之一的,由县级以上人民政府水行政主管部门扣押违法运输工具,没收违法运输的河砂或者责令其卸到指定水域,并处五千元以上五万元以下罚款:(一)违反本条例第二十七条规定,无河砂合法来源证明运输河砂的;(二)违反本条例第二十八条第一项规定,使用超过有效次数或者有效期限的河砂合法来源证明的;(三)违反本条例第二十八条第二项规定,伪造、变造河砂合法来源证明,或者以买卖、出租、出借等方式非法转让河砂合法来源证明的;(四)违反本条例第二十八条第三项规定,运载数量明显不符合河砂合法来源证明记载数量的。这里的"扣押"属于行政强制措施。

④扣押。《广东省河道采砂管理条例》第四十六条规定:违反本条例第三十条规定,采砂船舶未在作业区或者指定的停泊区停泊、无正当理由擅自离开作业区或者指定的停泊区的,由县级以上人民政府水行政主管部门责令限期到达作业区或者指定的停泊区;逾期不到达的,扣押违法停泊船舶,处以一万元以上五万元以下的罚款。这里的"扣押"属于行政强制措施。

(3) 山西

查封、扣押。《山西省实施〈中华人民共和国水土保持法〉办法》第三十二条规定:水土保持监督检查人员在监督检查中发现单位或者个人有违反水土保持法律、法规行为的,应当责令停止违法行为;对拒不停止违法行为,造成严重水土流失的,报经水行政主管部门批准,可以查封、扣押实施违法行为的工具以及施工机械、设备等，并将违法信息记入社会诚信档案。这里的"查封、扣押"属于行政强制措施。

(4) 吉林

查封、扣押。《吉林省河道管理条例》第五十五条规定：有下列行为之一，由县级以上人民政府水行政主管部门依据职权，责令其停止违法行为，采取补救措施，查封、扣押相关设备，没收非法所得，并处以每立方米七十元至二百元罚款；违反治安管理处罚法的，由公安机关依法给予治安管理处罚；构成犯罪的，依照刑法的有关规定追究刑事责任；给他人造成损失的，依法承担赔偿责任：（一）未经批准在河道管理范围内采砂、取土、淘金的；（二）超过批准的范围、数量采砂的；（三）在禁采期、禁采区进行采砂的；（四）将因清淤疏浚、河道整治、航道整治、航道养护、吹填固基等活动产生的砂石，自行销售的。这里的"查封、扣押"属于行政强制措施。

(5) 黑龙江

查封、扣押。《黑龙江省水土保持条例》第四十四条规定：县级以上水行政主管部门应当开展水土保持日常监督检查，及时发现、制止和查处水土保持违法行为，被检查单位或者个人拒不停止违法行为，造成严重水土流失的，可以依法查封、扣押实施违法行为的工具及施工机械、设备等。这里的"查封、扣押"属于行政强制措施。

(6) 福建

①查封、扣押。《福建省水土保持条例》第三十七条规定：在监督检查中发现单位或者个人有违反水土保持法律法规行为的，应当责令立即停止违法行为。被检查单位或者个人拒不停止违法行为，造成严重水土流失的，报经水行政主管部门批准，可以依法查封、扣押实施违法行为的工具及设备等。这里的"查封、扣押"属于行政强制措施。

②暂扣。《福建省防洪条例》第四十六条规定：违反本条例规定，

未办理河道采砂许可证,擅自进行河道采砂的,由县级以上地方人民政府水行政主管部门责令停止违法行为,没收违法所得和非法采砂机具,并处一万元以上十万元以下的罚款;情节严重的,可暂扣非法采砂船舶。这里的"暂扣"属于行政强制措施。

（7）江西

①查封、扣押。《江西省河道采砂管理条例》第四十一条规定:违反本条例规定,未经许可河道采砂的,由县级以上人民政府水行政主管部门责令停止违法行为,查封、扣押采砂船舶(机具),没收违法所得和非法财物,并处一万元以上十万元以下的罚款;未经许可开采的砂石价值或者破坏的砂石资源价值在三万元以上,或者两次以上未经许可河道采砂的,没收违法所得和非法财物,没收采砂船舶(机具),并处十万元以上三十万元以下罚款。这里的"查封、扣押"属于行政强制措施。

②扣押。《江西省河道采砂管理条例》第四十四条规定:违反本条例规定,运砂船舶(车辆)装运没有河道砂石采运管理单的河道砂石的,由县级以上人民政府水行政主管部门扣押违法运砂船舶(车辆),没收违法所得,并处一万元以上五万元以下罚款。这里的"扣押"属于行政强制措施。

③扣押。《江西省河道采砂管理条例》第四十六条规定:违反本条例规定,采砂船舶(机具)在禁采区内滞留,或者未取得河道采砂许可证的采砂船舶(机具)在可采区内滞留,或者采砂船舶(机具)不按规定集中停放,擅自离开集中停放点的,由县级以上人民政府水行政主管部门责令停止违法行为,扣押采砂船舶(机具),并处一万元以上三万元以下的罚款。这里的"扣押"属于行政强制措施。

（8）山东

查封、扣押。《山东省水土保持条例》第四十九条规定:被检查单位或者个人拒不停止违法行为,造成严重水土流失的,报经水行政主管部门批准,可以查封、扣押实施违法行为的工具及施工机械、设备等。这里的"查封、扣押"属于行政强制措施。

(9) 河南

查封、扣押。《河南省实施〈中华人民共和国水土保持法〉办法》第三十九条规定:被检查单位或者个人拒不停止违法行为,造成严重水土流失的,水政监督检查人员报经水行政主管部门批准,可以查封、扣押实施违法行为的工具及施工机械、设备等。这里的"查封、扣押"属于行政强制措施。

(10) 湖北

扣押。《湖北省河道采砂管理条例》第四十条规定:违反本条例第二十四条第一项规定,未按照河道采砂许可规定采砂的,由河道采砂主管部门责令停止违法行为,扣押违法采砂船舶(机具),没收违法所得,并处3万元以上10万元以下罚款;情节严重的,吊销河道采砂许可证,并处10万元以上20万元以下罚款。这里的"扣押"属于行政强制措施。

(11) 广西

①扣押。《广西壮族自治区河道采砂管理条例》第三十三条规定:违反本条例第十四条第二款规定,未依法取得河道采砂许可证擅自在河道采砂的,由县级以上人民政府水行政主管部门责令停止违法行为,扣押违法采砂机具,没收违法所得,并处三万元以上十万元以下罚款。这里的"扣押"属于行政强制措施。

②扣押。《广西壮族自治区河道采砂管理条例》第三十六条规定:违反本条例第二十三条第一项规定,不按照河道采砂许可证的规定采砂的,由县级以上人民政府水行政主管部门责令停止违法行为,扣押违法采砂机具,没收违法所得,并处一万元以上十万元以下罚款;情节严重的,吊销河道采砂许可证,并处十万元以上二十万元以下罚款。这里的"扣押"属于行政强制措施。

(12) 四川

①扣押。《四川省〈中华人民共和国水法〉实施办法》第四十一条规定：未办理河道采砂许可证擅自在河道采砂的，责令停止违法行为，没收违法所得和非法采砂机具，并处5万元以上30万元以下的罚款；情节严重的，扣押或者没收非法采砂船舶。这里的"扣押"属于行政强制措施。

②查封、扣押。《四川省〈中华人民共和国水土保持法〉实施办法》第三十三条规定：被检查单位或者个人拒不停止违法行为，造成严重水土流失的，报经水行政主管部门批准，可以查封、扣押实施违法行为的工具及施工机械、设备等。这里的"查封、扣押"属于行政强制措施。

(13) 贵州

查封、扣押。《贵州省水土保持条例》第三十九条规定：被检查单位或者个人拒不停止违法行为，造成严重水土流失的，报经水行政主管部门批准，可以依法查封、扣押实施违法行为的工具及施工机械、设备等。这里的"查封、扣押"属于行政强制措施。

(14) 西藏

查封、扣押。《西藏自治区实施〈中华人民共和国水土保持法〉办法》第四十五条规定：被检查单位或者个人拒不停止违法行为，造成严重水土流失的，报经县级以上人民政府水行政主管部门批准，可以依法查封、扣押实施违法行为的工具及施工机械、设备等。这里的"查封、扣押"属于行政强制措施。

(15) 陕西

查封、扣押。《陕西省水土保持条例》第四十六条规定：水政监督检查人员发现单位或者个人有违反水土保持法律法规行为的，应当责令立即停止违法行为。拒不停止违法行为，造成严重水土流失的或者有其他严重违法情节的，报经县级以上水行政主管部门批准，水政监督检查人员可以查封、扣押实施违法行为的工具及施工机械、设备等。

这里的"查封、扣押"属于行政强制措施。

(16) 辽宁

查封、扣押。《辽宁省水土保持条例》第三十六条规定：水行政主管部门应当开展水土保持日常监督检查，及时发现、制止和查处水土保持违法行为，并可以采取约谈、通报、责令限期整改等措施，以及依法查封、扣押实施违法行为的工具及施工机械、设备等。这里的"查封、扣押"属于行政强制措施。

(17) 北京

查封、扣押。《北京市河湖保护管理条例》第四十五条规定：水行政主管部门的执法人员在依法行使监督检查职责时，发现被检查单位或者个人有违反本条例第十九条、第二十条、第二十一条、第二十四条、第二十八条规定违法情形且拒不停止违法行为的，经水行政主管部门批准，可以查封、扣押实施违法行为的工具及机械设备等。这里的"查封、扣押"属于行政强制措施。

(18) 海南

扣押。《海南省河道采砂管理规定》第二十四条规定：违反本规定，不按照采砂许可证规定采砂的，由县级以上人民政府水行政主管部门责令停止违法行为，扣押作业船舶、机具，没收违法所得，可以并处一万元以上十万元以下罚款；情节严重的，没收违法采砂作业船舶、机具和违法所得，吊销河道采砂许可证，可以并处十万元以上二十万元以下罚款；给他人造成损失的，应当依法承担赔偿责任；构成犯罪的，依法追究刑事责任。这里的"扣押"属于行政强制措施。

(三) 评析

首先，规定行政强制措施的水行政法的数量少。在水法律中，《水法》《防洪法》《长江保护法》《黄河保护法》均没有设定行政强制措施，只有《水土保持法》规定了行政强制措施。在水行政法规中，都没有规定行政强制措施。

其次,水行政法规定的行政强制措施种类少。根据《行政强制法》第九条的规定,行政强制措施的种类包括限制公民人身自由,查封场所、设施或者财物,扣押财物,冻结存款、汇款等。《水土保持法》规定的行政强制措施为查封、扣押,设定的行政强制措施种类明显偏少。

最后,规定的水行政强制措施适用范围狭窄。规定水行政强制措施的主要是地方性法规,目前共有十多个水地方性法规规定了行政强制措施。水行政执法的范围包括水资源管理、河道管理、防汛清障、供水管理、大坝安全、农田水利、水文管理等诸多领域,但是只有采砂、水土保持方面的地方性法规规定了行政强制措施,适用范围明显狭窄。《北京市河湖保护管理条例》是个特例,该条例设定的查封、扣押措施的适用范围包括对河湖保护范围内禁止行为的管理,对河湖管理范围、保护范围内活动的管理,对涉河建设项目的审批管理,对特殊水工建筑物、构筑物或者遗址的保护,对河湖管理范围内新建、改建或者扩大排水口审批的管理等。

二、水行政主体强制执行

(一)水行政主体强制执行的概念

水行政主体强制执行,是指水行政主体对不履行行政决定的公民、法人或者其他组织,强制其履行义务的行为。

(二)水行政主体强制执行的种类

《行政强制法》第十三条规定:行政强制执行由法律设定。法律没有规定行政机关强制执行的,作出行政决定的行政机关应当申请人民法院强制执行。这里的"法律"是狭义的法律概念,仅指全国人大及其常委会出台的规范性文件。因此,水行政主体强制执行只能由法律设定,或者说水行政主体强制执行只应在水法律中存在。下面对水法律中规定的水行政主体强制执行进行梳理。

1.《水法》

①强行拆除。《水法》第六十五条规定:在河道管理范围内建设妨碍行洪的建筑物、构筑物,或者从事影响河势稳定、危害河岸堤防安全和其他妨碍河道行洪的活动的,由县级以上人民政府水行政主管部门或者流域管理机构依据职权,责令停止违法行为,限期拆除违法建筑物、构筑物,恢复原状;逾期不拆除、不恢复原状的,强行拆除,所需费用由违法单位或者个人负担,并处一万元以上十万元以下的罚款。

未经水行政主管部门或者流域管理机构同意,擅自修建水工程,或者建设桥梁、码头和其他拦河、跨河、临河建筑物、构筑物,铺设跨河管道、电缆,且防洪法未作规定的,由县级以上人民政府水行政主管部门或者流域管理机构依据职权,责令停止违法行为,限期补办有关手续;逾期不补办或者补办未被批准的,责令限期拆除违法建筑物、构筑物;逾期不拆除的,强行拆除,所需费用由违法单位或者个人负担,并处一万元以上十万元以下的罚款。

这里的"强行拆除"属于水行政主体强制执行。

②强行拆除、恢复原状。《水法》第六十七条规定:在饮用水水源保护区内设置排污口的,由县级以上地方人民政府责令限期拆除、恢复原状;逾期不拆除、不恢复原状的,强行拆除、恢复原状,并处五万元以上十万元以下的罚款。这里的"强行拆除、恢复原状"属于水行政主体强制执行。

③滞纳金。《水法》第七十条规定:拒不缴纳、拖延缴纳或者拖欠水资源费的,由县级以上人民政府水行政主管部门或者流域管理机构依据职权,责令限期缴纳;逾期不缴纳的,从滞纳之日起按日加收滞纳部分千分之二的滞纳金,并处应缴或者补缴水资源费一倍以上五倍以下的罚款。这里的"滞纳金"属于水行政主体强制执行。

2.《防洪法》

①强行清除。《防洪法》第四十二条规定：对河道、湖泊范围内阻碍行洪的障碍物，按照谁设障、谁清除的原则，由防汛指挥机构责令限期清除；逾期不清除的，由防汛指挥机构组织强行清除，所需费用由设障者承担。这里的"强行清除"属于水行政主体强制执行。

②代为恢复原状或者采取其他补救措施。《防洪法》第五十六条规定：违反本法第十五条第二款、第二十三条规定，围海造地、围湖造地、围垦河道的，责令停止违法行为，恢复原状或者采取其他补救措施，可以处五万元以下的罚款；既不恢复原状也不采取其他补救措施的，代为恢复原状或者采取其他补救措施，所需费用由违法者承担。这里的"代为恢复原状或者采取其他补救措施"属于水行政主体强制执行。

③强行拆除。《防洪法》第五十七条规定：违反本法第二十七条规定，未经水行政主管部门对其工程建设方案审查同意或者未按照有关水行政主管部门审查批准的位置、界限，在河道、湖泊管理范围内从事工程设施建设活动的，责令停止违法行为，补办审查同意或者审查批准手续；工程设施建设严重影响防洪的，责令限期拆除，逾期不拆除的，强行拆除，所需费用由建设单位承担；影响行洪但尚可采取补救措施的，责令限期采取补救措施，可以处一万元以上十万元以下的罚款。这里的"强行拆除"属于水行政主体强制执行。

3.《水土保持法》

①代为清理。《水土保持法》第五十五条规定：违反本法规定，在水土保持方案确定的专门存放地以外的区域倾倒砂、石、土、矸石、尾矿、废渣等的，由县级以上地方人民政府水行政主管部门责令停止违法行为，限期清理，按照倾倒数量处每立方米十元以上二十元以下的罚款；逾期仍不清理的，县级以上地方人民政府水行政主管部门可以指定有清理能力的单位代为清理，所需费用由违法行为人承担。这里

的"代为清理"属于水行政主体强制执行。

②代为治理。《水土保持法》第五十六条规定：违反本法规定，开办生产建设项目或者从事其他生产建设活动造成水土流失，不进行治理的，由县级以上人民政府水行政主管部门责令限期治理；逾期仍不治理的，县级以上人民政府水行政主管部门可以指定有治理能力的单位代为治理，所需费用由违法行为人承担。这里的"代为治理"属于水行政主体强制执行。

③滞纳金。《水土保持法》第五十七条规定：违反本法规定，拒不缴纳水土保持补偿费的，由县级以上人民政府水行政主管部门责令限期缴纳；逾期不缴纳的，自滞纳之日起按日加收滞纳部分万分之五的滞纳金，可以处应缴水土保持补偿费三倍以下的罚款。这里的"滞纳金"属于水行政主体强制执行。

4.《黄河保护法》

①代为治理或者采取补救措施。《黄河保护法》第一百一十条规定：违反本法规定，在黄河流域损坏、擅自占用淤地坝的，由县级以上地方人民政府水行政主管部门或者黄河流域管理机构及其所属管理机构责令停止违法行为，限期治理或者采取补救措施，处十万元以上一百万元以下罚款；逾期不治理或者不采取补救措施的，代为治理或者采取补救措施，所需费用由违法者承担。

违反本法规定，在黄河流域从事生产建设活动造成水土流失未进行治理，或者治理不符合国家规定的相关标准的，由县级以上地方人民政府水行政主管部门或者黄河流域管理机构及其所属管理机构责令限期治理，对单位处二万元以上二十万元以下罚款，对个人可以处二万元以下罚款；逾期不治理的，代为治理，所需费用由违法者承担。

这里的"代为治理或者采取补救措施""代为治理"属于水行政主体强制执行。

②强制拆除或者代为恢复原状。《黄河保护法》第一百一十八条

规定:违反本法规定,有下列行为之一的,由县级以上地方人民政府水行政主管部门或者黄河流域管理机构及其所属管理机构责令停止违法行为,限期拆除违法建筑物、构筑物或者恢复原状,处五万元以上五十万元以下罚款;逾期不拆除或者不恢复原状的,强制拆除或者代为恢复原状,所需费用由违法者承担:(一)在河道、湖泊管理范围内建设妨碍行洪的建筑物、构筑物或者从事影响河势稳定、危害河岸堤防安全和其他妨碍河道行洪的活动;(二)违法利用、占用黄河流域河道、湖泊水域和岸线;(三)建设跨河、穿河、穿堤、临河的工程设施,降低行洪和调蓄能力或者缩小水域面积,未建设等效替代工程或者采取其他功能补救措施;(四)侵占黄河备用入海流路。这里的"强制拆除或者代为恢复原状"属于水行政主体强制执行。

(三)水行政法规中行政机关强制执行的合法性辨析

1. 水行政法规中关于行政机关强制执行的准用性规范

准用性规范是指法律规范没有直接规定具体的、明确的规则内容,而是规定当法定的情况出现时,准许参照、援用其他有关法律规范。[①] 虽然只有法律有权创设行政机关强制执行,但是如果行政法规只是援引、照抄法律中行政机关强制执行的规定并不违法,只有行政法规自行创设行政机关强制执行才是违法的。水行政法规中涉及水行政主体强制执行的准用性规范主要包括如下情形:

(1)依法强制执行。《农田水利条例》第四十三条规定,违反本条例规定,有下列行为之一的,由县级以上地方人民政府水行政主管部门责令停止违法行为,限期恢复原状或者采取补救措施;逾期不恢复原状或者采取补救措施的,依法强制执行;造成损失的,依法承担民事

---

① 中国社会科学院法学研究所法律辞典编委会主编《法律辞典》,法律出版社,2003,第1979页。

责任;构成违反治安管理行为的,依法给予治安管理处罚;构成犯罪的,依法追究刑事责任:(一)堆放阻碍农田水利工程设施蓄水、输水、排水的物体;(二)建设妨碍农田水利工程设施蓄水、输水、排水的建筑物和构筑物;(三)擅自占用农业灌溉水源、农田水利工程设施。

(2) 依法强制执行。《太湖流域管理条例》第六十六条规定:违反本条例规定,在太湖、太浦河、新孟河、望虞河岸线内兴建不符合岸线利用管理规划的建设项目,或者不依法兴建等效替代工程、采取其他功能补救措施的,由太湖流域管理机构或者县级以上地方人民政府水行政主管部门按照职责权限责令改正,处10万元以上30万元以下罚款;拒不改正的,由太湖流域管理机构或者县级以上地方人民政府水行政主管部门按照职责权限依法强制执行,所需费用由违法行为人承担。

(3) 依法强制执行。《太湖流域管理条例》第六十七条规定,违反本条例规定,有下列行为之一的,由太湖流域管理机构或者县级以上地方人民政府水行政主管部门按照职责权限责令改正,对单位处5万元以上10万元以下罚款,对个人处1万元以上3万元以下罚款;拒不改正的,由太湖流域管理机构或者县级以上地方人民政府水行政主管部门按照职责权限依法强制执行,所需费用由违法行为人承担:(一)擅自占用太湖、太浦河、新孟河、望虞河岸线内水域、滩地或者临时占用期满不及时恢复原状的;(二)在太湖岸线内圈圩,加高、加宽已经建成圈圩的圩堤,或者垫高已经围湖所造土地地面的;(三)在太湖从事不符合水功能区保护要求的开发利用活动的。

以上3个条款中出现的"依法强制执行"即为准用性规范,也就是说这3个条款并没有授予有关水行政主体强制执行权,而是要求其依法实施行政强制执行。这样规定不违背《行政强制法》的规定。其所"依"的"法"包括《行政强制法》《水法》《防洪法》等法律。如果依据相关法律,水行政主体有行政强制执行权,那么有关的水行政主体就可以自行实施强制执行。如果相关法律没有赋予水行政主体强制执行权,那么作出行政决定的水行政主体只能申请人民法院强制执行,由此以来,"依法强制执行"就变成了有关水行政主体申请人民法院强制执行。

2. 水行政法规中越权创设行政机关强制执行的情形

水行政法规在没有法律依据的情况下创设行政机关强制执行属于越权立法,主要包括以下情形。

(1)《地下水管理条例》

①组织采取措施消除不利影响。《地下水管理条例》第五十七条规定:地下工程建设对地下水补给、径流、排泄等造成重大不利影响的,由县级以上地方人民政府水行政主管部门责令限期采取措施消除不利影响,处10万元以上50万元以下罚款;逾期不采取措施消除不利影响的,由县级以上地方人民政府水行政主管部门组织采取措施消除不利影响,所需费用由违法行为人承担。这里的"组织采取措施消除不利影响"属于水行政主体强制执行。

②组织封井或者回填。《地下水管理条例》第五十八条规定:报废的矿井、钻井、地下水取水工程,或者未建成、已完成勘探任务、依法应当停止取水的地下水取水工程,未按照规定封井或者回填的,由县级以上地方人民政府或者其授权的部门责令封井或者回填,处10万元以上50万元以下罚款;不具备封井或者回填能力的,由县级以上地方人民政府或者其授权的部门组织封井或者回填,所需费用由违法行为人承担。这里的"组织封井或者回填"属于水行政主体强制执行。

③组织补救。《地下水管理条例》第六十条规定:侵占、毁坏或者擅自移动地下水监测设施设备及其标志的,由县级以上地方人民政府水行政、自然资源、生态环境主管部门责令停止违法行为,限期采取补救措施,处2万元以上10万元以下罚款;逾期不采取补救措施的,由县级以上地方人民政府水行政、自然资源、生态环境主管部门组织补

救,所需费用由违法行为人承担。这里的"组织补救"属于水行政主体强制执行。

④组织封井或者回填。《地下水管理条例》第六十一条规定:以监测、勘探为目的的地下水取水工程在施工前应当备案而未备案的,由县级以上地方人民政府水行政主管部门责令限期补办备案手续;逾期不补办备案手续的,责令限期封井或者回填,处 2 万元以上 10 万元以下罚款;逾期不封井或者回填的,由县级以上地方人民政府水行政主管部门组织封井或者回填,所需费用由违法行为人承担。这里的"组织封井或者回填"属于水行政主体强制执行。

(2)《水文条例》

强行拆除。《水文条例》第三十七条规定:未经批准擅自设立水文测站或者未经同意擅自在国家基本水文测站上下游建设影响水文监测的工程的,责令停止违法行为,限期采取补救措施,补办有关手续;无法采取补救措施、逾期不补办或者补办未被批准的,责令限期拆除违法建筑物;逾期不拆除的,强行拆除,所需费用由违法单位或者个人承担。这里的"强行拆除"属于水行政主体强制执行。

(3)《取水许可和水资源费征收管理条例》

组织拆除或者封闭。《取水许可和水资源费征收管理条例》第四十九条规定:未取得取水申请批准文件擅自建设取水工程或者设施的,责令停止违法行为,限期补办有关手续;逾期不补办或者补办未被批准的,责令限期拆除或者封闭其取水工程或者设施;逾期不拆除或者不封闭其取水工程或者设施的,由县级以上地方人民政府水行政主管部门或者流域管理机构组织拆除或者封闭,所需费用由违法行为人承担,可以处 5 万元以下罚款。这里的"组织拆除或者封闭"属于水行政主体强制执行。

(4)《长江河道采砂管理条例》

强行转移至指定地点。《长江河道采砂管理条例》第二十一条规定：违反本条例规定，采砂船舶未在指定地点集中停放或者无正当理由擅自离开指定地点的，由县级以上地方人民政府水行政主管部门责令停靠在指定地点，处3万元以上10万元以下的罚款；拒不改正的，予以强行转移至指定地点。这里的"强行转移至指定地点"属于水行政主体强制执行。

(5)《抗旱条例》

强制执行。《抗旱条例》第六十条规定：违反本条例规定，水库、水电站、拦河闸坝等工程的管理单位以及其他经营工程设施的经营者拒不服从统一调度和指挥的，由县级以上人民政府水行政主管部门或者流域管理机构责令改正，给予警告；拒不改正的，强制执行，处1万元以上5万元以下的罚款。这里的"强制执行"属于水行政主体强制执行。

(6)《节约用水条例》

加处罚款。《节约用水条例》第四十八条规定：高耗水工业企业用水水平超过用水定额，未在规定的期限内进行节水改造的，由县级以上地方人民政府水行政主管部门或者流域管理机构责令改正，可以处10万元以下的罚款；拒不改正的，处10万元以上50万元以下的罚款，情节严重的，采取限制用水措施或者吊销其取水许可证。这里的"处10万元以下的罚款"属于行政处罚，而"处10万元以上50万元以下的罚款"是加处罚款，属于行政强制执行措施，属于水行政主体强制执行。

加处罚款。《节约用水条例》第四十九条规定：工业企业的生产设备冷却水、空调冷却水、锅炉冷凝水未回收利用的，由县级以上地方人民政府水行政主管部门责令改正，可以处5万元以下的罚款；拒不改正的，处5万元以上10万元以下的罚款。这里的"处5万元以下的罚款"是行政处罚，而"处5万元以上10万元以下的罚款"是加处罚款，属于行政强制执行措施，属于水行政主体强制执行。

以上六个行政法规规定的水行政主体强制执行权,均没有法律依据,属于自行创设,违反《行政强制法》第十三条规定。

这里需要注意的是《河道管理条例》中"强行清除"的合法性问题。1988年制定的《河道管理条例》第三十六条规定:对河道管理范围内的阻水障碍物,按照"谁设障,谁清除"的原则,由河道主管机关提出清障计划和实施方案,由防汛指挥部责令设障者在规定的期限内清除。逾期不清除的,由防汛指挥部组织强行清除,并由设障者负担全部清障费用。这里的"强行清除"即属于水行政主体强制执行。《行政强制法》是2011年颁布的,因此,《河道管理条例》中的"强行清除"属于《行政强制法》制定前的规定,不存在与《行政强制法》相抵触的问题。并且,《防洪法》第四十二条规定也可以看作是对《河道管理条例》第三十六条规定的追认。1997年颁布的《防洪法》第四十二条规定:对河道、湖泊范围内阻碍行洪的障碍物,按照谁设障、谁清除的原则,由防汛指挥机构责令限期清除;逾期不清除的,由防汛指挥机构组织强行清除,所需费用由设障者承担。所以《河道管理条例》中规定的"强行清除"不存在违法的问题。

(四) 水地方性法规、水地方政府规章中行政机关强制执行的合法性辨析

水地方性法规、水地方政府规章中规定的行政机关强制执行的合法性的判断标准与水行政法规一致:如果水地方性法规、水地方政府规章只是援引、照抄法律中行政机关强制执行的规定,这并不违法,如果自行创设行政机关强制执行权就属于越权立法。

1. 水地方性法规中关于行政机关强制执行的准用性规范

一些水地方性法规中存在有关行政机关强制执行的准用性规范,即没有创设行政机关强制执行,而是只是援引、照抄法律中关于行政强制执行的规定。这种情形主要包括:

（1）依法封井或者回填。《上海市水资源管理若干规定》第三十一条规定：违反本规定第十九条第一款规定，权属单位未按照规定封井或者回填的，由市水务局执法总队、区水务行政管理部门责令限期改正，处十万元以上五十万元以下的罚款；不具备封井或者回填能力的，由水务行政管理部门或者其委托的没有利害关系的第三人依法封井或者回填，所需费用由权属单位承担。

（2）依法代为改正或者采取其他补救措施。《上海市水资源管理若干规定》第三十二条规定：建设单位填堵河道不符合本规定第二十二条第二款要求的，由市水务局执法总队、区水务行政管理部门责令限期改正或者采取其他补救措施，可以处一万元以上五万元以下的罚款；逾期不改正或者不采取其他补救措施的，由水务行政管理部门或者其委托的没有利害关系的第三人依法代为改正或者采取其他补救措施，所需费用由建设单位承担。

（3）依法实施代履行。《陕西省实施〈中华人民共和国水法〉办法》第四十七条规定：违反本办法第二十二条规定，未经批准擅自在江河、湖泊、水库、渠道上新设、改设或者扩大排污口的，由县级以上生态环境水行政主管部门依据职权，责令停止违法行为，限期恢复原状；逾期不恢复原状的，依法实施代履行，处五万元以上十万元以下罚款。

（4）依法实施代履行。《陕西省水文条例》第三十二条规定：违反本条例第十条、第十一条和第二十八条规定，擅自设立水文测站或者未经同意擅自在水文测站上下游建设影响水文监测工程的，由水文机构责令停止违法行为，限期采取补救措施，补办有关手续；无法采取补救措施、逾期不补办或者补办未被批准的，责令限期拆除违法建筑物；逾期不拆除的，由水行政主管部门依法实施代履行，所需费用由违法单位或者个人承担。

以上4个条款中的"依法封井或者回填""依法代为改正或者采取其他补救措施""依法实施代履行"都属于准用性规范，不是确定性规范,没有直接创设行政机关强制执行,没有违反《行政强制法》的规定。

2. 水地方性法规中越权创设行政机关强制执行的情形

下面对省级水地方性法规越权创设行政机关强制执行的情形进行梳理。

(1) 河北

①组织封闭。《河北省实施〈中华人民共和国水法〉办法》第六十一条规定:未经批准开凿取水井取水的,由县级以上人民政府水行政主管部门按照下列规定予以罚款,对已开凿的取水井责令限期封闭;逾期不封闭的,由县级以上人民政府水行政主管部门组织封闭,所需费用由原使用者承担,法律、法规规定不需要申请领取取水许可证的除外:(一) 在地下水禁止开采区可凿取水井取水的,处五万元以上十万元以下的罚款;(二) 在地下水限制开采区开凿取水井取水的,处三万元以上八万元以下的罚款;(三) 在其他区域开凿取水井取水的,处二万元以上五万元以下的罚款。这里的"组织封闭"属于水行政主体强制执行。

②代为消除隐患。《河北省河湖保护和治理条例》第六十二条规定:违反本条例第四十一条规定,未对工程设施进行日常检查和维护的,由县级以上人民政府水行政主管部门责令限期改正,逾期不改正的,处五千元以上一万元以下的罚款。发现危害堤坝安全、影响河势稳定、妨碍行洪畅通等情况,未及时进行整改、消除隐患的,由县级以上人民政府水行政主管部门责令限期改正,逾期不改正的,由水行政主管部门代为消除隐患,所需费用由违法单位或者个人承担,并处二万元以上五万元以下的罚款。这里的"代为消除隐患"属于水行政主体强制执行。

(2) 黑龙江

①强制拆除。《黑龙江省农田水利条例》第三十九条规定:违反本条例规定,建设单位新建、改建、扩建农田水利工程不符合农田水利规

划的，由县以上水行政主管部门责令停止建设，限期拆除；逾期不拆除的，强制拆除，所需费用由违法单位或者个人承担。这里的"强制拆除"属于水行政主体强制执行。

②强制拆除。《黑龙江省农田水利条例》第四十一条规定：违反本条例规定，未经水行政主管部门批准占用农业灌溉水源、灌排工程的，由县以上水行政主管部门责令停止违法行为，限期改正；造成灌排工程报废或者失去部分功能的，限期拆除违法设施、恢复原状或者赔偿损失，并处以一万元以上五万元以下的罚款；逾期不拆除违法设施的，强制拆除，所需费用由违法单位或者个人承担。这里的"强制拆除"属于水行政主体强制执行。

③组织拆除或者封闭。《黑龙江省节约用水条例》第四十二条规定：未取得取水许可擅自建设取水工程、设施的，责令停止违法行为，限期补办有关手续；逾期不补办或者补办未被批准的，责令限期拆除或者封闭其取水工程或者设施；逾期不拆除或者不封闭的，由市、县级水行政主管部门或者流域管理机构组织拆除或者封闭，所需费用由违法行为人承担，可以处以二万元以上五万元以下罚款。这里的"组织拆除或者封闭"属于水行政主体强制执行。

（3）辽宁

①组织代为恢复原状或者采取补救措施。《辽宁省东水济辽工程管理条例》第三十三条规定：违反本条例规定，有下列情形之一的，由工程沿线县以上水行政主管部门责令停止违法行为，恢复原状或者采取补救措施；逾期不恢复原状或者不采取补救措施的，由水行政主管部门组织代为恢复原状或者采取补救措施，所需费用和造成的直接经济损失由违法单位或者个人承担，并按照下列规定处罚：（一）在工程管理范围内爆破、钻探、采矿（石、砂）、打井、挖塘、修建坟墓、堆放大宗物料的，处一万元以上三万元以下罚款；（二）在取水口、泵站、电站、配水站、阀井、检修道、通信光缆、输变电线路等工程管理范围内，从事挖

掘活动或者兴建与工程无关的建筑物、构筑物的,处一万元以上二万元以下罚款;(三)在地下输水管道上方地面以及其外边界向外延伸至十五米地表范围内种植深根植物的,处三千元以上五千元以下罚款;(四)侵占、拆除、损毁以及擅自动用工程设施的,处二万元以上三万元以下罚款;(五)擅自在工程输变电线路上搭接线路的,处一万元以上二万元以下罚款;(六)移动、覆盖、涂改、损毁界桩、标识牌等保护标志和安全警示标志的,处二千元罚款。这里的"组织代为恢复原状或者采取补救措施"属于水行政主体强制执行。

②组织代为恢复原状或者采取补救措施。《辽宁省东水济辽工程管理条例》第三十四条规定:在工程保护范围内,有下列情形之一,经专业机构评估危害工程安全运行的,由工程沿线县以上水行政主管部门责令停止违法行为,恢复原状或者采取补救措施;逾期不恢复原状或者不采取补救措施的,由水行政主管部门组织代为恢复原状或者采取补救措施,所需费用及造成的直接经济损失由违法单位或者个人承担,并按照下列规定处罚:(一)在输水隧洞保护范围内爆破、钻探、采矿(石、砂)、挖塘的,处三万元以上五万元以下罚款;(二)在地下输水管道保护范围内爆破、钻探、采矿(石、砂)、取土、打井、挖塘、修建坟墓、弃置渣土、兴建建筑物或者构筑物的,处一万元以上二万元以下罚款;(三)在穿越河道的输水隧洞、地下输水管道保护范围内爆破、挖砂、取土、堆积大宗物料、改变河道的,处三万元以上十万元以下罚款。这里的"组织代为恢复原状或者采取补救措施"属于水行政主体强制执行。

③强行拆除。《辽宁省水能资源开发利用管理条例》第二十四条规定:擅自开发利用水能资源或者扩大装机容量的,由水行政主管部门责令停止违法行为,限期拆除违法建筑物、构建物,恢复原状;逾期未拆除的,强行拆除,所需费用由违法者承担,并按照下列规定处以罚款:(一)擅自开发或者扩大装机容量不足500千瓦的,处1万元以上

2万元以下罚款;(二)擅自开发或者扩大装机容量500千瓦以上不足1000千瓦的,处2万元以上5万元以下罚款;(三)擅自开发或者扩大装机容量1000千瓦以上的,处5万元以上10万元以下罚款。这里的"强行拆除"属于水行政主体强制执行。

④加处罚款。《辽宁省节约用水条例》第三十九条规定:违反本条例规定,有下列情形之一的,由节约用水主管部门责令限期改正,处五万元以上十万元以下罚款;逾期未改正的,处十万元以上五十万元以下罚款:(一)以水为主要原料生产纯净水、矿泉水和饮料的企业,未采用节约用水工艺和技术或者未按照规定回收利用尾水的;(二)特殊用水行业未采用低耗水、循环用水等节水技术、设备或者设施的;(三)高耗水企业未按照国家规定使用再生水的;(四)市政用水和观赏性景观、生态湿地等环境用水,有条件使用再生水、雨水等非传统水源而未使用的。这里的"处五万元以上十万元以下罚款"属于行政处罚,而"处十万元以上五十万元以下罚款"属于加处罚款,是行政强制执行方式,属于水行政主体强制执行。

(4) 江苏

①代为封井。《江苏省水资源管理条例》第四十四条规定:违反本条例第十四条第一款规定,在地下水禁止开采区内开凿深井的,责令限期封井;逾期不封井的,由水行政主管部门代为封井,所需费用由违法行为人承担,可以处一万元以上五万元以下的罚款。这里的"代为封井"属于水行政主体强制执行。

②代为封填。《江苏省水资源管理条例》第四十六条规定:违反本条例第三十条第二款规定,对深井未采取封填措施的,责令限期封填;逾期不封填的,由水行政主管部门代为封填,封填费用由深井所属单位承担。这里的"代为封填"属于水行政主体强制执行。

③代为封井。《江苏省人民代表大会常务委员会关于在苏锡常地区限期禁止开采地下水的决定》:"三、苏锡常地区设区的市、不设区的

市人民政府应当按照省人民政府规定的地下水禁止开采的具体期限，制定封井计划并组织实施。取水单位或者个人未按照规定期限封井的，由县级以上地方人民政府水行政主管部门责令限期封井；逾期仍不封井的，代为封井，封井费用由取水单位或者个人承担，可以处五千元以上三万元以下的罚款。"这里的"代为封井"属于水行政主体强制执行。

④代为恢复原状或者采取其他补救措施。《江苏省河道管理条例》第四十八条规定：违反本条例第二十六条第二款规定，擅自填堵原有河道的沟叉、贮水湖塘洼淀、废除原有防洪围堤，或者虽经批准但未按照等效等量原则进行补偿的，由城市人民政府责令停止违法行为，限期恢复原状或者采取其他补救措施；逾期未恢复原状或者采取其他补救措施的，代为恢复原状或者采取其他补救措施，所需费用由违法者承担。这里的"代为恢复原状或者采取其他补救措施"属于水行政主体强制执行。

⑤代为实施。《江苏省河道管理条例》第五十二条规定：违反本条例第三十四条规定，阻断防汛通道的，由县级以上地方人民政府水行政主管部门责令限期改正；逾期不改正的，由县级以上地方人民政府水行政主管部门代为实施，所需费用由违法单位和个人承担，处以一万元以上五万元以下罚款。这里的"代为实施"属于水行政主体强制执行。

（5）上海

代为加固或者改造防汛墙。《上海市防汛条例》第五十一条规定：违反本条例规定，利用防汛墙岸段从事装卸作业，不按照防汛要求对防汛墙进行加固或者改造的，由水行政主管部门责令限期改正，可以处一万元以上五万元以下罚款；逾期不改正的，由水行政主管部门责令停止作业，并可代为加固或者改造防汛墙，所需费用由违法者承担。这里的"代为加固或者改造防汛墙"属于水行政主体强制执行。

(6) 内蒙古

拆除。《内蒙古自治区农村牧区饮用水供水条例》第四十四条规定：违反本条例第十条规定，未经批准，擅自建设农村牧区饮用水供水工程的，由旗县级以上人民政府水行政主管部门责令停止建设，对符合饮用水供水发展规划的，责令补办有关手续；不符合饮用水供水发展规划的，责令限期拆除；逾期不拆除的，由旗县级以上人民政府水行政主管部门拆除，所需费用由责任单位或者个人承担，并可处以2万元以下罚款。这里的"拆除"属于水行政主体强制执行。

(7) 山西

①强制执行。《山西省抗旱条例》第三十四条规定：违反本条例规定，水库、水电站、塘坝、蓄水池、闸坝、湖泊的管理单位以及建有自备水源的企业、集体、个人拒不服从统一调度的，由县级以上人民政府水行政主管部门责令改正，给予警告；拒不改正的，强制执行，并处一万元以上五万元以下的罚款。这里的"强制执行"属于水行政主体强制执行。

②强制执行。《山西省抗旱条例》第三十五条规定：违反本条例规定，抗旱应急水源工程管理单位和抗旱物资储备单位拒不服从统一调度的，由县级以上人民政府水行政主管部门责令改正，给予警告；拒不改正的，强制执行，并处一万元以上五万元以下的罚款。这里的"强制执行"属于水行政主体强制执行。

(8) 安徽

①强行拆除。《安徽省实施〈中华人民共和国水法〉办法》第四十四条规定：违反本办法第二十条第二款、第三款规定，擅自在地下水禁止开采区内新建、改建、扩建取用地下水的建设项目，或未经批准擅自在地下水限制开采区内取水的，由县级以上人民政府水行政主管部门责令停止违法行为，限期拆除；逾期不拆除的，强行拆除，并处二万元以上十万元以下的罚款。这里的"强行拆除"属于水行政主体强制执行。

②强行拆除。《安徽省水文条例》第三十三条规定:违反本条例第十二条第一款、第三十一条第二款规定,有下列行为之一的,由省水文机构责令停止违法行为,限期采取补救措施,补办有关手续;无法采取补救措施、逾期不补办或者补办未被批准的,责令限期拆除违法建筑物;逾期不拆除的,强行拆除,所需费用由违法单位或者个人承担:(一)未经省水文机构批准,擅自设立专用水文测站的;(二)未经同意擅自在国家基本水文测站上下游建设影响水文监测的工程的。这里的"强行拆除"属于水行政主体强制执行。

(9)江西

①强制执行。《江西省抗旱条例》第四十六条规定:违反本条例规定,水库、水电站、拦河闸坝等水工程的管理单位以及其他水工程设施的经营者拒不服从统一调度和指挥的,由县级以上人民政府水行政主管部门责令改正,给予警告;拒不改正的,强制执行,处一万元以上三万元以下罚款;情节严重的,处三万元以上五万元以下罚款。这里的"强制执行"属于水行政主体强制执行。

②代履行或者委托其他没有利害关系的第三人代履行。《江西省水资源条例》第六十条规定:违反本条例规定,城镇建设擅自填堵具有调蓄、灌溉功能的河道沟汊、贮水湖塘洼淀和废除原有防洪围堤的,由县级以上人民政府水行政主管部门责令停止违法行为、限期恢复原状或者采取其他补救措施;逾期不改正的,县级以上人民政府水行政主管部门可以代履行或者委托其他没有利害关系的第三人代履行,所需费用由违法者承担。这里的"代履行或者委托其他没有利害关系的第三人代履行"属于水行政主体强制执行。

(10)广西

①组织现场清理、平整、加处罚款。《广西壮族自治区河道采砂管理条例》第三十七条规定:违反本条例第二十三条第六项规定,未及时清运砂石、平整弃料堆体或者采砂坑槽的,由县级以上人民政

府水行政主管部门责令限期整改，处一万元以下罚款；逾期不整改的，处一万元以上十万元以下罚款，并由县级以上人民政府水行政主管部门组织现场清理、平整，所需费用由从事河道采砂的单位和个人承担。这里的"组织现场清理、平整"属于水行政主体强制执行。这里的"处一万元以下罚款"属于行政处罚，而"处一万元以上十万元以下罚款"属于加处罚款，是行政强制执行方式，属于水行政主体强制执行。

②强行拆除。《广西壮族自治区水能资源开发利用管理条例》第三十二条规定：违反本条例第十条规定，开发利用不符合水能资源开发利用规划的水能资源的，由县级以上人民政府水行政主管部门责令停止违法行为，限期拆除违法建（构）筑物，恢复原状；逾期不拆除的，强行拆除，所需费用由违法者承担，并处一万元以上十万元以下罚款。这里的"强行拆除"属于水行政主体强制执行。

(11) 贵州

代为恢复原状或者采取其他补救措施。《贵州省防洪条例》第四十条规定：违反本条例第十五条规定的，由县级以上人民政府水行政部门责令其停止违法行为，限期恢复原状或者采取其他补救措施；逾期不恢复原状或者未采取其他补救措施的，代为恢复原状或者采取其他补救措施，所需费用由违法者承担，可以处以5000元以上5万元以下罚款。这里的"代为恢复原状或者采取其他补救措施"属于水行政主体强制执行。

(12) 四川

①组织拆除或者封闭。《四川省水资源条例》第五十三条规定：未取得取水申请批准文件擅自建设取水工程或者设施的，由县级以上地方各级人民政府水行政主管部门责令停止违法行为，限期补办有关手续；逾期不补办或者补办未被批准的，责令限期拆除或者封闭其取水工程或者设施；逾期不拆除或者不封闭其取水工程或者设施的，由县

级以上地方各级人民政府水行政主管部门组织拆除或者封闭,所需费用由违法行为人承担,可以处二万元以上五万元以下罚款。这里的"组织拆除或者封闭"属于水行政主体强制执行。

②组织现场清理、平整。《四川省河道采砂管理条例》第三十九条规定:违反本条例第三十条规定,未按照规定对作业现场进行清理、平整的,由县级以上地方人民政府水行政主管部门责令限期整改;逾期不整改的,由县级以上地方人民政府水行政主管部门组织现场清理、平整,所需全部费用由从事河道采砂的单位或者个人负担,并处以所需费用二至五倍的罚款。这里的"组织现场清理、平整"属于水行政主体强制执行。

③代为拆除、恢复原状。《四川省〈中华人民共和国水法〉实施办法》第三十九条规定:违反本办法第十五条第二款规定的,责令限期拆除、恢复原状;逾期不拆除、不恢复原状的,代为拆除、恢复原状,费用由违法单位或者个人承担,并处1万元以上5万元以下的罚款。这里的"代为拆除、恢复原状"属于水行政主体强制执行。

(13) 宁夏

强制执行。《宁夏回族自治区抗旱防汛条例》第三十七条规定:违反本条例规定,拒不服从统一调度,不执行调度指令的,由县级以上人民政府水行政主管部门责令改正,给予警告;拒不改正的,强制执行,处以一万元以上五万元以下的罚款。这里的"强制执行"属于水行政主体强制执行。

(14) 甘肃

强行拆除。《甘肃省河道管理条例》第三十六条规定:违反本条例第二十二条规定,且《中华人民共和国防洪法》未作规定的,由县级以上人民政府水行政主管部门责令停止违法行为,限期补办有关手续;逾期不补办或者补办未被批准的,责令限期拆除违法建筑物、构筑物;逾期不拆除的,强行拆除,所需费用由违法单位或者个人负担,并处一万元以上十万元以下的罚款。这里的"强行拆除"属于水行政主体强制执行。

3. 水地方政府规章中越权创设行政机关强制执行的情形

下面对省级水地方政府规章越权创设行政机关强制执行的情形进行梳理。

(1) 北京

采取相应补救措施。《北京市南水北调工程保护办法》第二十二条规定:违反本办法第十四条第(一)项、第(二)项、第(三)项、第(四)项或者第(六)项规定的,由市南水北调工程主管部门责令限期改正,可处 3000 元以上 10 万元以下罚款;逾期不改正的,由市南水北调工程主管部门采取相应补救措施,由此产生的费用由违法行为人承担。这里的"采取相应补救措施"属于水行政主体强制执行。

(2) 山东

强行拆除。《山东省小型水库管理办法》第二十三条规定:违反本办法规定,未依法报经批准擅自建设小型水库,或者未经水行政主管部门审查同意擅自在小型水库管理范围内建设工程项目的,由县级以上人民政府水行政主管部门责令停止违法行为,限期补办有关手续;逾期不补办或者补办未被批准的,责令限期拆除;逾期不拆除的,强行拆除,所需费用由违法单位或者个人负担,并可处 1 万元以上 10 万元以下的罚款。这里的"强行拆除"属于水行政主体强制执行。

(3) 江苏

①代为实施。《江苏省建设项目占用水域管理办法》第二十四条规定:违反本办法第十四条规定,未兴建等效替代水域工程的,由县级以上地方人民政府水行政主管部门责令限期改正,处 1 万元以上 10 万元以下罚款;逾期不改正的,由县级以上地方人民政府水行政主管部门代为实施,所需费用由违法单位和个人承担。这里的"代为实

施"属于水行政主体强制执行。

②代为恢复。《江苏省建设项目占用水域管理办法》第二十六条规定:违反本办法第二十一条第二款规定,临时占用水域经批准的延长期限已满,未按照占用水域承诺书承诺自行恢复水域原状的,由县级以上地方人民政府水行政主管部门或者省属水利工程管理机构责令限期恢复水域原状,并处1万元以上3万元以下罚款;逾期不恢复原状的,由县级以上地方人民政府水行政主管部门或者省属水利工程管理机构指定单位代为恢复,所需费用由违法行为人承担。这里的"代为恢复"属于水行政主体强制执行。

(4) 福建

滞纳金。《福建省河道采砂管理办法》第二十八条规定:违反本办法第二十二条规定,未按照规定缴纳河道采砂管理费、矿产资源补偿费的,由县级以上人民政府水行政主管部门责令其限期补缴,并从滞纳之日起按日加收2‰的滞纳金;逾期仍不缴纳的,处应缴纳的河道采砂管理费、矿产资源补偿费1倍以上3倍以下的罚款。这里的"滞纳金"属于水行政主体强制执行。

(5) 河南

组织拆除或者封闭。《河南省取水许可管理办法》第三十八条规定:对未经批准擅自建设取水工程或者设施的,由县级以上人民政府水行政主管部门责令停止违法行为,限期补办有关手续;逾期不补办或者补办未被批准的,责令限期拆除或者封闭其取水工程或者设施;逾期不拆除或者不封闭其取水工程或者设施的,由水行政主管部门组织拆除或者封闭,所需费用由违法行为人承担,可以处5万元以下罚款。这里的"组织拆除或者封闭"属于水行政主体强制执行。

(五) 评析

为什么水行政法规、水地方性法规、水地方政府规章中出现这么多越权设定行政机关强制执行的情形?这是一个值得深思的问题。以上只是对水行政法中违反《行政强制法》的情形作出的梳理,其他部门行政法中存在的违反《行政强制法》设定行政机关强制执行的情形不得而知,可能与此类似。这种现象的发生,恐怕需要从我国现行行政强制执行体制本身去寻找缘由。

《行政强制法》确立的行政强制执行体制具有两个特点:第一,是双轨制而不是单轨制,行政强制执行主体既可以是行政机关也可以是人民法院;第二,是以司法为主型而不是以行政为主型。[①] 或者说,我国行政强制执行的基本制度是以申请人民法院强制执行为原则,以行政机关强制执行为例外。

与此同时,关于行政强制执行权应当如何配置的争论由来已久,且伴随着《行政强制法》的整个制定过程,并没有随着法律的颁布而终止,直到今天,学界对此仍未达成共识。而在实践中,行政强制执行体制改革一直在延续。例如,中共中央、国务院印发的《法治政府建设实施纲要(2015—2020年)》就提出,要"理顺行政强制执行体制,科学配置行政强制执行权,提高行政强制执行效率"。

细究起来,现行行政强制执行体制存在一定缺陷。

首先,制约行政效率。相较于《行政处罚法》《行政许可法》,《行政强制法》关于行政强制执行的设定更为严格,遵循了严格的法律保留原则。这在有效规范行政强制执行权的同时,也造成行政机关自行强制执行的比例较低。事实上,除税务、海关等少数行政管理领域外,绝大多数的行政机关无权自行强制执行,只能申请人民法院强制执行。行政机关依法管理众多经济社会事务,但是,由于鲜有法律授权行政机关强制执行,这在一定程度上影响行政效能的提高。随着经济社会

---

① 《行政法与行政诉讼法学》编写组主编《行政法与行政诉讼法学》,高等教育出版社,2018,第170页。

的飞速发展,行政机关承担的行政管理职责也随之变化,行政机关不仅需要处理传统的经济社会管理事务,而且需要面对大数据、人工智能等新兴科学技术带来的管理难题。当前由于行政机关自行强制执行的比例配置较低,在很多时候行政机关难以及时有效解决问题,进而影响行政效能的提高。[①]

其次,造成行政执法困难。当前法律规范并未赋予大多数行政机关强制执行权,而这些行政机关又涉及最多的强制执行事项,由此导致行政执法困难的问题出现。申请法院强制执行是行政强制执行的主要途径,该模式程序烦琐,严重影响行政效率,其最直观的体现在于强制执行的时间成本过高。在行政执法实践中,往往是等行政处罚决定生效申请法院强制执行之时,违法行为已经实施完毕,再进行司法强制为时已晚。[②]

最后,带来消极法律影响。面对行政强制执行的体制困境,部分无强制执行权的行政机关采取了两种应对办法:个别行政机关被迫越权强制执行,致使违法行政大量滋生;更多的行政机关则对相对人不执行行政决定而听之任之,妨碍了行政管理目标的达成,造成了社会管理秩序的混乱。尤其是在环保、卫生、能源等行政管理领域,许多行政违法行为得不到及时的纠正,最终对社会经济发展及人民生命财产安全造成严重危害。[③]

(六) 水行政主体强制执行的完善路径

关于完善我国现行的行政强制执行体制,学术界有多种观点:

---

① 王青斌、高晨辉:《行政强制执行权的单轨制配置研究》,《江苏行政学院学报》2022 年第 3 期。
② 王华伟:《新时代我国行政强制执行权配置模式研究》,《湖南行政学院学报》2021 年第 1 期。
③ 张锦锦:《论我国行政强制执行双轨制的困境与出路》,《行政法学研究》2013 年第 3 期。

第一种观点是裁执分离模式,是指对于行政机关申请法院强制执行的案件,除了金钱给付义务的执行申请仍由法院裁定并执行,法院不再参与到具体的执行过程中,而是仅对申请的行政行为进行审查,以裁定是否允许强制执行,具体执行则交由行政机关委托其他组织去实施。[①]

第二种观点是"新双轨制",是指在尊重司法机关和行政机关"双轨制"的行政强制执行基本模式下,通过立法扩大行政机关自行强制执行的比例配置,适度减少行政机关申请人民法院强制执行的权力配置。[②]

第三种观点是单轨制,是指应由行政机关统一行使行政强制执行权,首先在法律上将行政强制执行权赋予行政机关,再在行政系统内成立一个综合性的强制执行机关,实行以综合性强制执行机关的执行为主,专门行政机关的强制执行为辅的强制执行模式。[③]

本书认为,水行政主体强制执行体制的完善,可以分两步走:

第一步是对水行政法规、水地方性法规、水地方政府规章中违反《行政强制法》中行政强制执行规定的条款进行集中清理。这样既可以维护法制统一,又可以防止行政强制执行权的失控和滥用。事实上,一些地方的立法机关已经注意到这一问题,开始有意识地清理地方性法规中违反《行政强制法》的条款。例如,2002年10月31日浙江省第九届人民代表大会常务委员会第三十九次会议通过的《浙江省水资源管理条例》第四十九条规定:违反本条例第二十七条规定,未按照批准的取水条件进行取水设施建设的,由县级以上水行政主管部门责令其停止违法建设,限期改正;逾期不改正的,代为改正,所需费用由

[①] 杨建顺:《司法裁判、裁执分离与征收补偿——〈国有土地上房屋征收与补偿条例〉的权力博弈论》,《法律适用》2011年第6期。

[②] 刘雨嫣:《非诉行政强制执行的困境及出路分析》,《人民论坛·学术前沿》2020年第11期。

[③] 石佑启:《论我国行政强制执行的模式选择及其运作》,《河北法学》2001年第2期。

违法行为人承担,可处以五万元以下的罚款。其中"代为改正"就属于行政强制执行,属于越权立法。2020年9月24日,浙江省第十三届人民代表大会常务委员会第二十四次会议通过了《浙江省水资源条例》,《浙江省水资源管理条例》同时废止,《浙江省水资源条例》删除了水行政主体强制执行的条款。

第二步是对《行政强制法》确定的行政强制执行体制作出必要修正。未来修订《行政强制法》时应允许行政法规、地方性法规设定行政机关自行强制执行。这种妥协与退让,可能更符合我国法治发展的实际。这与学界关于行政强制执行体制争论中的"新双轨制"观点类似。"新双轨制"强调行政强制执行体制改革的渐进性、稳定性,因而改革难度相对较小。① 这样就为今后水行政法规、水地方性法规设定行政机关自行强制执行创造一定的法律空间。

三、申请法院强制执行

(一)申请执行条件

《最高人民法院关于适用〈中华人民共和国行政诉讼法〉的解释》(法释〔2018〕1号)第一百五十五条规定,行政机关根据行政诉讼法第九十七条的规定申请执行其行政行为,应当具备以下条件:

1. 行政行为依法可以由人民法院执行;
2. 行政行为已经生效并具有可执行内容;
3. 申请人是作出该行政行为的行政机关或者法律、法规、规章授权的组织;
4. 被申请人是该行政行为所确定的义务人;

---

① 王青斌、高晨辉:《行政强制执行权的单轨制配置研究》,《江苏行政学院学报》2022年第3期。

5. 被申请人在行政行为确定的期限内或者行政机关催告期限内未履行义务；

6. 申请人在法定期限内提出申请；

7. 被申请执行的行政案件属于受理执行申请的人民法院管辖。

(二) 申请期限

《行政强制法》第五十三条规定：当事人在法定期限内不申请行政复议或者提起行政诉讼，又不履行行政决定的，没有行政强制执行权的行政机关可以自期限届满之日起三个月内，依照本章规定申请人民法院强制执行。关于行政复议的申请期限，《行政复议法》第二十条规定：公民、法人或者其他组织认为行政行为侵犯其合法权益的，可以自知道或者应当知道该行政行为之日起六十日内提出行政复议申请；但是法律规定的申请期限超过六十日的除外。关于行政诉讼的起诉期限，《行政诉讼法》第四十六条规定：公民、法人或者其他组织直接向人民法院提起诉讼的，应当自知道或者应当知道作出行政行为之日起六个月内提出。法律另有规定的除外。

因此，综合这三部法律的规定，一般来讲，申请人民法院执行行政行为的期限是行政行为生效后的 6 个月至 9 个月的时间区间。

(三) 催告

行政机关申请人民法院强制执行前，应当催告当事人履行义务。催告书送达十日后当事人仍未履行义务的，行政机关方可申请法院强制执行。

(四) 受理法院

1. 非诉执行由行政机关所在地基层人民法院管辖。

2. 执行对象是不动产的，由不动产所在地基层人民法院管辖。

3. 基层人民法院认为执行确有困难的,可以报请上级人民法院执行;上级人民法院可以决定由其执行,也可以决定由下级人民法院执行。

(五) 向法院提交的材料

1. 强制执行申请书。
2. 行政决定书及作出决定的事实、理由和依据。
3. 当事人的意见及行政机关催告情况。
4. 申请强制执行标的情况。
5. 法律、行政法规规定的其他材料。

(六) 受理

1. 人民法院对符合条件的申请,应当在五日内立案受理,并通知申请人。
2. 对不符合条件的申请,应当裁定不予受理。行政机关对人民法院不予受理的裁定有异议的,可以在十五日内向上一级人民法院申请复议,上一级人民法院应当自收到复议申请之日起十五日内作出是否受理的裁定。

(七) 裁定

1. 人民法院受理行政机关申请执行其行政行为的案件后,应当在七日内由行政审判庭对行政行为的合法性进行审查,并作出是否准予执行的裁定。
2. 被申请执行的行政行为有下列情形之一的,人民法院应当裁定不准予执行:
(1) 实施主体不具有行政主体资格的;
(2) 明显缺乏事实根据的;

(3) 明显缺乏法律、法规依据的；

(4) 其他明显违法并损害被执行人合法权益的情形。

3. 行政机关对不准予执行的裁定有异议，在十五日内向上一级人民法院申请复议的，上一级人民法院应当在收到复议申请之日起三十日内作出裁定。

（八）执行

关于非诉执行的具体方式，《行政诉讼法》和《最高人民法院关于适用〈中华人民共和国行政诉讼法〉的解释》中均作出详细规定。

第五节　水行政征收与征用

一、水行政征收

（一）水行政征收的概念

水行政征收是指水行政主体凭借国家行政权，依法向行政相对人强制性收取税、费的行政行为。水行政征收主要包括水行政收费和水资源税。

（二）水行政征收的特征

1. 侵益性

水行政征收是行政主体对行政相对人财产所有权的剥夺，而不仅是对其财产使用权的限制。水行政征收的法律后果是，行政相对人的财产权被剥夺。行政主体行政征收，使得行政相对人财产所有权发生转移,这也是水行政征收与水行政征用的区别所在,水行政征用只是财产使用权的暂时受限。

2. 无偿性

通常来说,水行政征收具有无偿性的特征,征收是无偿的,是财产的单向流转,无须向被征收对象偿付任何报酬。行政相对人的财产一经国家征收,其所有权就转移为国家所有,成为国有资产。但是,在特定情况下,有些水行政征收具有一定的补偿性,这一点在水行政收费上表现得比较明显。

3. 强制性

行政主体实施水行政征收行为,本质上是行使国家赋予的征收权,该权力具有强制行政相对人服从的效力。换言之,行政征收,不需要征得行政相对人的同意。行政征收的对象、内容、数额以及征收程序等,完全由行政主体依法确定,不需要和行政相对人协商一致。行政相对人必须无条件服从行政征收决定,否则,行政相对人的拒绝、阻挠和破坏行为都将给其带来更为严重的不利后果。

4. 法定性

水行政征收是典型的负担行政行为、侵益行政行为,也就是行政主体剥夺行政相对人权益的行政行为。所以,为了确保行政相对人的合法权益不受违法行政征收行为的侵害,必须确立行政征收法定的原则。质言之,就是将水行政征收的整个操作过程纳入法律轨道,征收的范围、数额、主体、对象、程序等都必须具有明确的法律依据。

二、水行政收费

(一) 中央立法设定的水行政收费

水法律、水行政法规、水利部规章规定的水行政收费主要包括以下情形:

1. 水资源费

《水法》第四十八条规定：直接从江河、湖泊或者地下取用水资源的单位和个人，应当按照国家取水许可制度和水资源有偿使用制度的规定，向水行政主管部门或者流域管理机构申请领取取水许可证，并缴纳水资源费，取得取水权。但是，家庭生活和零星散养、圈养畜禽饮用等少量取水的除外。实施取水许可制度和征收管理水资源费的具体办法，由国务院规定。

《取水许可和水资源费征收管理条例》第二十八条规定：取水单位或者个人应当缴纳水资源费。取水单位或者个人应当按照经批准的年度取水计划取水。超计划或者超定额取水的，对超计划或者超定额部分累进收取水资源费。水资源费征收标准由省、自治区、直辖市人民政府价格主管部门会同同级财政部门、水行政主管部门制定，报本级人民政府批准，并报国务院价格主管部门、财政部门和水行政主管部门备案。其中，由流域管理机构审批取水的中央直属和跨省、自治区、直辖市水利工程的水资源费征收标准，由国务院价格主管部门会同国务院财政部门、水行政主管部门制定。

2. 水土保持补偿费

《水土保持法》第三十二条规定：在山区、丘陵区、风沙区以及水土保持规划确定的容易发生水土流失的其他区域开办生产建设项目或者从事其他生产建设活动，损坏水土保持设施、地貌植被，不能恢复原有水土保持功能的，应当缴纳水土保持补偿费，专项用于水土流失预防和治理。专项水土流失预防和治理由水行政主管部门负责组织实施。水土保持补偿费的收取使用管理办法由国务院财政部门、国务院价格主管部门会同国务院水行政主管部门制定。

3. 河道工程修建维护管理费

《防洪法》第五十一条规定：受洪水威胁的省、自治区、直辖市为加强本行政区域内防洪工程设施建设，提高防御洪水能力，按照国务院的有关规定,可以规定在防洪保护区范围内征收河道工程修建维护管理费。

4. 河道采砂管理费

《河道管理条例》第四十条规定:在河道管理范围内采砂、取土、淘金,必须按照经批准的范围和作业方式进行,并向河道主管机关缴纳管理费。收费的标准和计收办法由国务院水利行政主管部门会同国务院财政主管部门制定。

5. 占用农业灌溉水源、灌排工程设施补偿费

《占用农业灌溉水源、灌排工程设施补偿办法》第八条规定:占用农业灌溉水源、灌排工程设施3年以上的(含3年),占用者应当负责兴建与被占用的农业灌溉水源工程、灌排工程设施效益相当的替代工程。

无条件兴建替代工程的,占用者应当按照新建被占用等量等效替代工程设施的总投资额缴纳开发补偿费。具体补偿数额,由被占用工程的管理单位编制提出占用补偿方案,经法定的评估机构评定后,由管辖被占用农业灌溉水源工程、灌排工程设施的水行政主管部门审核后,报同级物价、财政部门审定。

6. 污水处理费

《城镇排水与污水处理条例》第三十二条规定:排水单位和个人应当按照国家有关规定缴纳污水处理费。向城镇污水处理设施排放污水、缴纳污水处理费的,不再缴纳排污费。

例如,北京、上海等地水务局负责统一征收本地污水处理费。

7. 停征的水行政收费

《财政部 发展改革委关于清理规范一批行政事业性收费有关政策的通知》(财税〔2017〕20号)规定:自2017年4月1日起,取消或停征41项中央设立的行政事业性收费。其中,河道工程修建维护管理费、河道采砂管理费(含长江河道砂石资源费),就属于停征的行政事

业性收费。

(二) 地方立法设定的水行政收费

除了中央立法设定的水行政收费,一些地方立法也设定了水行政收费项目。例如,占用水利设施和水域补偿费,其依据是《北京市河湖保护管理条例》第二十二条规定:在河湖管理范围、保护范围内,经批准的建设项目占用水利设施和水域,或者对原有河湖工程设施和水域有不利影响的,建设主体应当采取相应的补救措施,依法承担经济补偿责任。补偿费用专项用于河湖保护工作。具体办法由市水行政主管部门会同发展改革、财政等有关部门制定。

三、水资源税改革

(一) 改革历程

2016年5月9日,《财政部、国家税务总局、水利部关于印发〈水资源税改革试点暂行办法〉的通知》提出,自2016年7月1日起在河北省实施水资源税改革试点。

《水资源税改革试点暂行办法》规定:利用取水工程或者设施直接从江河、湖泊(含水库)和地下取用地表水、地下水的单位和个人,为水资源税纳税人。水资源税的征税对象为地表水和地下水。按地表水和地下水分类确定水资源税适用税额标准。

在河北省区域内取用水的,水资源税由取水审批部门所在地的地方税务机关征收。其中,由流域管理机构审批取用水的,水资源税由取水口所在地的地方税务机关征收。建立地方税务机关与水行政主管部门协作征税机制。水行政主管部门应当定期向地方税务机关提供取水许可情况和超计划(定额)取用水量,并协助地方税务机关审核纳税人实际取用水的申报信息。纳税人根据水行政主管部门核准的实际取用水量向地方税务机关申报纳税,地方税务机关将纳税人相关申报信息与水行政主管部门核准的信息进行比对,并根据核实后的信息征税。水资源税征管过程中发现问题的,地方税务机关和水行政主管部门联合进行核查。由此,水资源税改革拉开序幕。

2017年11月24日,《财政部、税务总局、水利部关于印发〈扩大水资源税改革试点实施办法〉的通知》提出,自2017年12月1日起在北京、天津、山西、内蒙古、山东、河南、四川、陕西、宁夏等9个省(自治区、直辖市)扩大水资源税改革试点。

2024年10月11日,财政部、税务总局、水利部印发了《水资源税改革试点实施办法》,自2024年12月1日起全面实施水资源费改税试点。与前两次水资源税改革试点相比,新《办法》的政策调整主要包括:一是进一步界定了水资源税征收范围和对象;二是细化了纳税人取用水适用多个税额标准的申报纳税要求;三是强化了税收优惠政策的正向激励引导作用;四是与资源税法有关规定相衔接,将水资源税的纳税地点由生产经营所在地调整为取水口所在地等;五是适当扩大了地方税收管理权限,包括新增了地方可以减征和免征的税收优惠政策;六是简化水资源税的税额标准,授权地方在确定具体税额时有更多调整空间;七是授权地方确定特定取用水的水资源税核定方法和计征方式。

(二)立法进程

2019年8月26日,第十三届全国人民代表大会常务委员会第十二次会议通过的《资源税法》第十四条规定:国务院根据国民经济和社会发展需要,依照本法的原则,对取用地表水或者地下水的单位和个人试点征收水资源税。征收水资源税的,停止征收水资源费。水资源税根据当地水资源状况、取用水类型和经济发展等情况实行差别税率。水资源税试点实施办法由国务院规定,报全国人民代表大会常务委员会备案。国务院自本法施行之日起五年内,就征收水资源税试点情况向全国人民代表大会常务委员会报告,并及时提出修改法律的建议。

2021年9月15日,国务院第149次常务会议通过的《地下水管理条例》第二十四条规定:国务院根据国民经济和社会发展需要,对取用地下水的单位和个人试点征收水资源税。地下水水资源税根据当地地下水资源状况、取用水类型和经济发展等情况实行差别税率,合理提高征收标准。征收水资源税的,停止征收水资源费。

(三)未来趋势

随着水资源税改革试点的不断深入,按照税收法定原则的要求,水资源税立法进程应当加快。第一,在未来修订《水法》时应当加入水资源税的内容,同时修改涉及水资源费的规定。第二,在《矿产资源法》中应当加入对水资源的明确界定,并作好与《水法》的衔接。第三,应当修改各相关法律的实施细则,为水资源税的全面征收提供法治保障。[1]

实际上,《资源税法》第十四条已经隐含了水资源税法定化走向。问题在于,《资源税法》第十四条中"提出修改法律的建议"并未完全明示水资源税法的具体路径。因为"修改法律的建议"既可以是将水资源作为税目整体融入《资源税法》,扩大应税资源的范围;也可以是在《资源税法》中嵌入一个条款,通过法定授权水资源税单独立法,制定水资源税单行法;还可以是"第三条道路",即将应税水资源融入《资源税法》的同时,又保持水资源税立法的相对独立性。[2]确定水资源税法

---

[1] 张德勇:《关于进一步推进水资源税改革的思考》,《税务研究》2019年第7期。
[2] 叶金育、张祥:《水资源税改革:试点文本评估与统一立法构想》,《中国人口·资源与环境》2021年第8期。

的具体立法模式,既要符合税收基本原理,又要考虑我国的实际国情,这是一个值得深入研究的课题。

四、水行政征用

(一) 水行政征用的概念

水行政征用是指水行政主体根据法律规定,出于公共利益的需要,强制性地使用行政相对人的财产并给予补偿的行政行为。

(二) 水行政征用的特征

1. 公益性

水行政征用存在的基础是公益性。公益性属性,决定了行政主体实施行政征用行为必须严格确认其公共利益性,不得基于商业目的或者私人利益而进行行政征用。

2. 强制性

为了确保公共利益的需要,行政征用具有鲜明的强制性。国家为了公共利益的需要而征用土地、劳务或者房屋等其他财产时,可以不问财产所有者是否同意。而对于防洪救灾等领域实行的水行政征用,更是由于事态紧急而决定其征用具有高度的强制性,不容许任何个人和组织阻挠。

3. 补偿性

行政征用补偿性的价值在于,它既保障了公共利益的实现,又充分体现了对公民权利的保障,实现了公共利益与个体利益之间的协调与平衡。因此,无论何种类型的行政征用,都不是无偿的,而都具有一定的补偿性。

4. 法定性

水行政征用的侵益性和强制性,决定了行政征用权的行使容易造成对被征用人或其他利害关系人的侵害,因此其法定性的要求较为严格。对土地、房屋等财物的征用以及对劳务的征用,都必须严格按照有关法律法规的规定进行,做到主体合法、权限合法、内容合法、程序合法。

(三) 水行政征用的种类

水法律、水行政法规规定的水行政征用主要包括以下情形:

1. 防汛征用

《防洪法》第四十五条规定:在紧急防汛期,防汛指挥机构根据防汛抗洪的需要,有权在其管辖范围内调用物资、设备、交通运输工具和人力,决定采取取土占地、砍伐林木、清除阻水障碍物和其他必要的紧急措施;必要时,公安、交通等有关部门按照防汛指挥机构的决定,依法实施陆地和水面交通管制。

依照前款规定调用的物资、设备、交通运输工具等,在汛期结束后应当及时归还;造成损坏或者无法归还的,按照国务院有关规定给予适当补偿或者作其他处理。取土占地、砍伐林木的,在汛期结束后依法向有关部门补办手续;有关地方人民政府对取土后的土地组织复垦,对砍伐的林木组织补种。

《防汛条例》第三十二条规定:在紧急防汛期,为了防汛抢险需要,防汛指挥部有权在其管辖范围内,调用物资、设备、交通运输工具和人力,事后应当及时归还或者给予适当补偿。因抢险需要取土占地、砍伐林木、清除阻水障碍物的,任何单位和个人不得阻拦。

2. 抗旱征用

《抗旱条例》第四十七条规定:在紧急抗旱期,有关地方人民政府防汛抗旱指挥机构根据抗旱工作的需要,有权在其管辖范围内征用物资、设备、交通运输工具。

《抗旱条例》第五十四条规定:旱情缓解后,有关地方人民政府防汛抗旱指挥机构应当及时归还紧急抗旱期征用的物资、设备、交通运输工具等,并按照有关法律规定给予补偿。

3. 南水北调工程抢修征用

《南水北调工程供用水管理条例》第四十七条规定:在紧急情况下,南水北调工程管理单位因工程抢修需要取土占地或者使用有关设施的,有关单位和个人应当予以配合。南水北调工程管理单位应当于事后恢复原状;造成损失的,应当依法予以补偿。

第六节 水行政给付

一、水行政给付的概念、特征

(一)水行政给付的概念

水行政给付是指水行政主体根据行政相对人的申请,依法无偿给予其一定财物的行政行为。

(二)水行政给付的特征

1. 授益性

水行政给付是一种授益性行政行为,是水行政主体向行政相对人给付金钱或者实物的行为。行政给付的对象是特定的行政相对人,行政给付的对象具有较强的限定性,只有特定的相对人才能申请行政给付。[1]

---

[1] 姜明安主编《行政法与行政诉讼法》(第八版),北京大学出版社,高等教育出版社,2024,第244页。

2. 无偿性

行政给付与行政征收相反,它不是由行政相对人向国家交纳财物,而是国家无偿给予行政相对人财物。行政给付是国家针对生活困难或其他需要救助的情况,依法给予救助的行为,它是国家福利政策的表现,因而是无偿的。①

3. 法定性

水行政给付必须按照法律、法规、规章和其他行政规范性文件所规定的内容、条件、程序实施。为了保护行政相对人的合法权利,行政机关在实施行政给付时,还应当告知相对人一定的救济途径。②

二、水行政给付的种类

水法律、水行政法规规定的水行政给付主要包括以下情形:

(一) 水库移民安置补偿

《水法》第二十九规定:国家对水工程建设移民实行开发性移民的方针,按照前期补偿、补助与后期扶持相结合的原则,妥善安排移民的生产和生活,保护移民的合法权益。

《大中型水利水电工程建设征地补偿和移民安置条例》第三条规定:国家实行开发性移民方针,采取前期补偿、补助与后期扶持相结合的办法,使移民生活达到或者超过原有水平。

《长江三峡工程建设移民条例》第三条规定:三峡工程建设,实行开发性移民方针,统筹使用移民资金,合理开发资源,保护生态环境,妥善安置移民,使移民的生产、生活达到或者超过原有水平,为三峡库

---

① 《行政法与行政诉讼法学》编写组主编《行政法与行政诉讼法学》,高等教育出版社,2018,第124页。

② 张正钊、胡锦光主编《行政法与行政诉讼法》,中国人民大学出版社,2015,第122页。

区经济和社会发展创造条件。

(二) 蓄滞洪区运用补偿

《防洪法》第三十二条规定：因蓄滞洪区而直接受益的地区和单位，应当对蓄滞洪区承担国家规定的补偿、救助义务。国务院和有关的省、自治区、直辖市人民政府应当建立对蓄滞洪区的扶持和补偿、救助制度。

《蓄滞洪区运用补偿暂行办法》第九条规定：蓄滞洪区内具有常住户口的居民，在蓄滞洪区运用后，依照本办法的规定获得补偿。区内居民除依照本办法获得蓄滞洪区运用补偿外，同时按照国家有关规定享受与其他洪水灾区灾民同样的政府救助和社会捐助。

(三) 灾后救助

《防汛条例》第三十六条规定：在发生洪水灾害的地区，物资、商业、供销、农业、公路、铁路、航运、民航等部门应当做好抢险救灾物资的供应和运输；民政、卫生、教育等部门应当做好灾区群众的生活供给、医疗防疫、学校复课以及恢复生产等救灾工作；水利、电力、邮电、公路等部门应当做好所管辖的水毁工程的修复工作。

《防洪法》第四十七条规定：发生洪涝灾害后，有关人民政府应当组织有关部门、单位做好灾区的生活供给、卫生防疫、救灾物资供应、治安管理、学校复课、恢复生产和重建家园等救灾工作以及所管辖地区的各项水毁工程设施修复工作。水毁防洪工程设施的修复，应当优先列入有关部门的年度建设计划。

(四) 生态效益补偿

《水土保持法》第三十一条规定：国家加强江河源头区、饮用水水源保护区和水源涵养区水土流失的预防和治理工作，多渠道筹集资金,将水土保持生态效益补偿纳入国家建立的生态效益补偿制度。

(五) 黄河流域生态保护补偿

《黄河保护法》第一百零二条规定:国家建立健全黄河流域生态保护补偿制度。国家加大财政转移支付力度,对黄河流域生态功能重要区域予以补偿。具体办法由国务院财政部门会同国务院有关部门制定。国家加强对黄河流域行政区域间生态保护补偿的统筹指导、协调,引导和支持黄河流域上下游、左右岸、干支流地方人民政府之间通过协商或者按照市场规则,采用资金补偿、产业扶持等多种形式开展横向生态保护补偿。国家鼓励社会资金设立市场化运作的黄河流域生态保护补偿基金。国家支持在黄河流域开展用水权市场化交易。

(六) 水环境生态保护补偿

《南水北调工程供用水管理条例》第十九条规定:依照有关法律、行政法规的规定,对南水北调工程水源地实行水环境生态保护补偿。

(七) 转产转业扶持

《南水北调工程供用水管理条例》第二十六条规定:丹江口水库库区和洪泽湖、骆马湖、南四湖、东平湖湖区应当按照水功能区和南水北调工程水质保障的要求,由当地省人民政府组织逐步拆除现有的网箱养殖、围网养殖设施,严格控制人工养殖的规模、品种和密度。对因清理水产养殖设施导致转产转业的农民,当地县级以上地方人民政府应当给予补贴和扶持,并通过劳动技能培训、纳入社会保障体系等方式,保障其基本生活。

《太湖流域管理条例》第五十一条规定:对为减少水污染物排放自愿关闭、搬迁、转产以及进行技术改造的企业,两省一市人民政府应当通过财政、信贷、政府采购等措施予以鼓励和扶持。

《太湖流域管理条例》第五十二条规定：对因清理水产养殖、畜禽养殖，实施退田还湖、退渔还湖等导致转产转业的农民，当地县级人民政府应当给予补贴和扶持，并通过劳动技能培训、纳入社会保障体系等方式，保障其基本生活。

对因实施农药、化肥减施工程等导致收入减少或者支出增加的农民，当地县级人民政府应当给予补贴。

（八）污水处理补贴

《太湖流域管理条例》第五十条规定：排放污水的单位和个人，应当按照规定缴纳污水处理费。通过公共供水设施供水的，污水处理费和水费一并收取；使用自备水源的，污水处理费和水资源费一并收取。污水处理费应当纳入地方财政预算管理，专项用于污水集中处理设施的建设和运行。污水处理费不能补偿污水集中处理单位正常运营成本的，当地县级人民政府应当给予适当补贴。

（九）干旱灾害救助

《抗旱条例》第四十一条规定：发生干旱灾害，县级以上人民政府民政部门应当做好干旱灾害的救助工作，妥善安排受灾地区群众基本生活。

《抗旱条例》第五十二条规定：旱情缓解后，各级人民政府、有关主管部门应当帮助受灾群众恢复生产和灾后自救。

（十）节水补助

《节约用水条例》第三十八条规定：对符合条件的节水项目，按照国家有关规定给予补助。

第七节　水行政确认

一、水行政确认的概念、特征

(一) 水行政确认的概念

水行政确认是指水行政主体依法对行政相对人的法律地位、特定法律关系或者有关法律事实进行甄别确证,并以法定方式予以宣布的行政行为。

(二) 水行政确认的特征

1. 法律性

行政确认并不直接产生、变更、消灭法律关系,而只是对既有法律关系、法律地位和法律事实的确证,并且确证的是具有法律意义的社会关系和事实。

2. 独立性

行政确认是一种独立的行政行为,具有独立的法律意义,其法律效力和法律地位并不依附其他行政行为。

3. 复合性

行政确认是由确证和对外告示两个环节复合而成,确证是行政确认的前期环节,对外告示是行政确认的后期环节。①

4. 羁束性

行政确认是对特定法律事实、法律关系是否存在的宣告,而某种

---

① 《行政法与行政诉讼法学》编写组主编《行政法与行政诉讼法学》,高等教育出版社,2018,第194页。

法律事实、法律关系是否存在,是由客观事实和法律规定决定的。因此,行政确认行为很少有自由裁量的余地,甚至没有自由裁量的空间,一般应严格按照法律规定和技术鉴定规范进行。①

二、水行政确认的种类

水法律、水行政法规、水利部规章规定的水行政确认主要包括以下情形:

(一) 落后的、耗水量高的工艺、设备和产品名录的制定

《水法》第五十一条规定:国家逐步淘汰落后的、耗水量高的工艺、设备和产品,具体名录由国务院经济综合主管部门会同国务院水行政主管部门和有关部门制定并公布。

《节约用水条例》第二十条规定:国家逐步淘汰落后的、耗水量高的技术、工艺、设备和产品,具体名录由国务院发展改革主管部门会同国务院工业和信息化、水行政、住房城乡建设等有关部门制定并公布。

(二) 节水产品质量认证

《节约用水条例》第十八条规定:国家鼓励对节水产品实施质量认证,通过认证的节水产品可以按照规定使用认证标志。认证基本规范、认证规则由国务院认证认可监督管理部门会同国务院有关部门制定。

(三) 水效标识

《节约用水条例》第十七条规定:国家对节水潜力大、使用面广的

---

① 姜明安主编《行政法与行政诉讼法》(第八版),北京大学出版社、高等教育出版社,2024,第254页。

用水产品实行水效标识管理,并逐步淘汰水效等级较低的用水产品。水效标识管理办法由国务院发展改革主管部门会同国务院有关部门制定。

《水效标识管理办法》第三条规定:国家对节水潜力大、使用面广的用水产品实行水效标识制度,国家发展和改革委员会、水利部、国家质量监督检验检疫总局按照部门职责分工,负责水效标识制度的建立并组织实施。

(四)工程占地和淹没区实物调查确认

《大中型水利水电工程建设征地补偿和移民安置条例》第七条规定:工程占地和淹没区实物调查,由项目主管部门或者项目法人会同工程占地和淹没区所在地的地方人民政府实施;实物调查应当全面准确,调查结果经调查者和被调查者签字认可并公示后,由有关地方人民政府签署意见。实物调查工作开始前,工程占地和淹没区所在地的省级人民政府应当发布通告,禁止在工程占地和淹没区新增建设项目和迁入人口,并对实物调查工作作出安排。

(五)农业生产资料确认

《大中型水利水电工程建设征地补偿和移民安置条例》第三十三条规定:移民自愿投亲靠友的,应当由本人向移民区县级人民政府提出申请,并提交接收地县级人民政府出具的接收证明;移民区县级人民政府确认其具有土地等农业生产资料后,应当与接收地县级人民政府和移民共同签订协议,将土地补偿费、安置补助费交给接收地县级人民政府,统筹安排移民的生产和生活,将个人财产补偿费和搬迁费发给移民个人。

(六) 工程质量结论核备

《水利工程建设项目验收管理规定》第十六条规定:法人验收后,质量评定结论应当报该项目的质量监督机构核备。未经核备的,不得组织下一阶段验收。

(七) 水利工程质量检测单位认定

《水利工程质量监督管理规定》第二十五条规定:工程质量检测是工程质量监督和质量检查的重要手段。水利工程质量检测单位,必须取得省级以上计量认证合格证书,并经水利工程质量监督机构授权,方可从事水利工程质量检测工作,检测人员必须持证上岗。

(八) 工程质量事故调查结果核备

《水利工程质量事故处理暂行规定》第十五条规定:一般事故由项目法人组织设计、施工、监理等单位进行调查,调查结果报项目主管部门核备。

《水利工程质量事故处理暂行规定》第十六条规定:较大质量事故由项目主管部门组织调查组进行调查,调查结果报上级主管部门批准并报省级水行政主管部门核备。

《水利工程质量事故处理暂行规定》第十七条规定:重大质量事故由省级以上水行政主管部门组织调查组进行调查,调查结果报水利部核备。

(九) 水利建设市场主体信用等级评价

《水利建设市场主体信用评价管理办法》(水建设〔2019〕307号)第四条规定:国务院水行政主管部门指导和监督全国信用评价工作,组织制定统一的水利建设市场主体信用评价标准,并负责对信用评价机构实施监督管理。流域管理机构、省级水行政主管部门分别负责组织其管辖范围内项目法人对水利建设市场主体的市场行为评价工作。

《水利建设市场主体信用评价管理办法》第八条规定：水利建设市场主体信用等级分为 AAA、AA、A、B 和 C 三等五级，各信用等级对应的综合得分 X 分别为：

AAA 级：90 分≤X≤100 分，信用很好；

AA 级：80 分≤X＜90 分，信用良好；

A 级：70 分≤X＜80 分，信用较好；

B 级：60 分≤X＜70 分，信用一般；

C 级：X＜60 分，信用较差。

（十）施工企业"三类人员"资质的确认

《水利水电工程施工企业主要负责人、项目负责人和专职安全生产管理人员安全生产考核管理办法》（水监督〔2022〕326 号）第七条规定：安管人员应具备与从事水利水电工程施工相应的安全生产知识和管理能力，经考核管理部门考试合格后，申请取得水利水电工程施工企业主要负责人、项目负责人和专职安全生产管理人员安全生产考核合格证书。

（十一）蓄水安全鉴定

《水利水电建设工程蓄水安全鉴定暂行办法》第三条规定：水库蓄水验收前必须进行蓄水安全鉴定。蓄水安全鉴定是大型水利水电建设工程蓄水验收的必要依据，未经蓄水安全鉴定不得进行蓄水验收。

（十二）水库大坝注册登记

《水库大坝注册登记办法》第五条规定：凡符合本办法第二条规定已建成运行的大坝管理单位，应到指定的注册登记机构申报登记。没有专管机构的大坝,由乡镇水利站申报登记。

(十三) 水库大坝安全鉴定

《水库大坝注册登记办法》第八条规定:水库大坝应按国务院各大坝主管部门规定的制度进行安全鉴定。

第八节　水行政奖励

一、水行政奖励的概念、特征

(一) 水行政奖励的概念

水行政奖励是指水行政主体为了表彰先进、激励后进,充分调动和激发人们的积极性和创造性,依照法定条件和程序,对为国家、人民和社会作出突出贡献或者模范地遵纪守法的行政相对人,给予物质或精神奖励的行政行为。

(二) 水行政奖励的特征

1. 实施行政奖励的主体是行政机关或法律法规授权的组织。企业、事业单位、社会组织等非行政主体开展的奖励活动,不属于行政奖励。

2. 行政奖励的目的在于表彰先进、激励和推动后进,调动和激发广大民众的积极性和创造性。

3. 行政奖励的对象是对国家、人民和社会作出突出贡献或模范地遵纪守法的集体和个人,其范围相当广泛。外国组织或个人在我国作出显著贡献者,同样可以成为行政奖励的对象。

4. 行政奖励的内容包括物质奖励和精神奖励。这两种奖励,既可以单独进行,又可以合并进行。①

二、水行政奖励的种类

水法律、水行政法规、水利部规章规定的水行政奖励主要包括以下情形:

(一) 水资源方面的奖励

《水法》第十一条规定:在开发、利用、节约、保护、管理水资源和防治水害等方面成绩显著的单位和个人,由人民政府给予奖励。

《取水许可和水资源费征收管理条例》第九条规定:对节约和保护水资源有突出贡献的单位和个人,由县级以上人民政府给予表彰和奖励。

《地下水管理条例》第八条规定:对在节约、保护和管理地下水工作中作出突出贡献的单位和个人,按照国家有关规定给予表彰和奖励。

《节约用水条例》第四十二条规定:对节水成绩显著的单位和个人,按照国家有关规定给予表彰、奖励。

(二) 水土保持方面的奖励

《水土保持法》第九条规定:对水土保持工作中成绩显著的单位和个人,由县级以上人民政府给予表彰和奖励。

《水土保持生态环境监测网络管理办法》第七条规定:在水土保持生态环境监测工作中心成绩显著的单位和个人,由水土保持生态环境

---

① 张正钊、胡锦光主编《行政法与行政诉讼法》,中国人民大学出版社,2015,第124页。

监测管理机构或报请同级人民政府给予奖励。

（三）长江保护方面的奖励

《长江保护法》第十六条规定：对在长江保护工作中做出突出贡献的单位和个人，县级以上人民政府及其有关部门应当按照国家有关规定予以表彰和奖励。

（四）黄河保护方面的奖励

《黄河保护法》第十九条规定：对在黄河流域生态保护和高质量发展工作中做出突出贡献的单位和个人，按照国家有关规定予以表彰和奖励。

《黄河水量调度条例》第六条规定：在黄河水量调度工作中做出显著成绩的单位和个人，由有关县级以上人民政府或者有关部门给予奖励。

（五）城市供水方面的奖励

《城市供水条例》第八条规定：对在城市供水工作中作出显著成绩的单位和个人，给予奖励。

（六）水文方面的奖励

《水文条例》第六条规定：县级以上人民政府对在水文工作中做出突出贡献的单位和个人，按照国家有关规定给予表彰和奖励。

（七）农田水利方面的奖励

《农田水利条例》第四十条规定：对农田水利工作中成绩显著的单位和个人，按照国家有关规定给予表彰。

（八）三峡枢纽安全保卫方面的奖励

《长江三峡水利枢纽安全保卫条例》第六条规定：对保护三峡枢纽安全作出突出贡献的组织和个人，按照国家有关规定给予表彰奖励。

（九）抗旱方面的奖励

《抗旱条例》第十二条规定：对在抗旱工作中做出突出贡献的单位和个人，按照国家有关规定给予表彰和奖励。

（十）工程质量管理方面的奖励

《水利工程质量管理规定》第八条规定：县级以上人民政府水行政主管部门或者流域管理机构按照国家有关规定对提升水利工程质量做出突出贡献的单位和个人进行奖励。

《水利基本建设项目稽察暂行办法》第三十七条规定：稽察人员为保证水利工程质量、提高投资效益、避免重大质量事故做出重要贡献的，给予表彰。

《水利工程质量监督管理规定》第三十五条规定：对在工程质量管理和质量监督工作中做出突出成绩的单位和个人，由质量管理部门或报请水行政主管部门给予表彰和奖励。

（十一）保护饮用水水源方面的奖励

《饮用水水源保护区污染防治管理规定》第二十四条规定：对执行本规定保护饮用水水源有显著成绩和贡献的单位或个人给予表扬和奖励。

第九节　水行政检查

一、水行政检查的概念、特征

(一) 水行政检查的概念

水行政检查是指水行政主体强制性了解行政相对人遵守法律法规或者履行法定义务情况的行政行为。

(二) 水行政检查的特征

1. 法定性

行政检查的法定性是指行政主体实施行政检查必须有明确的法律依据,只有依法享有行政检查职权的行政主体才能实施行政检查行为。行政检查的方式、内容、时限等也应该符合法律的明确规定。

2. 强制性

行政检查是强制性行政行为,如果被检查主体不配合检查,行政检查主体有权采取强制措施。

3. 独立性

行政检查具有独立性,不依附于其他行政行为。行政检查不仅包括了解实情、收集证据、认定事实,还包括督促行政相对人遵守法律、履行义务。行政检查的整个过程,从检查的启动、运行到检查决定的作出,都是独立完成的。[①]

[①] 《行政法与行政诉讼法学》编写组主编《行政法与行政诉讼法学》,高等教育出版社,2018,第202页。

二、水行政检查的种类

水法律、水行政法规、水利部规章规定的水行政检查主要包括以下情形：

（一）水法律中的水行政检查

1.《水法》的相关规定

（1）检查权限。《水法》第六十条规定：县级以上人民政府水行政主管部门、流域管理机构及其水政监督检查人员履行本法规定的监督检查职责时，有权采取下列措施：（一）要求被检查单位提供有关文件、证照、资料；（二）要求被检查单位就执行本法的有关问题作出说明；（三）进入被检查单位的生产场所进行调查；（四）责令被检查单位停止违反本法的行为，履行法定义务。

（2）配合义务。《水法》第六十一条规定：有关单位或者个人对水政监督检查人员的监督检查工作应当给予配合，不得拒绝或者阻碍水政监督检查人员依法执行职务。

（3）程序要求。《水法》第六十二条规定：水政监督检查人员在履行监督检查职责时，应当向被检查单位或者个人出示执法证件。

2.《水土保持法》的相关规定

（1）检查权限。《水土保持法》第四十四条规定，水政监督检查人员依法履行监督检查职责时，有权采取下列措施：（一）要求被检查单位或者个人提供有关文件、证照、资料；（二）要求被检查单位或者个人就预防和治理水土流失的有关情况作出说明；（三）进入现场进行调查、取证。

（2）程序要求。《水土保持法》第四十五条规定：水政监督检查人员依法履行监督检查职责时，应当出示执法证件。被检查单位或者个人对水土保持监督检查工作应当给予配合，如实报告情况，提供有关文件、证照、资料;不得拒绝或者阻碍水政监督检查人员依法执行公务。

3.《防洪法》的相关规定

《防洪法》第二十八条规定:对于河道、湖泊管理范围内依照本法规定建设的工程设施,水行政主管部门有权依法检查;水行政主管部门检查时,被检查者应当如实提供有关的情况和资料。

4.《长江保护法》的相关规定

《长江保护法》第七十九条规定:国务院有关部门和长江流域县级以上地方人民政府有关部门应当依照本法规定和职责分工,对长江流域各类保护、开发、建设活动进行监督检查,依法查处破坏长江流域自然资源、污染长江流域环境、损害长江流域生态系统等违法行为。

5.《黄河保护法》的相关规定

《黄河保护法》第一百零四条规定:国务院有关部门、黄河流域县级以上地方人民政府有关部门、黄河流域管理机构及其所属管理机构、黄河流域生态环境监督管理机构按照职责分工,对黄河流域各类生产生活、开发建设等活动进行监督检查,依法查处违法行为,公开黄河保护工作相关信息,完善公众参与程序,为单位和个人参与和监督黄河保护工作提供便利。

(二) 水行政法规中的水行政检查

1.《地下水管理条例》的相关规定

《地下水管理条例》第十五条规定:国务院水行政主管部门应当会同国务院自然资源、发展改革等主管部门,对地下水储备工作进行指导、协调和监督检查。

2.《水库大坝安全管理条例》的相关规定

《水库大坝安全管理条例》第二十二条规定:大坝主管部门应当建立大坝定期安全检查、鉴定制度。汛前、汛后,以及暴风、暴雨、特大洪水或者强烈地震发生后,大坝主管部门应当组织对其所管辖的大坝的安全进行检查。

3.《河道管理条例》的相关规定

《河道管理条例》第十四条规定:堤防上已修建的涵闸、泵站和埋设的穿堤管道、缆线等建筑物及设施,河道主管机关应当定期检查,对不符合工程安全要求的,限期改建。

4.《南水北调工程供用水管理条例》的相关规定

《南水北调工程供用水管理条例》第三十七条规定:南水北调工程管理单位应当建立、健全安全生产责任制,加强对南水北调工程设施的监测、检查、巡查、维修和养护,配备必要的人员和设备,定期进行应急演练,确保工程安全运行,并及时组织清理管理范围内水域、滩地的垃圾。

5.《长江三峡水利枢纽安全保卫条例》的相关规定

《长江三峡水利枢纽安全保卫条例》第二十八条规定:三峡枢纽运行管理单位是安全生产、治安保卫重点单位,应当依法落实安全生产、治安保卫重点单位职责,建立安全运行监测体系;对重要部位、特种设备进行重点排查梳理,加强对重要岗位工作人员的背景审查及其身份核对。湖北省人民政府、宜昌市人民政府应当定期对三峡枢纽运行管理单位依法履行上述职责的情况进行监督检查,发现问题及时督促改正。

6.《太湖流域管理条例》的相关规定

(1)检查内容。《太湖流域管理条例》第五十六条规定:太湖流域管理机构和太湖流域县级以上地方人民政府水行政主管部门应当对设置在太湖流域湖泊、河道的排污口进行核查登记,建立监督管理档案,对污染严重和违法设置的排污口,依照《中华人民共和国水法》《中华人民共和国水污染防治法》的规定处理。

(2)检查要求。《太湖流域管理条例》第五十八条规定:太湖流域县级以上地方人民政府水行政、环境保护、渔业、交通运输、住房和城乡建设等部门和太湖流域管理机构,应当依照本条例和相关法律、法规的规定,加强对太湖开发、利用、保护、治理的监督检查,发现违法行为,应当通报有关部门进行查处,必要时可以直接通报有关地方人民政府进行查处。

7.《防汛条例》的相关规定

(1)检查要求。《防汛条例》第十五条规定:各级防汛指挥部应当在汛前对各类防洪设施组织检查,发现影响防洪安全的问题,责成责任单位在规定的期限内处理,不得贻误防汛抗洪工作。各有关部门和单位按照防汛指挥部的统一部署,对所管辖的防洪工程设施进行汛前检查后,必须将影响防洪安全的问题和处理措施报有管辖权的防汛指挥部和上级主管部门,并按照该防汛指挥部的要求予以处理。

(2)检查内容。《防汛条例》第十八条规定:山洪、泥石流易发地区,当地有关部门应当指定预防监测员及时监测。雨季到来之前,当地人民政府防汛指挥部应当组织有关单位进行安全检查,对险情征兆明显的地区,应当及时把群众撤离险区。

8.《黄河水量调度条例》的相关规定

(1)检查内容。《黄河水量调度条例》第三十二条规定:黄河水利委员会及其所属管理机构、县级以上地方人民政府水行政主管部门,应当在各自的职责范围内实施巡回监督检查,在用水高峰时对主要取(退)水口实施重点监督检查,在特殊情况下对有关河段、水库、主要取(退)水口进行驻守监督检查;发现重点污染物排放总量超过控制指标或者水体严重污染时,应当及时通报有关人民政府环境保护主管部门。

(2)检查权限。《黄河水量调度条例》第三十三条规定:黄河水利委员会及其所属管理机构、县级以上地方人民政府水行政主管部门实施监督检查时,有权采取下列措施:(一)要求被检查单位提供有关文件和资料,进行查阅或者复制;(二)要求被检查单位就执行本条例的有关问题进行说明；(三)进入被检查单位生产场所进行现场检查；(四)对取(退)水量进行现场监测；(五)责令被检查单位纠正违反本条例的行为。

(3) 程序要求。《黄河水量调度条例》第三十四条规定：监督检查人员在履行监督检查职责时，应当向被检查单位或者个人出示执法证件，被检查单位或者个人应当接受和配合监督检查工作，不得拒绝或者妨碍监督检查人员依法执行公务。

9.《长江河道采砂管理条例》的相关规定

《长江河道采砂管理条例》第三条规定：国务院水行政主管部门及其所属的长江水利委员会应当加强对长江采砂的统一管理和监督检查，并做好有关组织、协调和指导工作。

长江采砂管理，实行地方人民政府行政首长负责制。沿江县级以上地方人民政府应当加强对本行政区域内长江采砂活动的管理，做好长江采砂的组织、协调和监督检查工作。

沿江县级以上地方人民政府水行政主管部门依照本条例的规定，具体负责本行政区域内长江采砂的管理和监督检查工作。

10.《节约用水条例》的相关规定

(1) 检查主体。《节约用水条例》第四十三条第一款规定：县级以上人民政府水行政、住房城乡建设、市场监督管理等主管部门应当按照职责分工，加强对用水活动的监督检查，依法查处违法行为。

(2) 检查权限。《节约用水条例》第四十三条第二款规定，有关部门履行监督检查职责时，有权采取下列措施：(一)进入现场开展检查，调查了解有关情况；(二)要求被检查单位或者个人就节水有关问题作出说明；(三)要求被检查单位或者个人提供有关文件、资料，进行查阅或者复制；(四)法律、行政法规规定的其他措施。

(3) 程序要求。《节约用水条例》第四十三条第三款规定：监督检查人员在履行监督检查职责时，应当主动出示执法证件。被检查单位和个人应当予以配合,不得拒绝、阻碍。

(三) 水利部规章中的水行政检查

1. 《水文监测资料汇交管理办法》的相关规定

《水文监测资料汇交管理办法》第十四条规定:县级以上人民政府水行政主管部门和流域管理机构应当加强对水文监测资料汇交情况的监督检查,对违反水文监测资料汇交有关规定的行为依法实施行政处罚。

2. 《水利工程质量检测管理规定》的相关规定

(1) 检查内容。《水利工程质量检测管理规定》第二十一条规定:县级以上人民政府水行政主管部门应当加强对检测单位及其质量检测活动的监督检查,主要检查下列内容:(一)是否符合资质等级标准;(二)是否有涂改、倒卖、出租、出借或者以其他形式非法转让《资质等级证书》的行为;(三)是否存在转包、违规分包检测业务及租借、挂靠资质等违规行为;(四)是否按照有关标准和规定进行检测;(五)是否按照规定在质量检测报告上签字盖章,质量检测报告是否真实;(六)仪器设备的运行、检定和校准情况;(七)法律、法规规定的其他事项。流域管理机构应当加强对所管辖的水利工程的质量检测活动的监督检查。

(2) 检查权限。《水利工程质量检测管理规定》第二十二条规定:县级以上人民政府水行政主管部门和流域管理机构实施监督检查时,有权采取下列措施:(一)要求检测单位或者委托方提供相关的文件和资料;(二)进入检测单位的工作场地(包括施工现场)进行抽查;(三)组织进行比对试验以验证检测单位的检测能力;(四)发现有不符合国家有关法律、法规和标准的检测行为时,责令改正。

3. 《水利工程建设监理单位资质管理办法》的相关规定

(1) 检查要求。《水利工程建设监理单位资质管理办法》第十九条规定:水利部建立监理单位资质监督检查制度,对监理单位资质实行动态管理。

(2)配合义务。《水利工程建设监理单位资质管理办法》第二十条规定:水利部履行监督检查职责时,有关单位和人员应当客观、如实反映情况,提供相关材料。

4.《水利工程建设安全生产管理规定》的相关规定

(1)检查要求。《水利工程建设安全生产管理规定》第三十条规定:水行政主管部门或者流域管理机构委托的安全生产监督机构,应当严格按照有关安全生产的法律、法规、规章和技术标准,对水利工程施工现场实施监督检查。安全生产监督机构应当配备一定数量的专职安全生产监督人员。

(2)检查权限。《水利工程建设安全生产管理规定》第三十二条规定:水行政主管部门、流域管理机构或者其委托的安全生产监督机构依法履行安全生产监督检查职责时,有权采取下列措施:(一)要求被检查单位提供有关安全生产的文件和资料;(二)进入被检查单位施工现场进行检查;(三)纠正施工中违反安全生产要求的行为;(四)对检查中发现的安全事故隐患,责令立即排除;重大安全事故隐患排除前或者排除过程中无法保证安全的,责令从危险区域内撤出作业人员或者暂时停止施工。

5.《珠江河口管理办法》的相关规定

《珠江河口管理办法》第十七条规定:建设项目施工期间,水行政主管部门应对其是否符合审查同意文书的要求进行检查,被检查单位应当如实提供有关情况和资料。

6.《水利工程质量管理规定》的相关规定

《水利工程质量管理规定》第五十四条规定:县级以上人民政府水行政主管部门、流域管理机构、受委托的水利工程质量监督机构应当采取抽查等方式,对水利工程建设有关单位质量行为和工程实体质量进行监督检查。有关单位和个人应当支持与配合,不得拒绝或者阻碍质量监督检查人员依法执行职务。

7.《河道管理范围内建设项目管理的有关规定》的相关规定

(1)检查内容。《河道管理范围内建设项目管理的有关规定》第十一条规定:建设项目施工期间,河道主管机关应对其是否符合同意书要求进行检查,被检查单位应如实提供情况。如发现未按审查同意书或经审核的施工安排的要求进行施工的,或者出现涉及江河防洪与建设项目防汛安全方面的问题,应及时提出意见,建设单位必须执行;遇重大问题,应同时抄报上级水行政主管部门。

(2)检查要求。《河道管理范围内建设项目管理的有关规定》第十三条规定:河道主管机关应定期对河道管理范围内的建筑物和设施进行检查,凡不符合工程安全要求的,应提出限期改建的要求,有关单位和个人应当服从河道主管机关的安全管理。

8.《三峡水库调度和库区水资源与河道管理办法》的相关规定

《三峡水库调度和库区水资源与河道管理办法》第十九条规定:三峡水利枢纽管理单位应当加强枢纽工程的安全运行与管理养护,按照水库大坝安全管理的有关规定,对枢纽工程进行安全监测和检查,做好枢纽工程的养护修理工作。

9.《水利工程建设监理规定》的相关规定

(1)检查内容。《水利工程建设监理规定》第二十一条规定:县级以上人民政府水行政主管部门和流域管理机构应当加强对水利工程建设监理活动的监督管理,对项目法人和监理单位执行国家法律法规、工程建设强制性标准以及履行监理合同的情况进行监督检查。项目法人应当依据监理合同对监理活动进行检查。

(2)检查要求。《水利工程建设监理规定》第二十二条规定:县级以上人民政府水行政主管部门和流域管理机构在履行监督检查职责时,有关单位和人员应当客观、如实反映情况,提供相关材料。县级以上人民政府水行政主管部门和流域管理机构实施监督检查时,不得妨碍监理单位和监理人员正常的监理活动,不得索取或者收受被监督检查单位和人员的财物,不得谋取其他不正当利益。

10.《长江河道采砂管理条例实施办法》的相关规定

(1)检查内容。《长江河道采砂管理条例实施办法》第二十一条规定:县级以上地方人民政府水行政主管部门和长江水利委员会应当加强对长江采砂活动的监督检查。监督检查的主要内容包括:(一)是否持有合法有效的河道采砂许可证或者有关批准文件;(二)是否按照河道采砂许可证或者有关批准文件的规定进行采砂;(三)是否按照规定缴纳了长江河道砂石资源费;(四)是否按照规定堆放砂石和清理砂石弃料;(五)采砂船舶是否按照规定停放;(六)应当监督检查的其他情况。

(2)检查权限。《长江河道采砂管理条例实施办法》第二十二条规定:长江水利委员会组织采砂执法检查或者专项执法活动时,在省际边界重点河段以外的长江河道发现非法采砂行为的,可以先行采取扣押采砂船舶、进行必要的调查取证等临时处置措施,再移交有管辖权的水行政主管部门查处。

县级以上地方人民政府水行政主管部门在本行政区域内的省际边界重点河段发现非法采砂行为的,可以先行采取扣押采砂船舶等临时处置措施,再移交长江水利委员会查处。

11.《入河排污口监督管理办法》的相关规定

《入河排污口监督管理办法》第二十条规定:县级以上地方人民政府水行政主管部门和流域管理机构应当对入河排污口设置情况进行监督检查。被检查单位应当如实提供有关文件、证照和资料。监督检查机关有为被检查单位保守技术和商业秘密的义务。

12.《占用农业灌溉水源、灌排工程设施补偿办法》的相关规定

《占用农业灌溉水源、灌排工程设施补偿办法》第四条规定：国务院水行政主管部门负责本办法在全国的组织实施、检查和监督，其所属的流域管理机构负责本办法在其流域管理范围内组织实施、检查和监督。县以上地方各级人民政府的水行政主管部门，负责本办法在其管辖和授权管理范围内组织实施、检查和监督。

13.《黑河干流水量调度管理办法》的相关规定

（1）检查方式。《黑河干流水量调度管理办法》第二十五条规定：黑河干流水量调度实行分级督查和联合督查相结合的督查制度。

黄河水利委员会及其所属的黑河流域管理局、三省区有关县级以上地方人民政府水行政主管部门和东风场区水务部门，应当在各自的职责范围内对黑河干流水量调度实施情况进行监督检查；在实施全线闭口、集中下泄和应急水量调度期间，应当派出督查组，对取（退）水口的启闭及取（退）水情况、水库和水电站蓄泄水情况等进行巡回监督检查或者驻守监督检查；必要时，由黑河流域管理局会同有关省、自治区人民政府水行政主管部门和东风场区水务部门组成联合督查组，对黑河干流重要取（退）水口及水库、水电站实施重点监督检查。

（2）检查权限。《黑河干流水量调度管理办法》第二十六条规定：监督检查人员履行本办法规定的监督检查职责时，有权采取下列措施：（一）要求被检查单位提供有关文件和资料，进行查阅或者复制；（二）要求被检查单位就执行本办法的有关问题进行说明；（三）进入被检查单位的生产场所进行现场检查；（四）对取（退）水口的启闭及取（退）水情况进行现场监测；（五）责令被检查单位纠正违反本办法的行为。

14.《水利基本建设项目稽察暂行办法》的相关规定

（1）检查内容。《水利基本建设项目稽察暂行办法》第二条规定：

水利基本建设项目稽察的基本任务是对水利工程建设活动全过程进行监督检查。

(2) 检查权限。《水利基本建设项目稽察暂行办法》第二十七条规定:稽察人员开展稽察工作,可以采取下列方法和手段:(一)听取建设项目法人就有关建设管理、前期工作、计划执行、资金使用、工程施工和工程质量等情况的汇报,并可以提出质询;(二)查阅建设项目有关文件、合同、记录、报表、账簿及其他资料,并可以要求有关单位和人员作出必要的说明,可以合法取得或复制有关的文件、资料;(三)查勘工程施工现场、检查工程质量,必要时,可以责令有关方面进行质量检测;(四)在任何时间进入施工、仓储、办公、检测、试验等与建设项目有关的场所或地点,向建设项目设计、施工、监理、咨询及其他相关单位和人员了解情况,听取意见,进行查验、取证、质询;(五)对发现的问题进行延伸调查、取证、核实。

第十节 水行政裁决与调解

一、水行政裁决

(一)水行政裁决的概念

水行政裁决是指水行政主体依法裁决特定水事纠纷的制度。其中,水事纠纷是指在水资源的开发利用和保护过程中因为当事人之间利益的冲突而产生的纠纷。

(二)水行政裁决的法律依据

水行政裁决的法律依据为《水法》《水土保持法》《防汛条例》。

1.《水法》第五十六条规定：不同行政区域之间发生水事纠纷的，应当协商处理；协商不成的，由上一级人民政府裁决，有关各方必须遵照执行。

2.《水土保持法》第四十六条规定：不同行政区域之间发生水土流失纠纷应当协商解决；协商不成的，由共同的上一级人民政府裁决。

3.《防汛条例》第十九条规定：地区之间在防汛抗洪方面发生的水事纠纷，由发生纠纷地区共同的上一级人民政府或其授权的主管部门处理。这里的"处理"在法律属性上即行政裁决。

二、水行政调解

（一）水行政调解的概念

水行政调解是指水行政主体为解决水事纠纷而主持的调解。水行政调解在水行政管理实务中又称水事纠纷调处。

（二）水行政调解的法律依据

水行政调解的法律依据是《水法》第五十七条规定：单位之间、个人之间、单位与个人之间发生的水事纠纷，应当协商解决；当事人不愿协商或者协商不成的，可以申请县级以上地方人民政府或者其授权的部门调解，也可以直接向人民法院提起民事诉讼。县级以上地方人民政府或者其授权的部门调解不成的，当事人可以向人民法院提起民事诉讼。"授权的部门"主要是指水行政主管部门。

三、水行政调解与水行政裁决的区别

水行政调解与水行政裁决具有以下区别：

1. 对象不同

水行政调解的水事纠纷是特定的民事纠纷,而水行政裁决的对象是行政纠纷、行政争议。《水法》《水土保持法》《防汛条例》中规定的不同行政区域之间发生的水事纠纷、水土保持纠纷、防汛抗洪纠纷,其纠纷双方当事人往往是地方政府或行政主管部门。因此,水行政裁决活动实际上解决的是行政争议、行政纠纷。

2. 不可诉的理由不同

水行政调解与水行政裁决均不可诉,但理由不同。关于水行政调解不可诉的理由,《最高人民法院关于适用〈中华人民共和国行政诉讼法〉的解释》(法释〔2018〕1号)第一条第二款第二项规定,调解行为不属于人民法院行政诉讼的受案范围。而水行政裁决不可诉的理由源自行政诉讼的定位。行政诉讼解决的是"官民纠纷",不解决"官官纠纷"。按照我国的法律制度,行政机关之间的纠纷以及上级行政机关对下级行政机关之间纠纷的协调处理活动,均不属于人民法院司法审查的范围。

四、水行政调解兴盛的原因

法律的制定是为了法律的运行,只有实际运行的法律才具有生命力。一般而言,影响法律运行的因素主要包括政治因素、经济因素、文化因素等。因此要使法律得以有效实现,就必须对法律的实际运行进行多方面的综合研究。[①] 一般社会纠纷的解决方式往往是诉讼方式兴盛而非诉讼方式乏力。但是,在水行政法实践中,水事纠纷解决却是非诉讼方式特别是调解方式特别兴盛,而诉讼方式非常乏力。水行政调解之所以兴盛,其原因是多方面的。

---

① 赵震江主编《法律社会学》,北京大学出版社,1998,第333-342页。

(一) 政治原因

与西方国家不同,政治上的安定、统一、秩序是传统中国的基本政治理想。[①] 这一政治传统在今天的政治生活中仍然占据主导地位,并且成为"传统稳定观"的理论基础。目前,传统稳定观在我国政治生活中牢牢占据了主导地位,对于水事纠纷处理具有重要影响。第一,水事纠纷的出现显然是对社会稳定的破坏和干扰,加上水事纠纷具有群体性、集团性的特点,就必然会引起各级政府和主管部门的高度重视。第二,在目前对各级政府官员的政绩考核中,维护稳定属于"一票否决"的硬指标。因此,各级政府官员自然会高度重视对水事纠纷的处理。第三,水事纠纷解决机关拥有专门的调查机构和精通特定专业知识的人员,所以在信息的收集及判断上具有优势,使更为符合实际的解决成为可能。第四,作为纠纷处理者的各级人民政府和行政主管部门掌握着法院所不具有的诸如投资、项目、行政许可等大量的行政资源,能够对纠纷双方当事人形成直接影响和约束。[②]

(二) 经济原因

水事纠纷的当事人作为解决机制的启动者,在选择解决方法时不可避免地要考虑到不同的解决方式对自己的不同成本要求。水事纠纷解决的成本包括两个方面,一是解决者的成本,往往表现为国家的行政成本、司法成本;二是当事人的成本。显然,水事纠纷的当事人主要考虑的是自己的成本问题。诉讼方式、非诉讼方式这两类解决方法对当事人的成本要求是不同的。如果当事人选择诉讼方式,那么依据

[①] 俞可平:《增量民主与善治:转变中的中国政治》,社会科学文献出版社,2003,第9-10页。

[②] 棚濑孝雄:《纠纷的解决与审判制度》,王亚新译,中国政法大学出版社,2004,第75-76页。

《民事诉讼法》等相关法律法规的规定,诉讼费用分为两类:案件受理费和其他诉讼费用。其他诉讼费用又包括勘验、鉴定费,证人、鉴定人等的交通费、住宿费、生活费和误工补贴费,执行判决、裁定或者调解书所实际支出的费用等。诉讼费用由原告预交。一方当事人败诉的,应负担案件受理费。其他诉讼费用原则上也应由败诉人承担。诉讼费用对于原告来讲是一种"有风险的投资"。如果原告胜诉,那么诉讼费用就会由被告承担。如果原告败诉,那么诉讼费用就会由原告承担。对于水事纠纷的当事人来讲,是否选择诉讼方式的关键考量是自己能否承担"投资的风险",换言之,就是自己能否承担可能血本无归的诉讼费用支出。水事纠纷的当事人多为农村居民,诉讼费用对于一般的农民家庭来讲应该说是一笔不小的开支。因此,水事纠纷的当事人在诉讼方式的选择上必然是非常谨慎的。

如果当事人选择非诉讼方式,那么当事人的成本投入是非常低的,甚至是可以忽略不计的。一个电话、一封信、一次上访就可能启动政府和主管部门对一起水事纠纷的调解、处理。即使一次不能解决问题,像这种低成本或者无成本的启动行为的重复是当事人经济上可以承受的,并且启动行为重复的次数越多,政府和主管部门承受的压力就越大。因此,从经济角度考虑,在诉讼方式、非诉讼方式这两类解决方式中,当事人一般会选择非诉讼方式来解决水事纠纷。[①]

(三) 文化原因

贵和持中、贵和尚中,是几千年来中国传统文化的特征,而"无诉"则一直是执政者追求的目标。由于崇尚无诉,随之而来的必然是厌诉、贱诉。[②] 如果说无诉是中国古代政治与法制建设的价值取向,那么

---

① 丁渠:《非诉讼方式在解决水污染纠纷中的法律效果》,《环境科学与技术》2007年第5期。

② 张晋藩:《中国法律的传统与近代转型》,法律出版社,1997,第277-281页。

调处则是实现息诉、无诉的重要手段之一。民间解决争端,首先考虑"情",其次是"礼",然后是"理",最后才诉诸"法"。以"情""礼""理"作为解决冲突的先行依据,这就决定了调解在解决社会冲突方面的重要地位。① 时至今日,传统法律制度格局,以及民间法,仍然对中国社会有浓厚影响。②

此外,当代中国调解存在和适用的基础中固然有传统文化和传统习惯的因素,但同时又有新的社会观念。这就是作为主流意识形态所倡导的互助合作、礼让和尊重意识。尽管相同的意识在其他社会中也得到倡导,但这些意识在当代中国不只是一种人际间的生活原则,而且广泛地作为一种政治文化深及于社会经济以及其他领域,成为社会本位观念的重要内涵之一。③

也有学者指出,选择非诉讼机制,不能用"厌诉"或"耻诉"的传统价值观或法律文化来解释,而是基于传统农耕社会的生存环境塑造了农民趋利避害的行为态势。④

五、古今水事纠纷解决方式的比较

(一) 我国古代水事纠纷解决制度

从实际运行层面来看,我国古代水事纠纷解决制度的特点是,以乡村社会为主、国家为辅,官府与乡村社会共同承担解决水事纠纷的职责。国家对乡村社会内部争水械斗的行为往往听之任之,除非发生重大命案或双方争斗激烈,争执不下时,才会以仲裁者的身份被动介入。而水事纠纷实际上往往由地方社会自行调解。为了解决水事纠

---

① 顾培东:《社会冲突与诉讼机制》,法律出版社,2004,第38页。
② 苏力:《法治及其本土资源》,北京大学出版社,2022,第38页。
③ 顾培东主编《社会冲突与诉讼机制》,法律出版社,2004,第39页。
④ 苏力:《法治及其本土资源》,北京大学出版社,2022,第13-14页。

纷,乡村社会也形成了一套自己的权威机制。这种权威机制依靠的常常是个人的威信或者短期的武力优势。以清代汉中府的堰渠水事纠纷为例,晚清时期泉水堰水事纠纷不断,大多经由乡绅、堰长、乡约等精英阶层的介入才得以解决。堰长和乡约成为解决水事纠纷的关键人物,在水资源管理中发挥着举足轻重的作用。尽管官府具有最后的裁决权,但从水事纠纷的解决过程看,双方当事人往往会尽量在正式的诉讼判决前由堰长、乡约予以协调解决。即便是由官府判决,也要考虑长期以来形成的习惯规约。①

官府历次对水事纠纷的裁断和具有法律约束性质的水利条文能够维系的时间通常不是很长。经常出现的情况是,只要地方社会由于利益冲突导致矛盾激化就能够将其推翻重建,即使最终收拾局面的仍然是官方,但其所作出的调整往往带有很大的民间意志色彩。因此,在水事纠纷中经常可以看到,官府时而站在广大民众的一边,结合实际情形的变化对往日的惯例进行修改,对水渠管理者的豪霸行为予以惩治;时而又依靠水渠管理者,对一些水事纠纷进行调停和解决,并与其一道维护以往断案所确定的用水办法和旧规。治水是国家的重要职能,通过制定水利法规和解决水事纠纷这些方式部分实现了国家在民众中的统治权威。②

(二) 现行水事纠纷解决方式

依据《水法》《水土保持法》《防汛条例》等法律法规,我国的水事纠纷解决方法共分四种:协商、行政裁决、行政调解、诉讼。这四种水事纠纷解决方法又可以分为两类:诉讼方式、非诉讼方式。协商、行政裁

---

① 佳宏伟:《水资源环境变迁与乡村社会控制——以清代汉中府的堰渠水利为中心》,《史学月刊》2005年第4期。
② 张俊峰:《明清以来晋水流域之水案与乡村社会》,《中国社会经济史研究》2003年第2期。

决、行政调解属于非诉讼方式,其中行政裁决、行政调解又可以称为行政解决方式。

(三) 古今水事纠纷解决制度的不同点

现行的水事纠纷解决制度与古代水事纠纷解决制度相比具有两个不同点。

第一,行政解决方式的主导性。在我国现行的四种水事纠纷解决方法中,属于行政解决方式的有两种:行政裁决、行政调解。因此,行政解决方式或者说政府在解决水事纠纷中起着主导作用。这与古代水事纠纷解决主要依靠民间社会力量形成明显的反差。政府与民间在解决水事纠纷上力量的此消彼长,也深刻反映着国家对社会控制方式的变化。我国传统乡村社会的典型特征是:国权不下县,县下为宗族,宗族皆自治,自治靠伦理,伦理造乡绅。也就是说,在传统中国社会中,事实上存在着两种秩序和力量:一种是官制秩序或国家力量,另一种是乡土秩序或民间力量。[①]

1949年新中国成立后,国家权力对乡村社会的渗入和控制达到了前所未有的规模和深度,不但结束了乡村自治的传统,而且逐步地影响、改变和控制民间的非正式制度,直至将它们取而代之。进入20世纪80年代以后,随着《村民委员会组织法》的颁布实施,村民自治制度逐步建立,基层政府一般不再干预依法属于村民自治范围内的事项,而是改为对村民委员会的工作给予指导、支持和帮助。但是,国家对乡村社会的社会控制从整体上讲并没有减弱,乡村社会自行解决社会纠纷的能力远远达不到传统社会的深度和广度。[②]

第二,解决纠纷的复杂性。古代的水事纠纷林林总总、千差万别,

[①] 秦晖:《农民中国:历史反思与现实选择》,河南人民出版社,2003,第220-221页。
[②] 丁渠:《我国古今水事纠纷解决方法的比较研究》,《中国农村水利水电》2008年第2期。

但是都属于水量型水事纠纷,都是因水量争夺而引起的纠纷。而我国现在的水事纠纷,除了水量型水事纠纷,还有水质型水事纠纷,也就是水污染纠纷。20世纪80年代以前,我国发生的水事纠纷主要是平原地区排涝纠纷。此后,由于水污染、争水、争地等矛盾造成的水事纠纷逐年增加,其影响已经扩展到社会生活的各个方面。①

解决纠纷的变化,也真实反映了我国经济发展水平的变化。我国古代是典型的农耕文明,农业在国家经济中占据主导地位。虽然,农业生产活动会引起对森林、水源及动植物等自然资源环境的破坏,但是向环境排放的废物不多,而且生产和生活排放的废物可以纳入物质生产的小循环,不会超出环境的自净能力。② 而目前由水污染而引发的纠纷比比皆是,要真正解决起来,水质型水事纠纷比水量型水事纠纷要复杂困难得多。

(四) 古代水事纠纷解决方式的借鉴意义

古代水事纠纷解决制度对于解决我国当前的水事纠纷仍然具有重要的借鉴意义。我国古代水事纠纷解决制度中最具有生命力的是调动民间力量来解决水事纠纷。依靠民间力量来解决水事纠纷,不仅有利于节省公共资源,而且有利于提高调解效率和更好地妥善解决矛盾。但是,改革开放以来,承包制的推行、户口管理制度的放松使基层组织的职能弱化,而民间社会又未及时生成,致使民间解决纠纷的能力随之弱化。造成这种局面的一个重要原因就是,在制度设计上,目前国家仍沿着建国之初对社会全面干预的传统,对于民间解决纠纷持排斥和怀疑态度。③《水法》的修订就是一个很好的例证。1988年《水法》第三十六条规定,单位之间、个人之间、单位与个人之间发生的水

---

① 赵伟主编《全国水利系统"四五"普法通用教材》,重庆出版社,2003,第335页。
② 金瑞林主编《环境法学》,北京大学出版社,2002,第13-35页。
③ 何兵:《现代社会的纠纷解决》,法律出版社,2003,第172-174页。

事纠纷,应当通过协商或者调解解决。这里的"调解"既包括行政调解也包括民间调解。而现行《水法》将原《水法》中的"调解"仅限定为"县级以上地方人民政府或者其授权的部门"进行的行政调解。但是作为本土资源的民间调解其自身所具有的独特价值不应也不会被遮蔽。①

  就水事纠纷民间调解的完善而言,充分发挥用水者协会、灌溉协会等民间水利组织的作用是其中的重要内容。事实上,我国古代和民国时期一些地方就有由民间水利联合体调解水事纠纷的传统。地方志记载,唐宋时期民间水利组织就开始兴起。明清时期许多民渠就出现了民主管理萌芽。当时这些水利联合体都是独立的民间组织,自行管理,实行自治。② 我国当前的农民用水者协会是在灌溉农业地区推行的一种农民用水合作组织。目前推动其成立的组织包括世界银行等国际组织、水利部和各级人民政府,也有农民自发建立的。当前,农民用水者协会的作用主要包括增加农民收入、减轻农民负担、促进节约用水和加强水利工程管理,而其潜在具有的调解水事纠纷的价值并没有被挖掘出来。因此,充分挖掘民间水利组织调解水事纠纷的价值很有意义。③

---

  ① 丁渠:《我国古今水事纠纷解决方法的比较研究》,《中国农村水利水电》2008年第2期。
  ② 郑连第主编《中国水利百科全书·水利史分册》,中国水利水电出版社,2004,第97-99页。
  ③ 丁渠:《我国古今水事纠纷解决方法的比较研究》,《中国农村水利水电》2008年第2期。

第四章

水行政救济论

无救济无权利。水行政救济是水行政法的重要构成要素。目前，我国的水行政救济制度主要包括水行政复议、水行政诉讼和信访等。其中，水行政复议和水行政诉讼属于严格程式化的救济途径，法律对于它们的提起、审理、裁判和执行等都做了详细规定。

第一节 水行政复议

一、水行政复议的概念

水行政复议是指行政复议机关对公民、法人或者其他组织认为侵犯其合法权益的水行政行为进行审查的制度。

二、水行政复议的受案范围

依据2023年9月1日第十四届全国人民代表大会常务委员会第五次会议修订的《行政复议法》和《水利部行政复议工作暂行规定》等法律、法规、规章的规定，水行政复议的受案范围主要包括：

（一）对水行政主体作出的行政处罚决定不服的；

（二）对水行政主体作出的行政强制措施、行政强制执行决定不服的；

（三）申请行政许可，水行政主体拒绝或者在法定期限内不予答复，或者对水行政主体作出的有关行政许可的其他决定不服的；

（四）对水行政主体作出的确认水流的所有权或者使用权的决定不服的；

（五）对水行政主体作出的征收征用决定及其补偿决定不服的；

（六）对水行政主体作出的赔偿决定或者不予赔偿决定不服的；

（七）认为水行政主体侵犯其经营自主权或者农村土地承包经营权、农村土地经营权的；

（八）认为水行政主体滥用行政权力排除或者限制竞争的；

（九）认为水行政主体违法集资、摊派费用或者违法要求履行其他义务的；

（十）认为水行政主体不依法订立、不依法履行、未按照约定履行或者违法变更、解除行政协议的；

（十一）认为水行政主体在政府信息公开工作中侵犯其合法权益的；

（十二）认为水行政主体的其他行政行为侵犯其合法权益的。

三、水行政复议的管辖

（一）地方政府的管辖权

县级以上地方各级人民政府管辖下列行政复议案件：

1. 对本级人民政府工作部门作出的行政行为不服的；

2. 对下一级人民政府作出的行政行为不服的；

3. 对本级人民政府依法设立的派出机关作出的行政行为不服的；

4. 对本级人民政府或者其工作部门管理的法律、法规、规章授权的组织作出的行政行为不服的。

(二) 水利部的管辖权

根据新修订的《行政复议法》，水利部拥有行政复议管辖权，其他各级水行政主管部门没有此项权力，而依据原《行政复议法》，设区市级、省级水行政主管部门都具有行政复议管辖权。

水利部管辖下列行政复议案件：

1. 对本部门作出的行政行为不服的；
2. 对流域管理机构及其所属管理机构作出的行政行为不服的。

需要注意的是，《水利部行政复议工作暂行规定》第六条第三项规定：对流域机构所属管理机构作出的具体行政行为不服的，向流域机构申请行政复议。该规定与原《行政复议法》和新修订的《行政复议法》均不符。按照新《行政复议法》第二十五条的规定，对流域管理机构的所属管理机构作出的行政行为不服的，也应当向水利部申请行政复议。

《水利部行政复议工作暂行规定》之所以如此规定，是因为在水行政执法实践中流域管理机构的所属管理机构，包括其二级、三级乃至四级下属单位都被赋予了行政执法权。因此，如果按照《行政复议法》执行，对于数量庞大的流域管理机构所属管理机构所作出的行政行为不服，那么都应当到水利部申请行政复议。水利部为了摆脱"不能承受之重"，作出变通规定，允许流域管理机构作为行政复议机关，受理对其所属管理机构行政行为不服的行政复议。

四、水行政复议前置

修订后的《行政复议法》还规定了行政复议前置制度，即申请人对行政行为有异议必须先申请行政复议，对行政复议决定不服时，才能提起行政诉讼。

《行政复议法》第二十三条规定,有下列情形之一的,申请人应当先向行政复议机关申请行政复议,对行政复议决定不服的,可以再依法向人民法院提起行政诉讼:

(一)对当场作出的行政处罚决定不服;

(二)对行政机关作出的侵犯其已经依法取得的自然资源的所有权或者使用权的决定不服;

(三)认为行政机关存在本法第十一条规定的未履行法定职责情形;

(四)申请政府信息公开,行政机关不予公开;

(五)法律、行政法规规定应当先向行政复议机关申请行政复议的其他情形。

五、水行政复议的申请人

水行政复议的申请人是指认为具体行政行为直接侵害其合法权益,以自己的名义向行政复议机关提出申请,要求对该具体行政行为进行审查的公民、法人或者其他组织。

《行政复议法实施条例》第六条、第七条对《行政复议法》进行了细化,规定了申请人的特殊情形,主要包括:

(一)合伙企业申请行政复议的,应当以核准登记的企业为申请人,由执行合伙事务的合伙人代表该企业参加行政复议,其他合伙组织申请行政复议的,由合伙人共同申请行政复议;

(二)不具备法人资格的其他组织申请行政复议的,由该组织的主要负责人代表该组织参加行政复议,没有主要负责人的,由共同推选的其他成员代表该组织参加行政复议;

(三)股份制企业的股东大会、股东代表大会、董事会认为行政机关作出的具体行政行为侵犯企业合法权益的,可以以企业的名义申请行政复议。

六、水行政复议的申请期限

依据《行政复议法实施条例》第十五条规定,行政复议申请期限的计算,依照下列规定办理:

(一)当场作出具体行政行为的,自具体行政行为作出之日起计算;

(二)载明具体行政行为的法律文书直接送达的,自受送达人签收之日起计算;

(三)载明具体行政行为的法律文书邮寄送达的,自受送达人在邮件签收单上签收之日起计算;没有邮件签收单的,自受送达人在送达回执上签名之日起计算;

(四)具体行政行为依法通过公告形式告知受送达人的,自公告规定的期限届满之日起计算;

(五)行政机关作出具体行政行为时未告知公民、法人或者其他组织,事后补充告知的,自该公民、法人或者其他组织收到行政机关补充告知的通知之日起计算;

(六)被申请人能够证明公民、法人或者其他组织知道具体行政行为的,自证据材料证明其知道具体行政行为之日起计算。

行政机关作出具体行政行为,依法应当向有关公民、法人或者其他组织送达法律文书而未送达的,视为该公民、法人或者其他组织不知道该具体行政行为。

七、水行政复议的审理

(一)普通程序

1. 审理方式

(1)适用普通程序审理的行政复议案件,行政复议机构应当当面或者通过互联网、电话等方式听取当事人的意见,并将听取的意见记录在案。

(2)因当事人原因不能听取意见的,可以书面审理。

2. 听证

(1)审理重大、疑难、复杂的行政复议案件,行政复议机构应当组织听证。

(2)行政复议机构认为有必要听证,或者申请人请求听证的,行政复议机构可以组织听证。

(3)听证由一名行政复议人员任主持人,两名以上行政复议人员任听证员,一名记录员制作听证笔录。

(4)行政复议机构组织听证的,应当于举行听证的五日前将听证的时间、地点和拟听证事项书面通知当事人。

(5)申请人无正当理由拒不参加听证的,视为放弃听证权利。

(6)被申请人的负责人应当参加听证。不能参加的,应当说明理由并委托相应的工作人员参加听证。

3. 行政复议委员会

县级以上各级人民政府应当建立相关政府部门、专家、学者等参与的行政复议委员会,为办理行政复议案件提供咨询意见,并就行政复议工作中的重大事项和共性问题研究提出意见。行政复议委员会的组成和开展工作的具体办法,由国务院行政复议机构制定。

审理行政复议案件涉及下列情形之一的,行政复议机构应当提请行政复议委员会提出咨询意见:(一)案情重大、疑难、复杂;(二)专业性、技术性较强;(三)《行政复议法》第二十四条第二款规定的行政复议案件;(四)行政复议机构认为有必要。

行政复议机构应当记录行政复议委员会的咨询意见。

（二）简易程序

1. 适用情形

《行政复议法》第五十三条规定，行政复议机关审理下列行政复议案件，认为事实清楚、权利义务关系明确、争议不大的，可以适用简易程序：(一)被申请行政复议的行政行为是当场作出；(二)被申请行政复议的行政行为是警告或者通报批评；(三)案件涉及款额三千元以下；(四)属于政府信息公开案件。

除前款规定以外的行政复议案件，当事人各方同意适用简易程序的，可以适用简易程序。

2. 审理方式

适用简易程序审理的行政复议案件，可以书面审理。

3. 程序转换

适用简易程序审理的行政复议案件，行政复议机构认为不宜适用简易程序的，经行政复议机构的负责人批准，可以转为普通程序审理。

第二节　水行政诉讼

一、水行政诉讼的概念

水行政诉讼是指公民、法人或者其他组织认为水行政行为侵犯其合法权益，依法向人民法院提起诉讼，由人民法院审理行政争议并作出裁判的诉讼制度。

二、水行政诉讼的受案范围

水行政诉讼的受案范围由三部分组成：概括规定、肯定列举、否定列举。

(一) 概括规定

《行政诉讼法》第二条规定：公民、法人或者其他组织认为行政机关和行政机关工作人员的行政行为侵犯其合法权益，有权依照本法向人民法院提起诉讼。

(二) 肯定列举

依据《行政诉讼法》第十二条和有关水行政法规定，人民法院受理公民、法人或者其他组织提起的下列诉讼：

1. 对警告、通报批评、罚款、没收违法所得、没收非法财物、吊销许可证、责令停止生产、销售或使用等水行政处罚不服的；

2. 对财产的查封、扣押等水行政强制措施和水行政强制执行不服的；

3. 申请行政许可，水行政主体拒绝或者在法定期限内不予答复，或者对水行政主体作出的有关行政许可的其他决定不服的；

4. 对水行政主体作出的关于确认水流的使用权决定不服的；

5. 对水行政征收、水行政征用及其补偿决定不服的；

6. 认为水行政主体侵犯其经营自主权的；

7. 认为水行政主体违法集资、摊派费用或者违法要求履行其他义务的；

8. 认为水行政主体不依法履行、未按照约定履行或者违法变更、解除政府特许经营协议等协议的；

9. 认为水行政主体侵犯其他人身权、财产权等合法权益的。

(三) 否定列举

1. 法律的否定列举

依据《行政诉讼法》第十三条规定：人民法院不受理公民、法人或者其他组织对下列事项提起的诉讼：（一）国防、外交等国家行为；（二）行政法规、规章或者行政机关制定、发布的具有普遍约束力的决定、命令；（三）行政机关对行政机关工作人员的奖惩、任免等决定；（四）法律规定由行政机关最终裁决的行政行为。

2. 司法解释的否定列举

《最高人民法院关于适用〈中华人民共和国行政诉讼法〉的解释》（法释〔2018〕1号）第一条规定：下列行为不属于人民法院行政诉讼的受案范围：（一）公安、国家安全等机关依照刑事诉讼法的明确授权实施的行为；（二）调解行为以及法律规定的仲裁行为；（三）行政指导行为；（四）驳回当事人对行政行为提起申诉的重复处理行为；（五）行政机关作出的不产生外部法律效力的行为；（六）行政机关为作出行政行为而实施的准备、论证、研究、层报、咨询等过程性行为；（七）行政机关根据人民法院的生效裁判、协助执行通知书作出的执行行为，但行政机关扩大执行范围或者采取违法方式实施的除外；（八）上级行政机关基于内部层级监督关系对下级行政机关作出的听取报告、执法检查、督促履责等行为；（九）行政机关针对信访事项作出的登记、受理、交办、转送、复查、复核意见等行为；（十）对公民、法人或者其他组织权利义务不产生实际影响的行为。

三、水行政主体负责人出庭应诉

（一）法律的规定

《行政诉讼法》第三条规定：被诉行政机关负责人应当出庭应诉。不能出庭的，应当委托行政机关相应的工作人员出庭。

（二）司法解释的规定

《最高人民法院关于行政机关负责人出庭应诉若干问题的规定》

(法释〔2020〕3 号)第二条规定:行政诉讼法第三条第三款规定的被诉行政机关负责人,包括行政机关的正职、副职负责人、参与分管被诉行政行为实施工作的副职级别的负责人以及其他参与分管的负责人。被诉行政机关委托的组织或者下级行政机关的负责人,不能作为被诉行政机关负责人出庭。

第四条规定:对于涉及食品药品安全、生态环境和资源保护、公共卫生安全等重大公共利益,社会高度关注或者可能引发群体性事件等的案件,人民法院应当通知行政机关负责人出庭应诉。

有下列情形之一,需要行政机关负责人出庭的,人民法院可以通知行政机关负责人出庭应诉:(一)被诉行政行为涉及公民、法人或者其他组织重大人身、财产权益的;(二)行政公益诉讼;(三)被诉行政机关的上级机关规范性文件要求行政机关负责人出庭应诉的;(四)人民法院认为需要通知行政机关负责人出庭应诉的其他情形。

(三)地方政府规章、行政规范性文件的规定

一些地方立法中也规定了行政机关负责人出庭应诉制度,例如河北省政府制定的《河北省行政机关行政应诉办法》第十三条规定:被诉行政机关的负责人应当依法履行出庭应诉职责。下列行政诉讼案件开庭审理,无正当理由的,被诉行政机关的负责人必须出庭应诉:(一)涉及食品药品安全、生态环境和自然资源保护、公共卫生安全等重大公共利益的;(二)社会高度关注的;(三)原告人数在十人以上或者可能引发群体性事件的;(四)因限制公民人身自由提出行政赔偿的;(五)因造成公民死亡或者完全丧失劳动能力提出行政赔偿的;(六)因实施吊销行政许可证件等行政处罚,严重影响个人或者企业重大财产权益的;(七)上级行政机关认为需要由行政机关负责人出庭应诉的;(八)人民法院通知行政机关负责人出庭应诉的。

其实,早在新修订的《行政诉讼法》设定这一制度以前,一些水利部门已经开始实践探索行政机关负责人出庭应诉制度。

例如,2009年12月25日江苏省水利厅制定的《江苏省水利厅行政首长出庭应诉工作暂行办法》第五条规定:下列行政诉讼案件,行政首长应当出庭应诉:(一)本年度第一起行政诉讼案件;(二)社会影响重大的行政诉讼案件;(三)对水行政执法活动有可能产生重大影响的行政诉讼案件;(四)省人民政府或其法制工作机构认为行政首长应当出庭应诉,或者人民法院建议行政首长出庭应诉的行政诉讼案件。

四、水行政行为的可诉性

如第二章所述,我国目前的水行政主体体系是"11＋X"模式。各水行政主体依照水行政法享有行政职权,而行使这些行政职权的行为就是水行政行为。

(一) 水行政主管部门行政行为的可诉性

依据《水法》《水土保持法》《防洪法》《长江保护法》《黄河保护法》等水行政法规定,水行政主管部门有权实施行政规划、行政处罚、行政许可、行政强制、行政征收、行政检查、行政调解等行政行为。

关于行政规划的法律属性,学界看法不一致,有多种观点。本书认为,行政规划属于抽象行政行为。所谓抽象行政行为,是指行政主体运用行政权,针对不特定相对人制定规制规则的行为,包括行政立法和行政规范性文件行为。[①] 更具体地说,行政规划属于行政规范性文件。而对于行政规范性文件的可诉性,《行政诉讼法》第五十三条规定:"公民、法人或者其他组织认为行政行为所依据的国务院部门和地方人民政府及其部门制定的规范性文件不合法,在对行政行为提起诉

[①] 姜明安主编《行政法与行政诉讼法》(第八版),北京大学出版社,高等教育出版社,2024,第165页。

讼时,可以一并请求对该规范性文件进行审查。"因此,行政规范性文件不具有直接的可诉性,但是具有间接可诉性。因此,行政规划具有间接可诉性。

水行政主管部门实施的行政处罚、行政许可、行政强制、行政征收、行政检查等行为,属于具体行政行为,显然具有可诉性。

水行政主管部门实施的行政调解行为,属于行政司法行为,不具有可诉性。

(二)流域管理机构行政行为的可诉性

依照《水法》《水土保持法》《防洪法》《长江保护法》《黄河保护法》等水行政法规定的水行政职权,流域管理机构有权实施行政处罚、行政许可、行政强制、行政征收、行政检查等行政行为,这些行政行为均属于具体行政行为,具有可诉性。

(三)地方性法规授权的水利管理单位行政行为的可诉性

地方性法规授权的水利管理单位依照地方性法规规定,有权实施行政处罚行为,该行为属于具体行政行为,具有可诉性。

(四)地方人民政府设立的水土保持机构行政行为的可诉性

依据《水土保持法》规定的水行政职权,地方人民政府设立的水土保持机构有权实施行政处罚、行政许可、行政强制、行政征收、行政检查等行政行为,这些行政行为都属于具体行政行为,具有可诉性。

(五)防汛指挥机构行政行为的可诉性

依照《防洪法》规定的水行政职权,防汛指挥机构有权实施行政强制、行政征用、蓄滞洪区启用等行政行为,这些行政行为均具有可诉性。

(六) 发改部门行政行为的可诉性

依据《水法》规定的水行政职权,发改部门有权实施水中长期供求规划制定、用水计划制定、名录制定、行政处罚等行政行为。

发改部门制定水中长期供求规划的行为属于行政规划,具有间接可诉性。

发改部门制定用水计划的行为属于行政事实行为,具有可诉性。所谓行政事实行为是指行政机关不以产生法律约束力,而以影响或改变事实状态为目的实施的一种行政活动。对行政事实行为的救济途径应当包括行政复议、行政诉讼和行政赔偿。[①]

发改部门制定名录的行为属于行政确认行为,具有可诉性;发改部门实施的行政处罚行为,具有可诉性。

(七) 市场监督部门行政行为的可诉性

依据《水法》规定的水行政职权,市场监督部门有权实施行业用水定额审核行为,该行为属于行政事实行为,具有可诉性。

(八) 生态环境部门行政行为的可诉性

依据《水法》规定的水行政职权,生态环境部门有权实施环境影响报告书审批行为,该行为属于行政许可,具有可诉性。

(九) 自然资源部门行政行为的可诉性

依据《防洪法》规定的水行政职权,自然资源部门有权实施防洪规划确定的河道整治计划用地和规划建设的堤防用地范围内土地的核

[①] 姜明安主编《行政法与行政诉讼法》(第八版),北京大学出版社、高等教育出版社,2024,第 333-336 页。

定行为。该行为属于行政事实行为,具有可诉性。

(十) 林草部门行政行为的可诉性

依据《水土保持法》规定的水行政职权,林草部门有权实施行政命令行为,该行为属于具体行政行为,具有可诉性。

(十一) 住建部门行政行为的可诉性

依据《节约用水条例》规定的水行政职权,住建部门有权实施行政处罚行为,该行为属于具体行政行为,具有可诉性。

(十二) 各级人民政府行政行为的可诉性

依据《水法》《水土保持法》《防洪法》《长江保护法》《黄河保护法》等水行政法规定的水行政职权,各级人民政府有权实施的行政行为分为三类。

第一类是具体行政行为,主要包括行政处罚、行政许可、行政强制执行、行政奖励、行政检查、行政给付等,均具有可诉性。

第二类是抽象行政行为,主要指行政规划,具有间接可诉性。

第三类是行政司法行为,主要包括裁决水事纠纷和水土流失纠纷,调解水事纠纷,不具有可诉性。

五、水规章授权组织的被告资格

《行政诉讼法》第二条规定,规章授权的组织具有行政诉讼的被告资格。根据第二章的梳理,水规章授权的情形主要包括:

(一)《江苏省建设项目占用水域管理办法》授予江苏省属水利工程管理机构行政执法权;

(二)《上海市水闸管理办法》和《上海市黄浦江防汛墙保护办法》授予上海市水务局执法总队行政执法权;

(三)《安徽省河道采砂管理办法》授予安徽省水工程管理单位行政执法权;

(四)《甘肃省石羊河流域地下水资源管理办法》授予甘肃省水利厅石羊河流域管理机构行政执法权;

(五)《北京市南水北调工程保护办法》授予北京市南水北调工程主管部门行政执法权。

因此,这些规章授权的组织皆具备行政诉讼被告资格。依据《行政诉讼法》第二十六条规定,这些规章授权的组织被撤销或者职权变更的,继续行使其职权的组织是被告。

六、水行政公益诉讼

(一)水行政公益诉讼的概念

水行政公益诉讼,是指公民、法人或者其他组织,认为水行政主体的作为或者不作为违法,对国家利益、社会公共利益或者他人利益造成侵害或者可能造成侵害,但对其自身合法权益并未构成或者可能构成直接侵害,根据法律的规定向法院提起的行政诉讼。

(二)水行政公益诉讼的法律规定

《行政诉讼法》第二十五条规定:人民检察院在履行职责中发现生态环境和资源保护、食品药品安全、国有财产保护、国有土地使用权出让等领域负有监督管理职责的行政机关违法行使职权或者不作为,致使国家利益或者社会公共利益受到侵害的,应当向行政机关提出检察建议,督促其依法履行职责。行政机关不依法履行职责的,人民检察院依法向人民法院提起诉讼。

(三) 水行政公益诉讼的程序

1. 起诉条件

(1) 起诉人为人民检察院。

(2) 有明确的被告。

(3) 有具体的诉讼请求和事实根据。

(4) 属于人民法院受案范围和受诉人民法院管辖。

2. 起诉人应当提交的材料

(1) 行政公益诉讼起诉状。

(2) 被告违法行使职权或者不作为,致使国家利益或者社会公共利益受到侵害的证明材料。

(3) 已经履行诉前程序,行政机关仍不依法履行职责或者纠正违法行为的证明材料。

3. 管辖

基层人民检察院提起的第一审行政公益诉讼案件,由被诉行政机关所在地基层人民法院管辖。

4. 撤诉

在行政公益诉讼案件审理过程中,被告纠正违法行为或者依法履行职责而使人民检察院的诉讼请求全部实现,人民检察院撤回起诉的,人民法院应当裁定准许。

(四) 水行政公益诉讼的进展与成效

2022年5月17日,最高人民检察院、水利部联合印发《关于建立健全水行政执法与检察公益诉讼协作机制的意见》(以下简称《意见》)。《意见》指出,水灾害、水资源、水生态、水环境与公共利益密切相关,其治理管理工作具有很强的公益性特征。建立健全水行政执法与检察公益诉讼协作机制,形成行政和检察保护合力,对于强化水利法治管理,在法治轨道上推动水利治理能力和水平不断提升具有重要意义。

根据《意见》,水行政执法与检察公益诉讼协作的重点领域主要包括:(1)水旱灾害防御方面;(2)水资源管理方面;(3)河湖管理方面;(4)水利工程管理方面;(5)水土保持方面;(6)其他方面。

根据《意见》,水行政执法与检察公益诉讼协作机制的主要内容包括:

(1)会商研判。水行政主管部门、流域管理机构会同检察机关定期开展工作会商,共同分析研判本区域本流域水事秩序和水利领域违法案件特点,研究协作任务和重点事项,协商解决重大问题。

(2)专项行动。水行政主管部门或者流域管理机构会同检察机关加强执法司法联动,在水事违法行为多发领域、重点流域和敏感区域等,联合开展专项行动,共同维护水事秩序,提升治理水平。

(3)线索移送。水行政主管部门或者流域管理机构应当及时处理和评估日常监管、检查巡查、水行政执法、监督举报等渠道发现的违法问题线索,对涉及多个行政机关职责、协调处理难度大、执法后不足以弥补国家利益或者社会公共利益损失,以及其他适合检察公益诉讼的问题线索,及时移送有关检察机关。

(4)调查取证。检察机关在调查取证过程中,要加强与水行政主管部门或者流域管理机构的沟通协调。检察机关依法查阅、调取、复制水行政执法卷宗材料,收集书证、物证、视听资料、电子数据等证据的,水行政主管部门或者流域管理机构应当予以配合协助。检察机关需要水利专业技术支持的,水行政主管部门或者流域管理机构应当主动或协调有关机构提供技术支持或者出具专业意见。涉及特别复杂或者跨省级行政区案件专业技术问题的,可以由省级以上水行政主管部门或者流域管理机构协助提供技术支持或者出具专业意见。

(5)案情通报。在案件办理过程中,对于涉及水行政执法及公益诉讼案件的重大情况、舆情等,检察机关和水行政主管部门或者流域管理机构及时相互通报,共同研究对策措施,强化协调联动。检察机关发现水行政主管部门或者流域管理机构可能存在履职不到位或者违法风险隐患的,及时通报,督促其依法履职。根据行政机关执法需要,水利领域公益诉讼案件办结后,检察机关可以向有关水行政主管部门或者流域管理机构通报案件办理相关情况。

  2022年6月9日,最高人民检察院、水利部联合发布了10件涉水检察公益诉讼典型案例。其中包括山西省阳泉市人民检察院督促推动盂县龙华口水库建设行政公益诉讼案、重庆市江津区人民检察院督促整治米邦沱码头侵占岸线行政公益诉讼案等。[①] 2024年8月19日,最高人民检察院、水利部联合发布水行政执法与检察公益诉讼协同服务保障国家水安全典型案例10件。[②] 2018年后,全国检察机关共办理涉水行政公益诉讼案件1.7万余件。[③]

[①] 最高检、水利部联合发布涉水领域检察公益诉讼典型案例,https://www.spp.gov.cn/spp/xwfbh/wsfbh/202206/t20220609_559428.shtml,2022年8月6日访问。
[②] 最高检水利部联合发布水行政执法与检察公益诉讼协同服务保障国家水安全典型案件,http://zfs.mwr.gov.cn/szjc/202408/t20240820_1767030.html,2024月9月6日访问。
[③] 环境有价、损害担责 涉水行政公益诉讼案件已办1.7万余件,http://yn.people.com.cn/n2/2022/0610/c361322-35308883.html,2023年7月15日访问。

后　记

　　本书既是我多年研习水行政法的心得，也是一段人生历程的记录。自1993年从河海大学水行政管理专业毕业以来，水行政法始终是贯穿我职业生涯的主线。我前后历经四个工作单位，每个阶段的工作、生活都与水行政法有或深或浅的渊源：第一个单位河北省灌溉中心试验站是科研单位，我于此认真工作之余潜心学习法律并通过了1994年全国律师资格考试；第二个单位河北省水利厅是行政机关，我在厅政策法规处工作十年，十年之工皆用在水行政法实务上；第三个单位中国环境管理干部学院（今河北环境工程学院）是高校，我的主要教学研究领域是环境法，而环境法就包含水行政法；第四个单位是河北经贸大学，行政法、宪法的教学研究是我的主要工作内容，而且给宪法学与行政法学专业硕士研究生开设的一门专业课"行政法分论"，主要讲的就是水行政法。

　　本书内容以现在集中撰写的文字为主，此外，有的还出自多年前发表在《中国水利》《中国水利报》《中国农村水利水电》《环境科学与技术》等刊物上的文章。

　　本书的顺利出版，首先要感谢河北经贸大学学术著作出版基金的宝贵资助，还要感谢河北经贸大学法学院领导的大力支持。

丁渠
2024年10月16日

秦汉：帝国崛起

孟祥静 编著

河海大學出版社
HOHAI UNIVERSITY PRESS
·南京·

图书在版编目（CIP）数据

秦汉：帝国崛起 / 孟祥静编著． -- 南京：河海大学出版社，2021.1
 ISBN 978-7-5630-6537-0

Ⅰ．①秦… Ⅱ．①孟… Ⅲ．①中国历史－秦汉时代－通俗读物 Ⅳ．① K232.09

中国版本图书馆 CIP 数据核字（2020）第 206939 号

书　　名	秦汉：帝国崛起
	QINHAN: DIGUO JUEQI
书　　号	ISBN 978-7-5630-6537-0
责任编辑	毛积孝
特约校对	李　萍
装帧设计	刘昌凤
出版发行	河海大学出版社
地　　址	南京市西康路 1 号（邮编：210098）
电　　话	（025）83737852（总编室）
	（025）83722833（营销部）
经　　销	全国新华书店
印　　刷	三河市双峰印刷装订有限公司
开　　本	660 毫米 ×960 毫米　1/16
印　　张	15.25
字　　数	220 千字
版　　次	2021 年 1 月第 1 版
印　　次	2021 年 1 月第 1 次印刷
定　　价	69.80 元